suhrkamp taschenbuch 2090

Der Tod der Moderne am Ende des bürgerlichen Zeitalters, der Zusammenbruch einer totalisierenden Vernunft, welche das gesellschaftliche Leben organisierte, der Prozeß des zunehmenden Sinnverlustes im Stadium der Postmoderne – all diese Zerstörungs- und Auflösungssymptome, wie sie gerade heute diagnostiziert und analysiert werden, deuten sich im Werk Hermann Brochs bereits an. Brochs Œuvre, dessen gewichtigster Teil in den beiden Dekaden zwischen 1930 und 1950 geschrieben wurde, dokumentiert wie kaum ein anderes aus der ersten Hälfte unseres Jahrhunderts die Krise und das Ende der Moderne.

Der Materialienband ist ein erster Versuch, den Umriß von Brochs vielseitigen und nach wie vor aktuellen Theorien durch wissenschaftliche Studien deutlich zu machen: den Zusammenhang von Poetologie und Kulturtheorie ebenso wie seine Auffassung des Mythos oder seine Vision einer Demokratie des ›Dritten Weges‹.

# Brochs theoretisches Werk

Herausgegeben
von Paul Michael Lützeler
und Michael Kessler

suhrkamp taschenbuch
materialien

Suhrkamp

suhrkamp taschenbuch 2090
Erste Auflage 1988

Satz: Hümmer, Waldbüttelbrunn
Druck: Nomos Verlagsgesellschaft, Baden-Baden
Umschlagentwurf: Willy Fleckhaus
Printed in Germany

1 2 3 4 5 6 – 93 92 91 90 89 88

# *Inhalt*

## IV Politik

# Einleitung

Der Tod der Moderne am Ende des bürgerlichen Zeitalters, der Zusammenbruch einer totalisierenden Vernunft, welche das gesellschaftliche Leben organisierte, der Prozeß des zunehmenden Sinnverlusts im Stadium der Postmoderne, all diese Zerstörungs- und Auflösungssymptome, wie sie heute vor allem in der französischen Theorie u. a. von Jean Baudriallard, Jacques Derrida oder Jean-François Lyotard diagnostiziert und analysiert werden, deuten sich im Werk Hermann Brochs bereits an. Brochs Œuvre, dessen gewichtigster Teil in den beiden Dekaden zwischen 1930 und 1950 geschrieben wurde, dokumentiert wie kaum ein anderes aus der ersten Hälfte unseres Jahrhunderts die Krise und das Ende der Moderne.

Mit seinem Erstlingsroman *Die Schlafwandler* hatte der Autor sich, was seine poetologische Konzeption betrifft, noch orientiert an einem der grundlegenden Studien zur modernen Ästhetik, an Georg Lukács' *Theorie des Romans*. Brochs in diesen Roman integrierter Essay »Zerfall der Werte« ist eine von Max Weber inspirierte (und heute von Niklas Luhmann fortgeführte) Theorie von der Ausdifferenzierung und Autonomisierung der partialen gesellschaftlichen Systeme. Im »Epilog« der *Schlafwandler* inauguriert Broch – damit über die Diagnose des Zerfalls hinausstrebend – das, was Lukács als Aufgabe des modernen Romans postuliert hatte: im Zeitalter der ›transzendentalen Obdachlosigkeit‹ die Konturen einer neuen Kosmologie auszumachen. Aber dieses ästhetische Ziel wird in den Erzählteilen des Romans bereits postmodernistisch-subversiv unterlaufen. Es zeigt sich nämlich, daß die drei Teile des Buches mit ihren Helden Pasenow, Esch und Huguenau als Satire auf jene Romantypologie angelegt sind, wie Lukács sie in der *Theorie des Romans* beschreibt. Die Doppelheit von postmodernistischem Wandel bei gleichzeitig noch modernistischer Ausrichtung zeigt sich auf allen Ebenen dieses komplexen Erstlingswerkes. Der in den *Schlafwandlern* dichterisch gestalteten und philosophisch reflektierten gesellschaftlichen und geistigen Disintegration, Dekonstruktion, Diskontinuität, Disjunktion, Dekomposition, Demystifikation, Detotalisation und Delegitimation steht am Ende der Trilogie Brochs Versuch entgegen, Möglichkeiten des Neuen im Sinne von Integration, Konstruktion, Einheit, Kontinuität, Zusammenschluß, neuem Mythos, Totalität und Legitimation zu erkunden. Mit einem Bein (dem Standbein) steht Broch zur Zeit der Niederschrift dieses Romans noch im Reich der Moderne, d. h. er nimmt die Aufgabe des individuellen Künstlers ernst, nach dem Verlust übergreifender Sinnmuster mittels Dichtung subjektiv Sinnbildung zu ermöglichen. Aber mit dem anderen Bein (dem Spielbein) hat er bereits den Bezirk der Dekonstruktion betreten, d. h. er beschreibt nicht nur den Zerfall, die Disintegration und das Auseinanderdriften der Partialwertsysteme, sondern er beteiligt sich auch an der Dekonstruktion der modernen Ästhetik, indem er Lukács' Theorie satirisch ad absurdum führt.

Brochs zweiter wichtiger Roman, *Die Verzauberung* von 1935, ist ein weiteres, wenn auch anders strukturiertes Dokument der literarischen Moderne. Bei der Arbeit an diesem – wegen der Liaison von Modernismus und politischem Engagement – avantgardistisch zu nennenden Buch wurde dem Autor die Problematik der Avantgarde deutlich. Broch erkennt, wie schwierig, ja unmöglich in der antifaschistischen Literatur die beabsichtigte Wirkung, die Überführung von Kunst in Lebenspraxis (Peter Bürger) wird. Er meint, mit diesem Projekt in eine Sackgasse geraten zu sein. Er bricht den Weg der literarischen Moderne ab, gibt das Romanschreiben auf und wendet sich vorläufig der intentional wirkungsvolleren politischen Publizistik zu.

Gewissermaßen unter der Hand aber gerät ihm aus novellistischen Anfängen seit Ende der dreißiger Jahre eine Arbeit zum Roman, den er 1945 unter dem Titel *Der Tod des Vergil* veröffentlicht. Mit diesem Buch betritt Broch noch entschiedener als mit den *Schlafwandlern* postmodernistisches Neuland. Wie in dem früheren Werk ist auch hier allerdings die Bindung an die Moderne nicht gänzlich aufgekündigt. Es geht nicht mehr darum, die Umrisse einer neuen Kosmologie, eines neuen Mythos, eines künftigen ›transzendentalen Obdachs‹ auszumachen, sondern die Suche nach der neuen Werteinheit wird selbst zum Gegenstand dieses Romans. Das eigentliche Thema des Buches ist aber – wie sein Titel schon andeutet – das des Todes, der Grenze von Leben und Tod, von Ausdrückbarem und nur Ahnbarem, des Zwischenbereichs von Diesseits und Jenseits. Mit dieser Dichtung will Broch sich dem nähern, was »jenseits der Sprache« liegt; er sucht – vergleichbar dem, was Derrida als ›différance‹ deklariert – das Nichts zu erfassen, das alles in Gang setzt, bemüht sich um das, was unaussprechlich ist und von der Philosophie ›unbedacht‹ bleibt, da es rational nicht ›begriffen‹ und ›kontrolliert‹ werden kann. Bei diesem Versuch, die Grenzen des modernen Romans zu überschreiten, schuf er eine originelle Form des ›lyrischen Romans‹ mit einer eigenwilligen Syntax, wobei ihm modernistische Werke wie der *Ulysses* von James Joyce nicht mehr als Vorbilder dienen konnten.

Brochs letztes Buch, der ›Roman in elf Erzählungen‹ *Die Schuldlosen* von 1950, kann als Fortsetzung der im *Tod des Vergil* eingeschlagenen Richtung betrachtet werden. Die Parabel, die Stimmen und die Erzählungen sind zwar aufeinander abgestimmt und kunstvoll komponiert, aber sie haben sämtlich fragmentarischen Charakter, sind jeweils offen und ergeben als Ganzes keine ›Totalität‹ mehr.

Der Romancier Broch hatte es, was die Rezeption seiner Bücher betraf, in den Nachkriegsjahrzehnten so schwer, weil der deutschsprachige moderne Roman sich nicht in Richtung Postmoderne vorwärts-, sondern im Sinne eines antiquierten Realismus rückwärts entwickelte. Die Experimente im Stil von Alfred Döblins *Berlin Alexanderplatz* (1929) galten gleichsam als das Nonplusultra des Modernistischen. Günter Grass, wohl der deutschsprachige Erzähler mit der größten Breitenwirkung, erklärte sich zum Schüler Döblins, aber dessen Romanform wurde bei Grass nicht weiterentwickelt oder radikalisiert. Das von Döblin ausgeschrittene Terrain wurde in der Nachkriegsepoche – wenn überhaupt – nur zaghaft transzendiert, und die von ihm erreichten Grenzen nie überschritten. Erfolgsautoren wie Böll, Johnson und Martin Walser orientierten sich an vor-modernistischen Erzählmustern, an einem Realismus des vorigen Jahrhunderts, als dessen ›Avantgardist‹ Thomas Mann betrachtet wurde. Bei Brochs Romanen aber lagen Versuche permanenter Grenzerweiterungen vor: Sie sind zwar noch Teil des Projekts der Moderne, aber gleichzeitig weisen sie ihrer Tendenz nach bereits Merkmale auf, die wir heute mit ›postmodernistisch‹ umschreiben. Die Entdeckung Brochs in den achtziger Jahren hat wohl damit zu tun, daß – vor allem durch die Arbeiten von Jacques Derrida – der Blick für jene Literatur geschärft wurde, der es – wie Broch es in seinen Selbstinterpretationen herausstrich – um das Verdrängte geht, um das

Unaussprechliche, das Nichtreflektierte, um den Bereich des Irrationalen, der sich dem rationalen Zugriff entzieht.

Der hier vorgelegte Band bietet einen Zugang zu Brochs theoretischen Schriften. Kein anderer Romancier unseres Jahrhunderts war in einem solchen Ausmaß Theoretiker wie Hermann Broch. Sein Gesamtwerk lebt aus der Dialektik von Reflexion und Kreation. Brochs Dichtungen sind durchsetzt mit philosophischen Gedankengängen, und seine besten Essays zeichnen sich durch eine dichterische Plastizität und Eingängigkeit aus. Brochs Œuvre ist als Einheit zu betrachten; es ist sinnlos, Theorie und Dichtung zu separieren oder gar gegeneinander auszuspielen. Herkömmliche Gattungen spielen in seinem Werk keine normative, sondern eine funktionale Rolle. Daß dieser Band sich ausschließlich mit den theoretischen Arbeiten Brochs beschäftigt, hat nicht zuletzt mit der Rezeptionslage seiner Bücher zu tun. Während die Sekundärliteratur über die Romane des Autors ständig wächst, sind seine theoretischen Schriften bisher stiefmütterlich behandelt worden. Hier liegt der erste Versuch vor, den Umriß seiner vielseitigen und nach wie vor aktuellen Theorien durch wissenschaftliche Studien deutlich zu machen. Nicht nur Fragen der Ästhetik haben Broch umgetrieben; von Hause aus war er Wert- und Geschichtsphilosoph, zeitweise Schüler des Wiener Kreises mit mathematischen Interessen, Kulturkritiker und Religionsphilosoph, schließlich Politologe, der sich mit den juristischen Seiten globaler Politik (Menschenrechte) so intensiv beschäftigte wie mit ihren psychischen Aspekten (Massenwahntheorie).

In den Beiträgen zur Ästhetik Brochs geht es um den Zusammenhang von Brochs Poetologie mit seiner allgemeinen Kulturtheorie (»Zerfall der Werte«), seiner Erkenntnistheorie (Betonung der gemeinsamen Wurzel von wissenschaftlicher und künstlerischer Erkenntnis), seinem – logischen, ontologischen und geschichtsphilosophischen – Symbolbegriff, seiner Auffassung vom Mythos (in Dichtung, Kulturgeschichte und Erkenntnistheorie) und seiner Stellung zwischen Moderne und Avantgarde. In allen Beiträgen wird Brochs spezifische Position herausgearbeitet, seine Zwischenstellung zwischen den Generationen und Stilen, Epochen und Tendenzen, zwischen Konservatismus und Neuerung, Esoterik und Engagement, Moderne und Postmoderne. Diese Zwischenstellung macht ihn in allen Lagern zu einem Außenseiter, zu einem eigensinnigen Wanderer zwischen den Fronten. Bei aller

Zukunftsorientierung ist Broch in seiner Ästhetik nie ein Vertreter der Postmoderne im Sinne eines bloß spielerischen Umgangs mit der Tradition, nie ein Prophet des ›anything goes‹. Die Loslösung von einmal gewonnenen Positionen war bei ihm stets mit einem außerordentlichen Aufwand an theoretischer Arbeit, an ernsthafter und tiefschürfender Auseinandersetzung verbunden. Ein leichtes oder gar leichtfertiges Abschiednehmen von einmal gewonnenen Einsichten kennt er nicht. Besonders deutlich wird das bei seinen Übergängen von der modernistischen Literatur zur engagierten Dichtung und bei der Abkehr von der littérature engagée. Vergleichbar kompliziert vollzog sich schon bei dem jungen Autor die Abwendung von der Lebensphilosophie bzw. die Hinwendung zum Neukantianismus, zur Phänomenologie Husserls und zur Logistik des Wiener Kreises.

In jahrelangen Studien – das zeigen die Beiträge dieses Bandes zum Thema Philosophie – werden neue Positionen erarbeitet, wobei ältere Einsichten auf komplexe – und nicht immer widerspruchsfreie – Weise ›aufgehoben‹ werden. Das Zentrum von Brochs Philosophie macht von Anfang an seine Ethik aus. Wie heute Hans Jonas unterschied schon Broch zwischen einer Nahsphären-Ethik und einer Ethik weittragender Verantwortlichkeit. Der Hiatus zwischen diesen beiden Ethiken war Broch ein Grund permanenter Irritation, Reflexion und dichterischer Bearbeitung. Brochs formale Werttheorie, die zur Gänze noch nicht erschlossen ist, konturiert sich in ihrer Eigenständigkeit beim Vergleich mit der materialen Wertphilosophie Max Schelers: Während es Scheler um die Wiederaufrichtung des katholischen-christlichen Wertekosmos geht, beschreibt Broch – ohne dergleichen Engagement – einen geschichtlichen Wandlungsprozeß von Wertschätzungsformen.

Der Diaspora-, Exil- und Außenseiter-Aspekt von Brochs Theorie und Dichtung wird auch deutlich in Aufsätzen zu seiner Religionsauffassung. Im Niemandsland zwischen konservativen Dogmatismen und diversen Ersatzreligionen beschreitet Broch einen Weg, der ihn weniger zu den Religionen als solchen als zum Glauben ›an sich‹ und einer neuen Ethik führt. Von einem religiösen Paradigmenwechsel kann man bei Broch insofern sprechen, als er mit seiner Theorie vom ›Irdisch-Absoluten‹ eine Anthropologisierung der Religion favorisiert.

Wie sehr das dichterische und das politische Engagement bei

Broch miteinander verflochten war, zeigen die abschließenden Beiträge zu seiner Politologie. Literatur war Broch nie ein Selbstzweck, nie ein Medium, das er absolut setzte. Kulturkritik, Dichtung, politische Essayistik und Massenpsychologie wechseln miteinander ab oder werden gleichzeitig unter dem Aspekt ethischer Wirkung in der Öffenlichkeit eingesetzt. Mit einer Sofortwirkung seiner Schriften hat Broch nicht gerechnet. Er vertraute auf eine Art homöopathischer Dosierung mit Langzeitwirkung; ›immediate Erfolge‹ waren ihm geradezu suspekt. Brochs spezifische Zwischenstellung tritt am klarsten wohl in seiner politischen Theorie zutage. In der Situation der vierziger Jahre propagierte er – herkommend von New-Deal-Vorstellungen und sich gegen den Kalten Krieg wendend – eine Art historischer Kompromiß zwischen Kapitalismus und Sozialismus: die Demokratie des ›dritten Weges‹. Aber auch die Idee des dritten Weges wurde von ihm nicht als Dogma verstanden. Was ihm wichtig war, waren Verhinderungen von Massenwahn, soziale Gerechtigkeit, Etablierung und Schutz der Menschenrechte, friedliche Konfliktlösungen. Wegen ihrer Weitsicht, Klarheit und ethischen Ausrichtung sind auch die politischen Schriften Brochs von anhaltend aktueller Brisanz.

Die Aktualität der Brochschen Theorien zeigte sich auch bei den Diskussionen zu den hier abgedruckten Referaten, die während des Broch-Symposiums gehalten wurden, das die Katholische Akademie der Diözese Rottenburg-Stuttgart Anfang November 1986 aus Anlaß des hundertsten Geburtstages von Hermann Broch veranstaltet hat. (Die übrigen Beiträge zu diesem Symposium – wobei es sich um Interpretationen der Brochschen Dichtungen handelt – sind 1987 im Tübinger Stauffenburg-Verlag erschienen, ediert von denselben Herausgebern.)

*Paul Michael Lützeler*

# I
# Ästhetik

## *Viktor Žmegač*
# Kunst und Ethik

Zur Einführung ist es notwendig, in knappen Zügen die Grundelemente von Brochs Kulturtheorie in Erinnerung zu rufen. Der Ausgangspunkt ist die These, daß die letzten Jahrhunderte, vor allem aber das neunzehnte, von einem »Zerfall der Werte« geprägt seien. Die einstige, durch einen mythischen Fixpunkt gekennzeichnete kulturelle Synthese (deren eigentliche Epoche Broch namentlich im Mittelalter erblickt) löst sich in der Neuzeit allmählich auf und weicht einer Kulturform, deren Signatur Spezialisierung ist, d.h. in der sich die Autonomie der einzelnen Bereiche durchsetzt. Die Voraussetzungen dieses Prozesses größten Ausmaßes werden in Brochs geistesgeschichtlicher Sicht nicht erörtert: es bleibt bei Andeutungen über die Entwicklungen im empiristischen und historischen Denken seit der Renaissance. Das entscheidende Ergebnis ist für Broch die Krise der einstigen Werthierarchie sowie die Aufspaltung in Einzelsysteme. Innerhalb des Autonomiedenkens – Broch spricht auch von »Ideologien« – geraten die jeweiligen Zielsetzungen zu Systemen, die ihre eigene Logik entfalten. So gehört es etwa zur Logik des Wirtschaftsführers, »die wirtschaftlichen Mittel mit äußerster Konsequenz und Absolutheit auszunützen und, unter Vernichtung aller Konkurrenz, dem eigenen Wirtschaftsobjekt, sei es nun ein Geschäft, eine Fabrik, ein Konzern oder sonst irgendein ökonomischer Körper, zur alleinigen Domination zu verhelfen«. Auf entsprechende Weise besteht die Logik des Malers darin, »die malerischen Prinzipien mit äußerster Konsequenz und Radikalität bis zu Ende zu führen, auf die Gefahr hin, daß ein völlig esoterisches, nur mehr dem Produzenten verständliches Gebilde« entsteht. Aus dieser »Absolutheit« ist nach Brochs Meinung die okzidentale Kultur hervorgegangen, in einem Vorgang, der seine Grundsätze ad absurdum führt nach dem Schema: »Krieg ist Krieg, l'art pour l'art, in der Politik gibt es keine Bedenken, Geschäft ist Geschäft«.[1]

Verläßt man den Gedankenkreis seiner Schriften und hält Ausschau nach vergleichbaren geschichtsphilosophischen Deutungen, so wird man zunächst an Hegel denken müssen, an dessen Diagnose der modernen Zeit als einer Epoche der »Entzweiung«, d. h. des Auseinandertretens der verschiedenen geistigen und physischen Tätigkeiten. Auf die mögliche Herkunft von Hegel ist übrigens in der Forschung mehrmals hingewiesen worden.

Noch notwendiger erscheint der Hinweis auf soziologische Deutung seit der Jahrhundertwende, in denen die von Broch beschriebenen Erscheinungen aus der Sicht einer Theorie wachsender gesellschaftlicher Komplexität behandelt werden. Max Weber hat bekanntlich die europäische Neuzeit als einen Prozeß der Ausgestaltung separater kultureller Bereiche im Zeichen eines naturwissenschaftlich fundierten Rationalismus begriffen. Die »Entzauberung« der Welt, wie die Verdrängung des Mythos durch den analytischen Verstand von ihm genannt wurde, vollzieht sich nach der Formel der Verselbständigung: die einzelnen Bereiche beziehen sich nicht mehr auf ein Gemeinsames. Eine Folge davon ist die für die Neuzeit so bezeichnende Trennung in sogenannte geistige und sogenannte praktische Sparten der Kultur.[2]

Bedenkt man nun Brochs Thesen, so gilt es festzustellen, daß der sogenannte Zerfall in Wirklichkeit ein viel komplexerer Vorgang war, als dies die Thesen erkennen lassen. Bei Broch ist fast ausschließlich von ästhetischer Radikalität und l'art pour l'art die Rede, wobei die Unterschiede zwischen dem Begriff der Autonomie und einer exklusiven Kunstdoktrin verwischt erscheinen. Die Begründung von Autonomie war die Voraussetzung für die Anschauung, Kunst sei um der Kunst willen da, allein die beiden Kategorien sind keineswegs gleichzusetzen. Wo immer auch Broch auf künstlerische und ethische Entscheidungen zu sprechen kommt, stellen sich infolge des vorgegebenen geschichtsphilosophischen Schemas Widersprüche ein. In der oben angeführten Reflexion über den Zerfall der Werte heißt es, zur Logik des Malers (und wohl auch des Künstlers überhaupt) gehöre es, die malerischen Prinzipien konsequent zu befolgen, auch auf Kosten der Gemeinsamkeit mit dem Publikum. Wie in der Wirtschaft oder in der Politik handle es sich um eine »aggressive Radikalität« und »metaphysische Rücksichtslosigkeit«, deren nur auf die Sache gerichtete Logik geradezu »grausam« und »brutal« sei.[3]

Die Aporien von Brochs Kulturkritik werden erkennbar, wenn man bedenkt, daß gerade die Radikalität mancher modernen Kunstwerke (so etwa des *Ulysses*, den Broch radikal und schonungslos nennt) dazu angetan war, das Problem des l'art pour l'art und seiner ethischen Implikationen in einem neuen Licht erscheinen zu lassen. Spätestens seit den Versuchen *James Joyce und die Gegenwart* und *Das Weltbild des Romans* tritt unter dem Druck des Legitimierungsbedürfnisses für Literatur, und damit auch für das eigene Schaffen, aus der geschichtsphilosophischen Konstruktion mehr und mehr eine ästhetische Theorie hervor. Wenn man so will, ist diese in den dreißiger und vierziger Jahren entfaltete Theorie ein Rückzugsgefecht – ein Versuch, in der Epoche des Wertzerfalls dem ästhetischen Bereich einen besonderen Sinn abzugewinnen. Der Umstand, daß das Ergebnis dieser Bemühung in erster Linie eine Literaturphilosophie (mit soziologischen Konturen) ist und nicht so sehr eine allgemeine Ästhetik, hängt mit der Sonderstellung der Literatur oder, wie Broch sagt, Dichtung im System der Künste zusammen.

So wie in der gedanklichen Revision der These vom Zerfall der Gedanke, l'art pour l'art könne unter bestimmten Bedingungen ethische Würde besitzen, nicht zu umgehen war, so hob sich aus dem Bereich der Kunst die Kategorie der Sprachkunst heraus. Diese war es vor allem, die den Autor veranlaßte, gedankliche Konsequenzen zu ziehen und die Möglichkeiten einer »ethischen Kunst« zu durchdenken, auf einem Wege, der folgerichtig dazu führte, zwischen gutem und schlechtem l'art pour l'art unterscheiden zu müssen, wie das in der großen Hofmannsthal-Studie geschieht.

Brochs überaus freier Gebrauch des Begriffs l'art pour l'art erlaubt es dem Autor, ihn mit verschiedenen Wertungen zu versehen. Nur selten gilt die Wortformel jener Erscheinung, die man meint, wenn etwa von Baudelaire oder Wilde die Rede ist; zumeist ist sie die Abbreviatur für die neuzeitliche künstlerische Absonderung, für ästhetische Entfremdung gleichsam. Damit führt aber der Begriff quer durch alle Künste und Stilrichtungen, ob nun Geibel oder Proust, Wagner oder kubistische Malerei als Beispiele benötigt werden.

Innerhalb der sozialhistorisch bedingten Entwicklung zur Vereinzelung hin gibt es aber nach Brochs Auffassung für die Kunst der Sprache mehr als für alle anderen Künste die Chance, durch eine paradoxe Tat die Schranken der Vereinzelung zu durchbrechen. Anstatt pure Schönheit hervorzubringen (die ohnehin unweigerlich zum Kitsch führt), muß sie neue Mythen schaffen, vor allem aber Erkenntnis anstreben. In diesem Streben nach Erkenntnis ist die Literatur infolge der rationalen und zugleich magischen Möglichkeiten der Sprache allen anderen Künsten überlegen.

Stößt das poetische Kunstwerk in die Zonen universaler Weltsicht vor, so kann die Verwandlung ästhetischer Handlungen in ethische gelingen. Paradox mag dabei der Umstand sein, daß gerade die Radikalität in der Verfolgung spezifischer künstlerischer Ziele, also im Zeichen von l'art pour l'art, letztlich in etwas umschlägt, was mehr ist als l'art pour l'art. Das von Broch am häufigsten angeführte Beispiel ist der *Ulysses*, ein Roman, der von ihm lange Zeit als ein nahezu unübertreffliches Muster moderner Dichtung bezeichnet wurde. Dabei trifft auf dieses Werk durchaus jenes Urteil zu, das der Diskurs über den Zerfall der Werte als kunstphilosophisches Menetekel formuliert: daß die Radikalität der Tendenzen dazu führen könnte, daß Kunstwerke esoterische, nur noch ihren Autoren verständliche Gebilde sein würden.

In den letzten Lebensjahren tritt freilich Joyce zugunsten eines anderen Dichters in den Hintergrund, und diese neue Bewertung ist mehr als ein literaturkritischer Akt – sie signalisiert eine neuerliche Verschärfung von Brochs Urteil über das Verhältnis von Kunst und Ethik. Kafka war für den Schöpfer des Vergil-Romans gleichsam die Vorbildfigur einer ästhetischen Theodizee, einer Rechtfertigung der Kunst angesichts alles sinnlosen Leidens in der Welt. Weil der Gegensatz zwischen den furchtbaren Erfahrungen gegenwärtiger Geschichte und dem herkömmlichen Kunstbegriff unüberbrückbar und absurd erscheinen mußte, nannte Broch den Prager Autor einen Dichter, der nicht mit konventionellen Maßstäben zu messen ist, der, wie es heißt, »außerhalb der Literatur steht«.[4]

In den Werken und Briefen der Nachkriegszeit bildet der geschichtsphilosophische Zweifel an der Kunst das eigentliche Leitmotiv, gemeinsam mit dem Versuch, die wissenschaftliche Arbeit ethisch zu legitimieren. »Das Ästhetische«, vermerkt ein Brief im November 1945, »ist einfach unmoralisch geworden, weil es nicht mehr existent ist. Wenn je die Musen zu schweigen hätten, so in dieser Grauensepoche; was sie noch äußern, ist schiere Geschwätzigkeit. Als Schwanengesang gilt der Vergil [...]«.[5] Im Hinblick auf den Vergil-Roman deutete der Autor zwei Jahre nach dem Erscheinen des Werkes die Zusammenhänge mit den Worten: »Denn hinter dem Vergil steht natürlich schlechtes Gewissen [...] Und hinter diesem Ge-wissen steht das Wissen um die *Unmorali-*

*tät des Kunstwerkes*«.[6] Was hier gemeint ist, ist die sozusagen objektive Unmoralität, hervorgerufen durch eine Konstellation, in die das Kunstwerk ohne eigenes Verschulden gerät. Das Moment ästhetischer Sublimation, das der Kunst eigen ist, vermag unter besonderen Bedingungen unfreiwillig zynisch zu wirken – das ist der Gedanke, dem Broch an gleicher Stelle folgende lapidare Fassung gibt: »das Spielerische des Kunstwerkes ist in einer Zeit der Gaskammern unstatthaft [...]«. So heftig in allen diesen Äußerungen die zeitgeschichtliche Bindung auch zum Ausdruck kommt, man sollte dennoch gerade an diesen Stellen den Umstand berücksichtigen, daß es sich nicht nur um eine psychisch-moralische Reaktion handelt, sondern auch um die Aktualisierung und Abwandlung von Gedanken, die in der europäischen Geistesgeschichte Tradition besitzen, ja deren Wurzeln bereits in den Maximen von Platos *Politeia* erkennbar sind.

Die von Broch behandelte Problematik kann freilich in ihrer ganzen Ausdehnung erst vor dem Hintergrund der neuzeitlichen Kunstautonomie beurteilt werden. Sie weist dort einen einprägsamen, wenn auch nicht immer deutlich markierten Traditionskontext auf. Man könnte geradezu von einem Topos genannt »Das schlechte Gewissen des Künstlers« reden. Broch gebraucht übrigens selbst diese Formulierung, doch scheint er sich der Überlieferung nicht bewußt gewesen zu sein. Selbst in der großen Hofmannsthal-Studie wird das Thema nicht ausgeführt, obwohl dessen zentrale Bedeutung im Schaffen des Wiener Dichters Überlegungen dieser Art nahegelegt hätten. In dem auch sonst sehr bemerkenswerten Brief an Elisabeth Langgässer vom 3. Dezember 1948 schreibt er, mit Thomas Mann melde sich erstmalig das schlechte Gewissen der dichterischen Tätigkeit an, allerdings beruhige es sich allzu rasch.

Nun, aus der Sicht des Literarhistorikers ist diese Datierung viel zu spät angesetzt. Geht man von Thomas Mann aus, so führt das Thema zur deutschen Romantik hin, und zwar gleich zu einem der frühesten Werke, zu den *Phantasien über die Kunst* von Wackenroder und Tieck. Diese wurden damals, und auch später noch, namentlich als enthusiastische Äußerungen über die unvergleichlichen Offenbarungen der Kunst, und vor allem der Musik, gelesen. Weniger beachtet wurde, daß die *Phantasien* in einem Text (*Ein Brief Joseph Berglingers*) eine eigentümliche, tiefgreifende Auseinandersetzung mit Kunstexklusivität und Ästhetizismus enthalten, zu einem Zeitpunkt, als von beiden Begriffen kaum mehr als eine vage Andeutung vorhanden war. Eigenartig an diesen Bekenntnissen eines fiktiven Künstlers ist die Bestimmtheit, mit der die Eigenständigkeit der Kunst bereits vorausgesetzt wird, und zwar als eine Erscheinung, die dazu angetan ist, in Konflikt mit ethischen Forderungen zu geraten.

Die Kunst ist aus Berglingers Sicht etwas Absolutes, das keine Halbheiten duldet und daher auch den Menschen, den Künstler, ganz in Anspruch nimmt. Wer sich der Kunst hingibt, »ist unwiederbringlich verloren für die tätige, lebendige Welt«. Der Künstler wird immer mehr zu seiner eigentümlichen Tätigkeit verführt, »und seine Hand verliert ganz die Kraft, sich einem Nebenmenschen wirkend entgegenzustrecken«.[7] Und wenn an der gleichen Stelle die Kunst ein »trüglicher Aberglaube« genannt wird, so liegt die Annahme nahe, die Warnung gelte einer Auffassung, die die Kunst in metaphysische Konkurrenz zur Religion setzt. Die Pointierung in den Bekenntnissen Berglingers zeigt jedoch, daß die Kritik von psychologischen und sozialen Erwägungen ausgeht: die vollständige Hingabe an die Kunst macht ihn zum psychologischen Außenseiter und damit – aus der hier vertretenen Sicht – auch zu einer ethisch problematischen Gestalt.

Zum ersten Mal wohl wird hier ein Motiv angeschlagen, das für die letzte Jahrhundertwende und unser Jahrhundert viel bezeichnender ist als für die Zeit der deutschen Klassik und Romantik. Wackenroders Zeitgenosse Schiller vertrat in den *Ästhetischen Briefen* noch eine anders ausgerichtete Perspektive: die Kunst erschien als eine spielerische Synthese der sich frei entfaltenden menschlichen Anlagen, als eine zentrale anthropologische Kategorie. Davon, daß die Kunst in einem unerbittlichen Gegensatz zu sozialethischen Geboten stehen könnte, ist in kulturkritischen Überlegungen sonst erst später die Rede, häufig erst in der zweiten Hälfte des 19. Jahrhunderts, als ein radikales Denken in der Art Nietzsches sowohl den Ästhetizismus exponierte als auch eine scharfe Kritik an ihm hervorbrachte. Daß man nicht schaffen und leben zugleich kann, das ist ein Gedanke Flauberts und Mallarmés, zuerst als pathetisches Bekenntnis vorgetragen, später ironisch gebrochen weitergeführt von Thomas Mann, etwa im *Tonio Kröger*.

Um so mehr überrascht die Heftigkeit, mit der Wackenroders Musikergestalt die ethische Indifferenz des Künstlers angreift, seinen Hang zur Selbstbezogenheit, jene seelische Disposition, die man heute Narzißmus nennen würde. Beklemmend ist der Widerspruch für Berglinger besonders angesichts zahlloser leidender Menschen in Krankenhäusern, in Armut und Not, in den Zerstörungen des Krieges. »Und mitten in diesem Getümmel bleib' ich ruhig sitzen, wie ein Kind auf seinem Kinderstuhle, und blase Tonstücke wie Seifenblasen in die Luft [...]« Einen fragwürdigen Höhepunkt künstlerischer Existenz bildet die Neigung, auch die Leiden der Menschen lediglich als einen Stoff für ästhetische Gestaltung anzusehen.[8]

Diese Problematik ist freilich erst in Brochs Epoche zu einem literarischen Politikum – und damit zu einem Gemeinplatz – geworden. Am entschiedensten wurde die Frage nach der ethischen Verantwortung der Literatur von Autoren gestellt, die Broch wohl mehr oder minder flüchtig zur Kenntnis nehmen konnte: bei Sartre und Camus, wie auch im allgemeinen im Umkreis der sogenannten littérature engagée. Man begreift jedenfalls Brochs Skrupel – und man meint zugleich, die imaginäre Stimme Berglingers zu vernehmen –, wenn man in Sartres Vorstellungstext zum Erscheinen seiner Zeitschrift *Les temps modernes* liest: »In meinen Augen sind Flaubert und die Brüder Goncourt für die Repression verantwortlich, die der Pariser Commune folgte, weil sie nicht eine Zeile zu ihrer Verhinderung schrieben«.[9] In programmatischen Äußerungen aus den sechziger Jahren hat Sartre zwar zugegeben, daß zum Beispiel Mallarmés Kunstfanatismus eine beeindruckende ethische Leitung sei, doch daß in letzter Instanz die »reine« Dichtung kein moralisches Gewicht habe in einer Welt, in der Kinder hungern. Solange es Erscheinungen wie hungernde Kinder gebe, dürfe sich die Literatur nicht der Verantwortung entziehen – das ist, trotz aller differenzierenden Einsichten in das Wesen der Literatur, der Tenor von Sartres Gedankengängen.

Nicht viel anders argumentierte Camus, als er 1957 an der Universität Uppsala zum Thema »Der Künstler und seine Zeit« sprach. Noch deutlicher als Sartre betont er, daß die Infragestellung der Kunst (und darum geht es auch bei Broch) heute vor allem durch die Künstler selbst erfolgt, und nicht durch die Gesellschaft, die die Kunst ideologisch in Anspruch nimmt. Auch wirkliche Kunst kann im gesellschaftlichen Betrieb zu einem – Camus sagt es unverblümt – »verlogenen Luxus« werden. Die Bilder, die er gebraucht, um die seltsamen, seit Wackenroder nennbaren Widersprüche anschaulich zu machen, erinnern übrigens frappant an die Antithese in Hofmannsthals Gedicht *Manche freilich*.

In der Deckkajüte der Galeeren kann man bekanntlich immer und überall die Gestirne besingen, während im Schiffsrumpf die Sträflinge rudern und keuchen; man kann immer das artige Geplauder aufzeichnen, das auf den Zuschauerbänken des Zirkus dahinplätschert, während die Knochen des Opfers unter den Zähnen des Löwen krachen. Und es ist ziemlich schwierig, dieser Kunst, die in der Vergangenheit große Werke hervorgebracht hat, etwas vorzuwerfen. Außer daß die Verhältnisse sich ein wenig gewandelt haben und daß insbesondere die Zahl der Sträflinge und der Märtyrer auf der Welt beträchtlich zugenommen hat. Angesichts von so viel Elend, muß diese Kunst, wenn sie weiterhin ein Luxus sein will, sich heute bereitfinden, eine Lüge zu sein.[10]

Dennoch plädiert der Verfasser des *Mythos von Sisyphos* für das Weiterleben der Kunst, einer kommunikativen, aber unbequemen Kunst, und nicht für das Schweigen. Die radikalste, freilich nur theoretische Forderung an die Künstler, die Konsequenzen zu ziehen, erfolgte in den Nachkriegsjahren in Deutschland, nicht in Frankreich. Sie ist enthalten in dem fast schon zu oft zitierten Gedanken Adornos aus dessen Aufsatz *Kulturkritik und Gesellschaft*, es sei barbarisch, »nach Auschwitz ein Gedicht zu schreiben« (einem Gedanken, den der Autor fünfzehn Jahre danach in der *Negativen Dialektik* zurücknahm mit der Begründung, ein Gedicht könne auch nach dem unsäglichen Grauen wahrhaftig sein wie der Schrei eines Opfers).[11]

Es ist keine zynische Schlußfolgerung, wenn man feststellt, daß keiner der genannten Autoren, Beckett einbegriffen, das wahrhaftige Schweigen gewählt hat. Es ist ungewiß, welchen Weg Broch eingeschlagen hätte, doch es wäre wohl ein Irrtum anzunehmen, die wissenschaftliche Arbeit allein würde das letzte Wort gehabt haben. In den Briefen der letzten Jahre ist unverändert viel von Literatur die Rede, und andererseits hegte er auch gegenüber der Wissenschaft keine naiven Erwartungen.[12] Viel eher äußert sich bei ihm ein künstlerisches credo quia absurdum, eine Bereitschaft, immer wieder den Versuch zu unternehmen, trotz aller Dinge, die dagegen sprechen. In dem schon erwähnten Brief an E. Langgässer stellt Broch die »Grundfrage«, nämlich die Frage: »Kann man, darf man noch dichten?« Die beiden Modalverben bilden psychologisch eine Einheit, denn in der Situation des Künstlers ist das

Vermögen vom Sinn des Schaffens kaum zu trennen. Genau genommen handelt es sich jedoch um das zeitliche Zusammentreffen moralischer und ästhetischer Krisen – um die Erschöpfung der überlieferten Romanform, vollzogen, nach Brochs Auffassung, in den Romanen von Joyce, und zugleich um eine Krise moralischer Legitimität. Obwohl Broch getrennt argumentiert, wird deutlich, daß zwischen den beiden Sichtweisen nicht nur ein psychologischer, sondern auch ein kulturkritischer Zusammenhang besteht. Es ist jedenfalls zu erkennen, daß er die Möglichkeit nicht ausschloß, ein neues Verständnis von Kunst, erahnbar etwa in den Dichtungen Kafkas, würde die gegenwärtigen ethischen Zweifel aufheben.

Für Broch sind alle diese Fragen offen geblieben. Heute, in einer Welt, in der nicht so sehr von Wertzerfall als vielmehr von Zerfallswerten die Rede ist, erscheint seine Problematik aktueller denn je.

## *Anmerkungen*

1 *Kommentierte Werkausgabe* (KW), hg. v. Paul Michael Lützeler, Bd. 1, Frankfurt am Main 1978, S. 495 f.
2 Zu verweisen ist vor allem auf M. Webers *Gesammelte Aufsätze zur Religionssoziologie*, Tübingen 1920/21. Vgl. neuerdings zu diesem Thema Jürgen Habermas, *Der philosophische Diskurs der Moderne. Zwölf Vorlesungen*, Frankfurt am Main 1985.
3 KW 1, 495 f.
4 KW 13/3: *Briefe (1945–1951)*, Frankfurt am Main 1981, S. 412.
5 Ebd., S. 35.
6 Ebd., S. 187.
7 Wilhelm Heinrich Wackenroder, *Werke und Briefe*, Heidelberg 1967, S. 230.
8 Ebd., S. 231
9 Zit. nach Traugott König, *Sartres Begriff des Engagements*, in: Neue Rundschau 1980, H. 4, S. 45 f.
10 Albert Camus, *Kleine Prosa*, Reinbek bei Hamburg 1961, S. 14.
11 Theodor W. Adorno, *Prismen*, München 1963, S. 26, und *Negative Dialektik*, Frankfurt am Main 1973 (*Gesammelte Schriften,* Bd. 6), S. 355.
12 KW 13/3, 281.

*Kuno Lorenz*

# Philosophische Dichtung

Wir verdanken es Brochs ›Ungeduld der Erkenntnis‹, daß er sich nicht ausschließlich der Wissenschaft verschrieb – seine Liebe zur Mathematik hat er nie verleugnet und zeitlebens im besten Sinne dilettantisch gepflegt –, sondern Schriftsteller wurde und so seine Lebenskraft an die Ausarbeitung seiner Einsicht von der Komplementarität wissenschaftlicher und künstlerischer Tätigkeit gab.

In immer neuen Wendungen erklärt er »wissenschaftliche und künstlerische Erkenntnis [als] Zweige eines *einzigen* Stammes« (KW 9/2, 48, vgl. KW 9/1, 137f.), kehrt also zurück zum lange vernachlässigten und im öffentlichen Bewußtsein seiner Zeit häufig vergessenen klassischen Verständnis künstlerischer Tätigkeit als erkenntnisorientiert wie Wissenschaft auch. Geht es Wissenschaft um begriffliche Erkenntnis, so zielt Kunst auf sinnliche Erkenntnis, und diesen Unterschied markiert Broch mit der in ihrer Bedeutung und in ihren Konsequenzen bis heute noch nicht ausgeschöpften Erklärung, daß »es die Aufgabe der wissenschaftlichen Erkenntnis ist, zur Totalität der Welt in unendlich vielen, unendlich kleinen rationalen Schritten vorzudringen« (KW 9/2, 48), während jedes »Kunstwerk die Totalität der Welt erstehen läßt« (KW 10/2, 243). In beiden Fällen bewegt man sich, das versteht sich für Broch von selbst, auf der Zeichenebene: der wissenschaftliche Prozeß ist ein Approximationsprozeß immer reicherer Repräsentation der Welt – Broch spricht, in terminologischer Übereinstimmung mit der modernen Wissenschaftstheorie, wie er sie im Wiener Kreis kennengelernt hatte, von rationaler Modellbildung (vgl. KW 12,43) mit dem unerreichbaren Ziel eines ›Totalitätsbilds‹ (KW 9/2, 116) –; das künstlerische Handeln hingegen ist eine ständig erneuerte Weltschöpfung in Gestalt vielfältig gegliederter Symbole, Broch nennt es irrationale Symbolbildung (vgl. KW 9, 137 und KW 10/2, 243 f.), Erschaffung eines ›Weltsymbols‹ (KW 9/2, 116).

Die Ausdrücke ›Weltsymbol‹ und ›Totalitätsbild‹ stehen im Kontext einer besonders prägnanten Zusammenfassung am Ende des Vortrags *Das Weltbild des Romans:* »Das unendliche, niemals erreichte Ziel der Wissenschaft, ein Totalitätsbild der Erkenntnis zu gewinnen, der unendliche, in der Realität niemals erfüllte Wunsch der Einzelwertsysteme, zur Absolutheit zu gelangen und eine Vereinigung zwischen allen rationalen und irrationalen Elementen des Lebens zu erzielen, das findet in der Kosmogonie und der einheitstiftenden Syntax des Dichterischen zwar keine reale, wohl aber eine symbolhafte Erfüllung.« (Ebd.)

Es gehört zu Brochs diagnostischen Meisterleistungen, den Verlust des Wissens vom semiotischen Charakter der Erkenntnis – bei ihm terminologisch als »Verwechslung von Wahrheits*inhalten* mit Wahrheits*form*« (KW 10/2, 226) gefaßt – als historisch wirksame Ursache für das speziell neuzeitliche Phänomen der Partikularisierung in den Wissenschaften und Künsten auseinandergesetzt zu haben. Symptom dieser Partikularisierung ist die Stellung der Philosophie als einer Wissenschaft unter Wissenschaften, mit eigenem Gegenstandsbereich, logisch den ›ersten Gründen‹ oder ethisch den ›letzten Dingen‹, also als Metaphysik statt als Kritik im kantischen Sinne bzw. als Wahrheitssuche im platonischen Sinne. Um Philosophie ihre der Erkenntnis gegenüber einheitstiftende Rolle zurückzugewinnen, will Broch, wie er es in seiner *Autobiographie als Arbeitsprogramm* von 1941 zusammenfaßt, Philosophie als ›Werttheorie‹ aufbauen. Dieser Ausdruck, will man ihn wirklich verstehen, muß erst in den Kontext gegenwärtigen Philosophierens gebracht werden. Dazu ist es hilfreich, die folgenden Erklärungen Brochs zusammenzulesen: Jedes empirische Ich, also jeder Mensch, erzeugt von »Moment zu Moment die subjektiv günstigste Wertsituation« (KW 9/2, 127); Denken ist spezielles wertsetzendes Handeln (ebd.), wobei sowohl das Handeln wie seine Resultate bewertet werden, das Handeln ethisch, seine Resultate ästhetisch; »das Wertziel des Dichterischen, die kosmische Unendlichkeit, erfüllt sich in der einzigen Realitätsvokabel eines lyrischen Gedichts« (KW 9/2, 136, vgl. KW 9/2, 204). Unter einer Realitätsvokabel versteht Broch einen als Material der Dichtung verwendeten, eine Situation erzeugenden sprachlichen Ausdruck (vgl. KW 9/2, 135), ganz ähnlich wie Wittgenstein in den *Philosophischen Untersuchungen* II, 11 eine Hasensituation durch den Ausruf ›Ein Hase‹ konstituiert:

Ich schaue auf ein Tier; man fragt mich: »Was siehst Du?« Ich antworte: »Einen Hasen.« – Ich sehe eine Landschaft; plötzlich läuft ein Hase vorbei. Ich rufe aus »Ein Hase!«

Beides, die Meldung und der Ausruf, ist ein Ausdruck der Wahrnehmung und des Seherlebnisses. Aber der Ausruf ist es in anderem Sinne, als die Meldung [...] Er verhält sich zum Erlebnis ähnlich, wie der Schrei zum Schmerz.

Dabei heißt es vom Kunstwerk, daß es das letzte irrationale Wertziel, die Totalität, *spiegele*, und der Unterschied wissenschaftlicher von künstlicher Wertsetzung wird so ausgedrückt: »für jedes ›unabgeschlossene‹ Wertsystem, für das System der Wissenschaft etwa, ist die ästhetische Konkretisierung ihres ethischen Strebens mit dem Augenblick auch schon überholt, da sie vollzogen wird. Der jeweilige Stand der Wissenschaft ist meistens schon mit dem Augenblick überholt, da er erreicht wird, und er wird in diesem Augenblick auch schon wieder zum Objekt der neu einsetzenden Umformung, ja, man könnte geradezu sagen, daß das bereits Geformte sofort wieder den Charakter des Ungeformten erhält. Im Kunstwerk, als ästhetischem Niederschlag des ethischen Strebens, wird das ›Gewesene‹ zum unmittelbaren Bild der Zukunft, in die es hineinstrebt, in jedem einzelnen Kunstwerk spiegelt sich die Totalität« (KW 9/2, 137).

Ersichtlich haben wir hier Beispiele vor uns, wie Philosophie als Wert*theorie* bei Broch aussieht. Es geht darum, das »Symbolhafte [...], das den Wertcharakter auszeichnet« (KW 10/2, 201), in heutiger Sprache: die Verwandlung von Gegenständen in handlungsorientierende Zeichen und damit in ›Werte‹, zu erforschen und darzustellen. Dergleichen wird gegenwärtig in Anknüpfung an C. S. Peirce unter dem Titel des Zusammenhangs von Pragmatik und Semiotik erörtert. Inhaltlich zum Beispiel könnte die folgende moralphilosophische Fassung der Pragmatischen Maxime von Peirce auch von Broch stammen: »The entire intellectual purport of any symbol consists in the total of all general modes of rational conduct which, conditionally upon all the possible *circumstances* and *desires*, would ensue upon the acceptance of the symbol« (*Collected Papers* 5.438).

Forschung und Darstellung wertsetzenden Handelns, also Philosophie, kann nun selbst in zwei komplementären Gestalten erfolgen, die sich beide durch die Wiedergewinnung einer Einheit von Objekt und Methode auszeichnen, war es doch gerade der mit Verselbständigung einhergehende fortschreitende Trennungsprozeß von Gegenstand und Verfahren, der die Wissenschaften in nicht mehr zur Selbstreflexion fähige, sich allein vom Objekt her verstehende rein ›positive‹ Disziplinen verwandelt hat, und die Künste entsprechend in partikulare, sich allein vom Verfahren her verstehende Disziplinen des bloßen l'art pour l'art, die zur Symbolisierung des Gesamtzusammenhangs nicht mehr fähig – Broch sagt: ›sozialgleichgültig‹ (KW 9/1, 123) – sind. Die eine Gestalt ist Erkenntnistheorie, verschmolzen mit philosophischer Kritik, die andere Gestalt ist *philosophische Dichtung*, eine Dichtung, die zugleich Kunstkritik ist (KW 10/1, 234, vgl. KW 9/2, 39). Die Gestalt begrifflicher Erkenntnis bedient sich einer platonischen ›idealen‹ Sprache – Broch nennt sie »die ›stilfreie‹ Sprache Gottes« (KW 10/1, 234) –, die Gestalt sinnlicher Erkenntnis benutzt einen ›Stil‹, das sind diejenigen Eigenschaften eines Kunstwerks, etwa im Medium der Wortsprache, die es zum gegliederten Symbol tauglich machen.

Entscheidend ist in beiden Fällen, soll die Einheit von Objekt und Methode nicht wieder preisgegeben werden, daß es bei der Erkenntnis um den Zusammenhang ihrer ›Form‹ oder ›Struktur‹ mit ihrem ›Inhalt‹ geht und weder, wie in den sich autonom verstehenden Einzelwissenschaften, Methodisches bloß in ein inhaltliches Moment höherer Stufe, noch, wie in den gleichfalls autonom auftretenden einzelnen Künsten, Inhaltliches bloß in ein Verfahrensproblem verwandelt wird. Broch besteht daher darauf, daß eine rein interne, methodologische Charakterisierung des Erkenntnisprozesses in den Wissenschaften, etwa durch Rationalitätsstandards, nicht ausreicht, sondern durch die Herausarbeitung seiner externen, in Lebensvollzügen auftretenden ›irrationalen‹ Quellen – auch ›irreduziblen Reste‹ (KW 10/1, 131) – ergänzt werden muß; entsprechend unerläßlich ist es für die Erkenntnis in den Künsten, auf den »unlöslichen Zusammenhalt [...] von Archetypus und Logos« (KW 9/2, 68) in einem Symbol, also das Angewiesensein jeder Formung auf ein ›Lebensmaterial‹ zu achten. Die Einheit der Erkenntnis läßt sich nur in der »Totalität des Erkennens und Erlebens« (KW 9/2, 46) sichtbar machen.

Mit dieser Formulierung ist auf eine systematisch zentrale Unterscheidung angespielt, die Broch vermutlich Moritz Schlick, dem Vater des Wiener Kreises, verdankt, dessen Vorlesungen er zeitweise besuchte und für dessen Erkenntnistheorie Erleben (bzw. Kennen) und Erkennen zu den Grundbegriffen gehören. Beide Termini spielen, obwohl historisch unabhängig, systematisch nahezu dieselbe Rolle wie ›knowledge by acquaintance‹ und ›knowledge by description‹ in der Erkenntnistheorie Bertrand Russells. Es geht beim Kennen und Erkennen um zwei durch Zwischenstufen miteinander verbundene Weisen von Wissen, einem auf die Sprech- und Handlungssituation bezogenen Wissen *um* etwas (Objektkompetenz) und einem von der Sprech- und Handlungssituation unabhängigen Wissen *über* etwas (Metakompetenz), paradigmatisch am Unterschied des (situationskonstituierenden) Ausrufs ›ein Hase‹ von der (situationsbeschreibenden) Meldung ›ein Hase‹ im schon herangezogenen Beispiel aus Wittgensteins *Philosophischen Untersuchungen* aufweisbar. Also auch die Sprachebene selbst gehört zu beiden Seiten und ist durchaus nicht nur Metaebene gegenüber der Ebene der Gegenstände: je nachdem, ob Sprache – und entsprechendes gilt für andere Zeichensysteme – gegenstandskonstituierend, zur Objektkompetenz gehörig, oder gegenstandsbeschreibend, zur Metakompetenz gehörig, eingesetzt wird, ist an ihr ein symptomatischer, also ›gegenständlicher‹, und ein symbolischer, also ›repräsentierender‹, Zug bestimmbar. Anders als Schlick und Russell, die von den auf der Erlebnisebene bereits ablaufenden Zeichenprozessen wegen der dort angeblich herrschenden sinnlichen Unmittelbarkeit nur eine undeutliche Vorstellung hatten, sieht Broch dank seiner künstlerischen Existenz an dieser Stelle von Anfang an klarer, auch wenn bei ihm der Vorrang begrifflicher vor sinnlicher Erkenntnis noch nicht aufgegeben ist.

Zeit seines Lebens reflektiert er systematisch und historisch die gemeinsame Wurzel von Wissenschaft und Kunst in den alltäglichen Lebensvollzügen, wenn er sie als Folge rationaler Formungen des Ungeformten darstellt; dabei werden tradierte Formungen, Weltbilder, immer wieder von neuem als ungeformt und damit als umformungsbedürftig erlebt. Der wissenschaftliche Zugriff spielt sich primär auf der Ebene der Metakompetenz ab, natürlich angewiesen auf den ›Unterbau‹ anschaulichen Kennens, der Objektkompetenz, bliebe doch sonst offen, ob die ›Formen‹ überhaupt inhaltlich gefüllt sind, während die künstlerische Formung primär auf der Ebene der Objektkompetenz angesiedelt ist, in diesem Falle undurchführbar ohne den ›Überbau‹ begrifflichen Erkennens, der Metakompetenz, wäre doch sonst Weitergabe des Wissens unmöglich, ein Kunstwerk bloße Privatsache. Broch beginnt mit dem Mythos als *erster* rationaler Formung, aber unter Herausarbeitung des im Mythos lauernden Mißverständnisses,

Form für Inhalt zu nehmen, was historisch zur Ursache für den Prozeß der Entmythisierung wird. Dabei charakterisiert er die rationalen Formungen psychologisch, wie nach ihm unabhängig und noch pointierter Camus, als Bekämpfung der Angst vor der Einsamkeit des Todes. Allerdings verbleibt Broch an dieser Stelle noch in einem individualpsychologischen Rahmen mit den Polen Panik und Ekstase – er erklärt das Wissen um die menschliche Seele als Urerlebnis an der Wurzel aller Philosophie und Dichtung (KW 9/2, 194) –, während Camus die beiden Pole dialogisch auflösen wird in erst durch die begrenzte Solidarität der Revolte erfahrenes gemeinsames Wissen um die individuelle Einsamkeit. Für beide aber ist der Erfolg dieses Lebensverlangens – der Ausdruck Brochs – bzw. des Ja zum Leben – der Ausdruck Camus' – mit dem Bild vom Gleichgewicht wiedergegeben: die rationale Formung hat das Ungeformte, das sie spiegelt, *voll aufzuwiegen* (KW 9/2, 215), das Kunstwerk muß *der Welttotalität die Waage halten* können (KW 9/2, 210); Camus spricht statt dessen vom Maßhalten, weil jede Sinnstiftung des Einen in der Sinnstiftung des Anderen ihre Grenze findet. Das Verstandene begrenzt das Unverstandene und muß mit ihm im Gleichgewicht sein, diese Grenze verläuft bei Camus zwischen den Menschen, bei Broch zwischen einem Einzelnen (Ich) und dem, was – noch nicht oder nicht mehr oder überhaupt nicht – zu ihm gehört (Non-Ich) (vgl. KW 10/2, 201).

Die Unterlassung einer im Dialog möglichen Konstitution des Ich zwingt Broch, an der cartesischen Tradition des Gegenübers von Subjekt und Objekt festzuhalten, wenngleich ihm das von Kant gestellte Problem des Zusammenhangs von empirischem Ich und transzendentalem Ich voll bewußt ist, nur scheint es ihm nicht lösbar zu sein, ist doch schon Husserl daran gescheitert, und auch der Sprachpositivismus – neben ›Ausdruckspositivismus‹ Brochs Terminus für die Analytische Philosophie – wird nicht umhin können, so seine mittlerweile eingetretene Prophezeiung in *Philosophische Aufgaben einer Internationalen Akademie* von 1946, den empirischen Subjekten wieder ein einheitliches allgemeines Subjekt zu unterlegen (vgl. KW 9/2, 91).

Dabei hat Broch in einem seiner Zeit weit vorauseilenden systematischen Entwurf eines Modells sprachlich artikulierter Erkenntnis – ihm ist insbesondere die späte Studie *Über syntaktische und kognitive Einheiten* gewidmet (KW 10/2, 246–299) – durchaus die Mittel bereitgestellt, die es erlauben würden, Subjekt und Objekt aus den ›subjektoiden‹ bzw. ›objektoiden‹ Anteilen von Sprachhandlungen zu gewinnen. Sein Entwurf ist ausdrücklich dazu gedacht, die von der Philosophie in ihren beiden Gestalten, der erkenntnistheoretischen und der dichterischen, verlangte Durchdringung von Objekt und Methode im einzelnen durchzusetzen – und seine wissenschaftliche Studie wird sogar noch durch ein dichterisches Werk, nämlich *Eine methodologische Novelle* (KW 5, 33–44), die zwischen 1917 und 1950 viele Fassungen bekommen hat, ergänzt. In ihr wird das Verfahren philosophischer Dichtung zugleich vorgeführt *und* beschrieben.

In seinem Modell geht Broch von der kleinsten syntaktischen Einheit, einem Satz, aus und fragt, auf welche Weise in ihm ein kognitives Gebilde – er nennt es ›Eidos-Einheit‹ – hör- und sichtbar gemacht wird. Er vertritt keine ›Etikettentheorie‹ der Bedeutung mehr – sprachliche Ausdrücke wären Namensschilder der von ihnen ›bedeuteten‹ Gegenstände –, weil er weiß, daß Gegenstände und ihre Zeichen nicht getrennt voneinander verfügbar gemacht werden können; aber ebenso wenig verficht er eine sprachinterne Bedeutungstheorie – die Bedeutung sprachlicher Ausdrücke müßte durch Klassen geeigneter Kontexte, in denen sie vorkommen, definiert werden –, weil sonst die Unterscheidung von Zeichen und Gegenstand jede tragfähige Grundlage verlöre. Vom Ansatz her schon vermeidet Broch den dogmatischen Realismus der Etikettentheorie, der ähnlich wie in der logizistischen Position des mathematischen Grundlagenstreits, einem von ihm im Bereich der Wissenschaft genauer untersuchten Beispiel (in: *Die sogenannten philosophischen Grundfragen einer empirischen Wissenschaft,* KW 10/1, 131–146), die Methode dem Objekt unterordnet; und erst recht geht er ihrer skeptischen Alternative aus dem Weg, die in ihrem Reduktionismus auf die Syntax der formalistischen Position im mathematischen Grundlagenstreit gleicht und das Objekt im Verfahren verschwinden läßt.

Broch beginnt mit einem von ihm ›Elementarsituation‹ genannten Weltausschnitt und erklärt eine Eidos-Einheit als ›auf ihn bezogen‹. In einer modernen, an der sowohl pragmatischen wie dialogischen Philosophie des späten Wittgenstein geschulten, Terminologie, wie sie im dialogischen Konstruktivismus gegenwärtig ausgearbeitet wird, ist eine solche Elementarsituation – als Beispiel diskutiert Broch u. a. FLACKERNDES LICHT – die Aktualisierung eines Schemas, wobei Broch das Schema als Eidos gleich mit dem Akt des ›Meinens‹, nämlich die Situation als Aktualisierung eines Schemas ›Sehen‹ beziehungsweise ›Verstehen‹, also unter Voraussetzung eines allgemeinen erkennenden Subjekts, in Verbindung bringt, die Situation selbst hingegen noch nicht streng komplementär als Resultat der Ausführung einer Handlung begreift. Die klassische philosophische Tradition mit ihrem primär ›passiven‹ Verständnis des Sehens verhindert die volle Wiederherstellung auch des ›aktiven‹ Anteils der Wahrnehmung in Wahrnehmungs*handlungen*, wie es für die Antike selbstverständlich gewesen ist. Eidos und Situation sind als Universale und Singulare, als Allgemeines und Einzelnes, streng aufeinander bezogen und nicht als selbständige Gegebenheiten isolierbar. Gleichwohl ist es ein systematisch treffender wie für die Durchführung fruchtbarer Schritt, von Empirischem und Apriorischem (auch ›Rationalem‹ oder ›Idealem‹) jeweils bei der einzelnen Situation und dem allgemeinen Eidos zu sprechen, wird doch damit die Komplementarität auch dieser, die Erkenntnistheorie beherrschenden, Begriffe wie bei Peirce fest im Umgang des Menschen mit seiner Welt verankert.

Die Konsequenzen für den Zusammenhang von empirischer, d. h. auf Einzelnes gerichteter, Wissenschaft und apriorischer, d. h. auf Allgemeines gerichteter, Philosophie werden sichtbar, wenn im nächsten Schritt die Bezogenheit eines Eidos auf Situationen sprachlich artikuliert, Broch sagt: »ans sprachliche Licht gebracht« (KW 10/2, 251), wird. Der entscheidende, ›Archetyp‹ und ›Logos‹ verbindende Satz lautet: »Die Eidos-Einheit ist durch die Syntax-Einheit zu repräsentieren« (ebd.). Im Elementarsatz, z. B. ›Dies ist flackerndes Licht‹ wird ausgesagt, daß eine Elementarsituation (ein Einzelnes) ein Eidos (einen Archetyp) verkörpert. Jeder solche Satz, in einer derartigen Situation geäußert, ist begleitende sprachliche Versinnlichung des Eidos, im Beispiel: FLACKERNDES LICHT. Mit der Artikulation geschieht aber noch mehr. Broch stellt heraus, daß im grammatischen Subjekt, im Elementarsatz durch den Demonstrator ›dies‹ vertreten, »eine Projektion des sprechenden Subjektes« (KW 10/2, 252) vorliegt, mit ›dies‹ also nicht, wie die übliche logische Analyse glauben machen möchte, ein in der Sprechsituation ›gegebener Gegenstand‹ benannt wird. Der Demonstrator ›dies‹ indiziert vielmehr die Konstitution des Gegenstandes, über den etwas ausgesagt wird, aus seinen relativ zum Subjekt auftretenden ›Gegebenheitsweisen‹ (ein Fregescher Terminus für die bei Bezugnahme auf einen Gegenstand entstehende Perspektivierung), also den Wahrnehmungshandlungen im weitesten Sinne, Leibnizens ›Perzeptionen‹. Wird die mit ›dies‹ nur verwendete Perzeption ihrerseits artikuliert, so ließe sich ›dies‹ expandieren, etwa zu ›das, was ich gerade sehe‹. Aus Wahrnehmungshandlungen wie: FLACKERNDES LICHT-SEHEN, FLACKERNDES-LICHT-SPÜREN etc., den Beziehungen des sprechenden Subjektes zu seiner Umwelt, seinen »Identifikationen mit ihr« (ebd.), wie Broch sagt, wird das Objekt gebildet. Das Objekt *ist* die Funktion, die »Dynamisierung, die der Satz durch das Verbum erfährt [d. h. durch die Hervorhebung einer Perspektive], in statische[n] Schranken« (ebd.) zu bannen, es ist also die Funktion, die Invariante aus Perspektiven zu bilden. In den Perspektiven selbst hingegen tritt das sprechende Subjekt auf, dessen Entfaltung daher in der Differenzierung der Perspektiven, also der Artikulationen, insbesondere der sprachlichen Artikulationen, durch Differenzierung der Sätze besteht.

Für das Eidos als ein Schema, das in Elementarsituationen aktualisiert vorliegt, haben die Artikulationen daher die Konsequenz einer Aufspaltung in Perspektiven, deren jede als ›Zeichen‹ desselben Eidos auftritt – als der ›objektoide‹ Anteil der Artikulationen –, während die Zeichen selbst das Subjekt markieren und damit den ›subjektoiden‹ Anteil der Artikulationen bilden. Im Vollzug der Artikulationen durchdringen beide Anteile einander vollständig: ein Stück Welt ist im verwendeten Zeichen gegenwärtig und zugleich gedeutet. Broch spricht von dem ›Simultaneitäts-Phänomen‹ einer ›formalen Identität‹ des eidossetzenden Denkakts mit dem Sprachakt und formuliert unter Verwendung von Wittgensteins entsprechender Gleichsetzung im Satz 4 seines *Tractatus* (»Der Gedanke ist der sinnvolle Satz«): »Ein Gedanke (ein Augenblick), ein Satz – ein Satz, ein Gedanke (ein Augenblick)« (KW 10/2, 254).

Wie aber kann diese, im einfachsten Fall seines Modells gelungene Durchdringung von Objekt und Methode für die durch Differenzierung auftretenden komplexen Fälle aufrechterhalten bleiben, sollen wahre Philosophie und philosophische Dichtung möglich sein? Broch unterscheidet zwei Weisen der Differenzierung: eine ›positive‹, durch sukzessive Untergliederung eines einzigen Satzes, und eine ›reflexive‹, in der das, was bei einem Satz nur verwendet wurde, seinerseits in einem Satz artikuliert ist, so daß grundsätzlich hierarchisch gegliederte Sätze entstehen. Im ersten Fall, philosophisch exemplifiziert am *Tractatus* Wittgensteins (KW 10/1, 170 ff.) und poetisch am letzten Kapitel des *Ulysses* von James Joyce (KW 10/2, 255, vgl. KW 9/2, 47), ist jede metasprachliche Bezugnahme grundsätzlich ausgeschlossen, das Verfahren der Artikulation *zeigt* sich und kann nicht *gesagt* werden. Das Erscheinen einer philosophischen Mystik bei Wittgenstein und einer Sprachmystik oder ›Mystik des Mediums‹ (vgl. KW 9/1, 130) bei Joyce ist notwendige Folge der »Wendung zum Unmittelbaren« (KW 10/1, 172 ff.), sofern nur das Wissen um das Nichtsagen-Können nicht preisgegeben wird. Im zweiten Fall wird ein Prozeß in Gang gesetzt, der philosophisch-wissenschaftlich als nie abbrechender unendlicher Prozeß wiederholter reflektiver Distanzierung erscheint, durch explizites Artikulieren von unbewußt Vollzogenem und damit insbesondere auch durch Zulassen einer nach oben offenen Metasprachenhierarchie. Das ausführlich diskutierte Beispiel ist bei Broch der philosophisch verfahrende mathematische Intuitionismus, insofern dort die Mathematik explizit als ihr eigenes Exempel auftritt (vgl. bes. KW 10/2, 290–296). Philosophisch-poetisch hingegen bricht dieser rationalbegrifflich verfahrende Prozeß ab, indem ein ›Stil‹, nämlich ein System von Symbolisierungen, das rational unerreichbare Resultat des unendlichen Prozesses, sein ›Unendlichsein‹ selbst, sprachlich versinnlicht. Ein Satz beziehungsweise der ihm entsprechende prädikative Ausdruck wird zum Symbol dadurch, daß er nicht schlicht Zeichen eines Schemas ist, sondern dadurch, daß er kraft bestimmter Eigenschaften und Beziehungen (interner und externer, z. B. zu Nachbarsätzen) *exemplifizierend* bezeichnet. Darunter versteht man seit Nelson Goodman, daß er Schemata mit Binnengliederungen/Eigenschaften bezeichnet, die er selber aufweist, der Satz deutet Schemata nur an. Das sprachliche Medium ist mit diesem Schritt selbst als Realität entdeckt; es zum Symbol machen, heißt Wirklichkeit erzeugen (vgl. KW 9/1, 121 ff., KW 9/2, 62 f.). Damit wird der Vollzug eines Symbols als sein exemplifizierender Anteil bestimmbar, derjenige Anteil nämlich, kraft dessen ein Symbol eine sinnliche und keine begriffliche Erkenntnis bildet, also in Gestalt von Wahrnehmungshandlungen, zu denen z. B. auch rituelle Handlungen gehören, auftritt.

Broch erörtert Exemplifikationen am Beispiel eines Textes aus drei Sätzen: »Die Stube ist dunkel. Ein Mann erscheint mit einer Kerze in der Türe. Die Stubenmitte ist erleuchtet, aber die Ecken bleiben im Schatten« (KW 10/2, 256). Es gibt keine elementare Eidos-Einheit, die dem ganzen Text entspräche, müßte er doch dazu die Gestalt eines einzigen untergliederten Satzes haben. Eine höhere Eidos-Einheit hingegen ist erst auffindbar, wenn es gelingt, den Text ›symbolisch‹ zu lesen, etwa als Andeutung eines durch zeitliche Handlungsabfolge als Eigenschaft ausgestatteten Eidos, weil eben diese Eigenschaft dem Text, wird er gelesen, zukommt. In einem gelungenen philosophisch-poetischen Werk sind die Symbolisierungen derart verflochten, daß vom ganzen Werk auch das Ganze der Wirklichkeit angedeutet ist. Kafka ist für Broch ein Dichter, dem solche Symbolisierungen gelungen sind (vgl. KW 9/1, 131).

Die poetische Welterzeugung erhält bei Broch ihren Status als Erkenntnis durch die mit ihr vollzogene Symbolisierung der Wirklichkeit im Ganzen, wenn sie gelungen ist. Broch sagt dies in seinen theoretischen Überlegungen, wohl wissend, daß es sich begrifflich gerade nicht sagen läßt, sondern in philosophischer Dichtung nur symbolisierend erzählt werden kann. Die Welterzeugung des einen poetischen Subjekts, wie es in der von ihm zugleich erfundenen und gefundenen Perspektive symbolisch wirklich ist, erlaubt entgegen Brochs Beteuerungen in seinem Vortrag zur *Philosophie und Technik des Übersetzens* (KW 9/2, 61–85) gerade keinen Rückschluß auf die Einheit der Wirklichkeit und damit auf die Einheit des erkennenden Subjekts als Korrelat des symbolisierten Ganzen im Perspektivenwechsel. Diese Einheit kann sich nur im Vollzug des Perspektivenwechsel als gelingendes Übersetzen zeigen. Sie braucht nicht als Bedingung der Möglichkeit von Übersetzung postuliert zu werden. Sie wird gleichwohl schrittweise philosophisch-begrifflich in einer logischen Grammatik – Broch sagt ›Metasyntax‹ (KW 9/2, 72) – artikuliert werden können.

*Richard Brinkmann*

# Zu Brochs Symbolbegriff

*Für Andrew Jaszi*

Symbol, Symbolisierung sind Leitbegriffe Brochs in seinem gesamten Wirklichkeitskonzept, Schlüsselbegriffe in allen seinen Reflexionen, zu welchem Sachgebiet auch immer. Brochs Vorstellung vom Symbol hängt eng mit seiner Werttheorie zusammen. Und wenn man auch gelegentlich davor gewarnt hat, den Traktat über den *Zerfall der Werte* zum Universalschema der Interpretation, zumal der *Schlafwandler*, aber nicht *nur* der *Schlafwandler* zu machen, so ist es doch keine Frage, daß Brochs Überzeugungen von Sinn, Entstehung und Auflösung der Werte die Basis und Motivation seines theoretischen und praktischen Engagements bilden. So unendlich viel Philosophisches, Historisches, Soziologisches, Literarisches, Literaturtheoretisches Broch auch studiert und mit intellektueller Schärfe verarbeitet hat, so wage ich doch die vielleicht ketzerische Behauptung, daß sein Denken und die Explikation seiner Ideen, ein Zug des Eklektischen und des Dilettantischen kennzeichnet. Diese Feststellung muß keine pejorative Bedeutung haben. Es ist indessen gewiß kein Zufall, wenn auch noch durch andere Gründe bedingt, daß die Wirkung seines Œuvre hinter demjenigen vergleichbarer Repräsentanten der Moderne in Literatur und Philosophie zurücksteht wie z. B. von Musil, Kafka, Thomas Mann, Benn, Döblin und anderen. Das liegt freilich auch an der Mischung von Konservativem und Progressivem, die mindestens sein umfangreiches *theoretisches* Werk kennzeichnet. Und diese Zwiespältigkeit ist auch charakteristisch für Brochs Ausbildung und Anwendung eines Symbolbegriffs, sowohl im logisch-kognitiven als auch im philosophisch-anthropologischen System, von dem man doch sprechen darf. Gerade darin ist er aber aufschlußreich für eine zeitangemessene Vorstellung und praktische Applikation des Symbols. Es ist der Mühe wert – weit über das Interesse an Broch selbst hinaus –, einige Züge seines Symbolkonzepts hervorzuheben. Ich werde mich dabei eng an Brochs eigene Aussagen halten und hier weder die uferlose Diskussion zum sogenannten »Wesen« des Symbols überhaupt noch bei Broch im besonderen aufgreifen.

»Leben, Rede, Verständigung, Erkenntnis, was immer den Menschen ausmacht, vollzieht sich in Symbolen und Symbolisierungen [...], schreibt Broch in dem Aufsatz *Über syntaktische und kognitive Einheiten.*[1] In seiner *Massenwahntheorie* steht der Satz: »Alle Erkenntnis vollzieht sich in Errichtung von Modellen, d. h. von (kognitiven) Symbolen, Symbolkombinationen, Symbolaggregaten, Symbolsystemen«.[2] Und an Hannah Arendt bemerkt Broch:

> Ohne Ich-Theorie keine Werttheorie, ohne Werttheorie keine Ethik und Ästhetik. Und nachherüberzurück keine Anthropologie. Auf diesen simplen und dabei radikalen Sachverhalt muß man immer wieder hinweisen. Und ich glaube vertreten zu können, habe es doch auch schon durchgeführt und nur wieder versteckt, daß hier der Schlüssel zu jeglicher Symboltheorie verborgen liegt.[3]

Broch hat diese Zusammenhänge also auf verschiedenen Ebenen und in weiteren Kontexten gezeigt, am deutlichsten und in mancher Hinsicht plausibelsten denn doch im Essay vom *Zerfall der Werte.* Das ist oft genug – auch kritisch – dargestellt worden. Die Werttheorie kann ich hier wohl im wesentlichen als bekannt voraussetzen. Nur an wenige Punkte sei erinnert, die für das Symbolthema von besonderer Bedeutung sind.

Broch hat den Weg von der polytheistischen, mythischen Wertelogik über die monotheistische mit ihrem Zentralwert hin zur Herrschaft des Abstrakten beschrieben und einsichtig gemacht, wie es zu diesem Prozeß kommen konnte. Der Schritt zur abstrakten, zur radikal wissenschaftlichen Kosmogonie, bei der es eine Plausibilitätsschranke der Ätiologien in Gestalt eines oder – wie im Polytheismus – vieler absoluter Werte nicht mehr gibt, beginnt bereits im späten Mittelalter mit einer Entwicklung, die zunächst in der Reformation ihren sichtbaren Ausdruck findet. Denn hier beginnt der persönliche Gott zu dem unendlich fernen zu werden, »dessen Name nicht mehr auszusprechen und von dem kein Bild mehr zu machen ist [...]«.[4] Das hohe Mittelalter noch hatte einen absoluten Plausibilitätspunkt für alle Frage- und Gedankenreihen und für die Logik des Tuns im Zentralwert des Glaubens an den christlichen Gott, der zwar auch da die Eigenschaften des Unendlichen hatte, aber doch in definierbaren Symbolen vorstellbar war. Indessen, gerade in der Absolutierung der Symbole des Glaubens lag zugleich der Keim zu ihrer Aufhebung und zum Überschreiten ihrer Grenze ins wirklich Unendliche.

Die mittelalterliche Welt wurde – so sonderbar es klingt – durch diese Steigerung und Absolutierung des Symbols im tiefsten Sinne enthumanisiert: ihr Zweck war im Gebäude der Symbole beschlossen. Sie war so sehr architektural, daß es mehr als eine bloß äußerliche Analogie ist, wenn wir eben in der Bautätigkeit dieser Zeit den Ausdruck und das Symbol ihrer selbst zu sehen uns gestatten.[5]

Zur Vorgeschichte führt Broch in dem Aufsatz *Zur Geschichte der Philosophie* aus:

[...] hier zeigt sich nochmals die Macht des Platonismus. Er hatte – und nicht zuletzt im Wege der Religion – den antiken Menschen gelehrt, die Irrealität des Wirklichen zu erfassen und ein höhergeordnetes Abbild und Urbild darüber zu setzen. Die mannigfachen Wandlungen und teilweise Vergröberungen, welche die platonische Erkenntnislehre im Laufe der Zeit erfahren hatte, führt zu einem weitausgedehnten System von Symbolen – wie es etwa im 12. und 13. Jahrhundert wieder zu finden ist –, das stets bereit und fähig war, alles Mögliche und Unmögliche als immateriales oder aber auch materiales Symbol für eine fernere und unausdrückbare Wahrheit zu nehmen. Damit war aber der Prozeß der Mythisierung ungeheuer erleichtert: es war ein Prozeß, der bald nach dem Zusammenbruch des alexandrinischen Reiches einsetzte und etwa bis ins erste vorchristliche Jahrhundert währte, und der geradezu als ein Prozeß der Platonisierung aller antiken Religionsüberlieferungen zu bezeichnen wäre. Der griechisch-ionische Kult unter stoisch-positivistischer Leitung, die ägyptische in Reaktion zum Horusmystizismus, das Judentum in der gräcosaduzäischen Bibelrenaissance, der Mithraismus – sie alle waren von dem platonischen Auslegungssymbolismus erfaßt worden, erhielten in ihm jene gemeinsame Sprache, die das große, kommende Ereignis, die große Synthese des Christentums vorzubereiten half.[6]

Nun also: Indem die Scholastik den »unendlich fernen platonisch-logischen Punkt« in aristotelischer Weise verendlichte und die sichtbare Kirche und die Symbole der Sakramente, zumal der Eucharistie, absolut setzte, mußte das scholastische Denken an dieser

antinomisch-unendlichen Grenze [...] umwenden, um die endlich gewordene platonische Idee dialektisch wieder aufzulösen, d.h. die Umkehr zum Positivismus vorzubereiten [...][7];

denn die gleiche Logik, mit deren Beweiskraft die Scholastik die endlich-unendlichen Symbole als absolute Grenzen, als absolute Plausibilitätspunkte der Frageketten begründet hatte, zwang sie auch, den Anspruch des Platonismus für die Symbole aufzugeben und sich unmittelbar dem Objekt zuzuwenden. Sie hätte sonst ihre eigene Logik aufgeben müssen. Rettungsversuche in Form der Lehre von der doppelten Wahrheit und Distinktionen in der Auseinandersetzung der Nominalisten und Realisten konnten diese Wendung vom Platonismus zum Positivismus nicht mehr aufhalten. Damit aber setzt das ein, was Broch den »Zerfall der Werte« nennt.

Dieser logisch-geschichtsphilosophische Entwurf scheint von bestechender Stimmigkeit zu sein. Als Denkmodell mag man ihn auch akzeptieren. Tut man das jedoch ohne Einschränkung, so geraten allerdings manche Gedanken Brochs über das Symbol dazu in Widerspruch. Denn allenthalben operiert Broch mit einem Symbolkonzept, das sich nicht einschränken läßt auf die Funktion der Symbole in jenem geistesgeschichtlichen, philosophiegeschichtlichen, theologie- oder religionsgeschichtlichen Verlauf. Vielmehr reicht der Symbolbegriff deutlich weiter, als es das System zuläßt. Ja, es gibt schließlich keine andere Wirklichkeit für den Menschen, jedenfalls keine, die er erkennen und in der er handeln kann, als eine symbolische. »Wo ist unsere wahre Wirklichkeit?« fragt Broch im Hinblick auf Hofmannsthal.

Wir wandeln zwischen Symbolkulissen, und auf daß wir sie erkennen können, müssen wir sie in stets neuen abbilden, niemals zu den letzten gelangend [...]. Hofmannsthal greift diese Aufgabe der fortgesetzten Symbol-Symbolisierungen auf, und gemäß seiner visuellen Reflexion [...] erfüllt er sie durch das Heraufbeschwören stets neuer [...] Erinnerungsbilder, die einander spiegeln und in solcher unaufhörlicher Spiegelung und Aber-Spiegelung einander sinngebend, sinnverschärfend werden.[8]

Was hier angedeutet ist, gilt zwar für die Dichtung in ausgezeichneter Weise, es ist aber nach Brochs Meinung auch wahr für *jede* Wirklichkeitshabe als »Erkenntnis- und Bewältigungssystem«.[9] Jeder Akt des Individuums, auch als Glied kollektiver Verbindungen, ist Setzung und als reflektierte und/oder in Handlung umgesetzte Setzung, Setzung der Setzung, d. h. aber Überführung einer rein abstrakten unbezogenen Potenz in den Akt, die aktualisierte und damit prinzipiell sich selbst erst verstehende und sinnvolle Aktualisierung ins Symbol. Erst in der Vermittlung des Symbols, des Symbolischen wird aber auch andere Wirklichkeit als die eigene versteh*bar.*

Der Menschengeist als solcher ist nichts Sichtbares; sein Dasein wird erst an seinen Äußerungen wahrnehmbar, und diese Äußerungen sind Projektionen in die Außenwelt, werden durchwegs im Außenwelt-Material vorgenommen, sind also bloß Symbole für das, was ausgedrückt werden soll, was ausgedrückt wird. Selbst die Träne ist bloß Symbol für den Schmerz, ist nicht der Schmerz selber, selbst das Lächeln ist bloß Symbol für die Freude, von der die Seele in ihrer unsichtbaren Tiefe bewegt wird; mit andern Worten selbst Urgefühle wie Schmerz und Freude, Trauer und Lust werden erst am Symbol sichtbar, und mag auch der körperliche Gestus, durch den sie sich äußern, ein sozusagen natürliches, ja in seiner unmittelbaren Natürlichkeit geradezu animalisches Symbol sein, es sind die andern Symbole, mit denen der Mensch sich selber und seine Reaktionen auf die Welt, also seine innere und äußere Realität ausdrückt, zwar weniger animalisch, aber darum nicht weniger natürlich [...], es gibt keine unnatürlichen Symbole.[10]

Broch spricht auch von »Ur-Symbolen«, von denen etwas in »jedem der höheren Symbole enthalten sein« muß. Es gibt fast so etwas wie ein

Grundschema, wie alle menschlichen Symbole sich in eine umfassende inhaltlich-natürliche Verwandtschaft eingliedern: sie beeinflussen einander unausgesetzt in ihrer Bildung, beladen einander ebenhierdurch mit Inhalten, ordnen sich aneinander, werden zunehmend differenzierter und trotzdem einfacher, da der Vorgang notwendigerweise vereinheitlichende Gruppen schafft.

Es läßt sich von einer gewissen »Inhalts-Einheitlichkeit« sprechen. »Jeder Symbol-Organismus [...] ist auch ein System.«[11] Das läßt sich deutlich zeigen an den systematischen und strukturalen Aspekten der Sprache und der Musik, und Broch hat es ausgiebig getan. Festzuhalten ist an dieser Stelle, daß Broch einen relativ weiten Symbolbegriff praktiziert. Und man könnte zunächst fast meinen, daß er an vielen Stellen seines ungewöhnlich häufigen Gebrauchs bei Broch mindestens ebensogut, wenn nicht korrekter, mit dem Begriff »Zeichen« zu belegen wäre. Auch der Zeichenbegriff kommt vor in Brochs Schriften und Briefen, indessen vergleichsweise selten und kaum jemals in Fällen, in denen sich nach Brochs Wortgebrauch auch nur irgendwie der Begriff »Symbol« vertreten läßt. Auch zwischen »Symbol« und Allegorie macht Broch keinen dezidierten Unterschied; das ist ihm kein wichtiges Thema, wie ihn überhaupt die Symboldiskussion in der Ästhetik und der Geschichte der Ästhetik nicht sonderlich interessiert. Vielmehr sind es, wie ich schon früher angedeutet habe, logisch-erkenntnistheoretische, ontisch-anthropologische, geschichtsphilosophische Kategorien und Definitionsbedürfnisse, die Broch in dem immer wiederholten Umkreisen des Symbolbegriffs motivieren. Erkenntnistheoretisch also ist, wie erinnerlich, das Vorstellungsmodell der Setzung der Setzung, das Symbol des Symbols, die »Iteration des ›Wissens um das Wissen‹«, als »Iteration des ›Symbols der Symbolisierungen‹«.[12] Immer nur in erneuten Symbolisierungen, in »Symbolketten«, in »Spiegelungen« ist Erkenntnis möglich, ist Wirklichkeit zu erfahren: »Denn alles Sinnhafte entsteht in Spiegelung und Symbol, und das Ursprüngliche und Wirkliche kann ebensowohl am Ende wie am Anfang der Spiegelreihe stehen.«[13] Im Gegensatz zu Joyce, im Hinblick auf den das gesagt ist, bleibt der Naturalismus in seiner »Symbolkargheit« immer »Symbol erster Stufe, niemals Symbol des Symbols«. Damit ist er geeignet »zur sozialen Willensäußerung«, er ist damit am nächsten der ›Tat‹ verwandt [...] als Symbolgebung schier ›Tat an sich‹ [...]«[14]

Nun ist das durchaus eine kritische Feststellung. Denn die Auflösung der im Mittelalter angeblich noch funktionierenden Wertehierarchie des Mythos ist die, wie wir uns erinnern, Inthronisierung der Tat.

Auch Luther ist durchaus als Tatmensch aufzufassen. Und diese Prävalenz der Tat liegt nicht daran, daß mehr getan wurde, sondern liegt in der Verachtung des Wortes und seiner Beweiskraft. [Man muß hinzufügen: insofern es vermittelndes Symbol ist; R. B.] Das Wort bekam eine andere Bedeutung: *die Sprache Gottes (die die Sprache der Scholastik war) sollte umgestaltet werden zur Sprache der Dinge (auf die der neue Blick gerichtet war).* Und wenn die Sprache Gottes bestand, so sollte sie es selber sein, sollte sie sozusagen nur mehr als Original, nicht mehr als Reflexion gelten, wurde sie in der Luther-Bibel selber zum autonomen Objekt, das keine Dialektik mehr duldete.[15]

Es ist die »›ketzerische‹ Wendung zum unmittelbaren Gott«.[16] Eine andere Art von scheinbarer Unmittelbarkeit ist die Mystik. Indessen setzt sie die vermittelnde Symbol-Welt voraus, die sie zu durchstoßen trachtet.

Auch die Kunst bekommt einen neuen Valeur. Sie hat nicht mehr eine symbolisch-funktionale Rolle im Dienste des Glaubens oder des in der Substanz religiös verstandenen Lebens, sondern emanzipiert sich als dargestellte Erfahrungs-Wirklichkeit und, sofern sie religiöse Themen zum Gegenstand hat, als hinweisende ästhetische Zeichenkomplexe, die religiöse Akte und Stimmungen unterstützen, aber nicht selbst mehr sozusagen vollziehen dürfen.

Die Darstellung des Kreuzes etwa kann nicht mehr »Repräsentanz«, mit der vollen »Würde der Repräsentanz« sein, des Repräsentierenden, das stellvertretend die Reverenz, die Verehrung, in Empfang nehmen darf, die auf die abgebildete Wirklichkeit selbst gerichtet ist. Religiöse Kunst kann nicht mehr Vehikel des religiösen Akts sein. Diese Änderung vollzieht sich zum Teil plötzlich und gewalttätig bis hin zum Ikonoklasmus, zur Bilderstürmerei, zum Teil bewahren die Traditionen eine Kontinuität in den Motiven und Formen der Darstellung noch lange. Indessen verlieren die Symbole ihren festen und legitimen Platz im alten Symbolkosmos. Sie werden entweder unzeitgemäß und geraten in einem »Erstarrungsprozeß« zur »Konvention«.[17] Oder aber sie werden in neue Kontexte versetzt, z. B. in säkularisierte Symbolkombinationen, die damit eine andere Erfahrungswirklichkeit repräsentieren. Als einzelne behalten sie jedoch ihre ursprüngliche Bedeutungsfracht, bringen sie ein in den neuen Zusammenhang und bestimmen so den Aussagewert der zugeordneten Symbole mit. Denn »Symbolisierungen sind irreversible Abbildungsprozesse«.[18] In seinen werttheoretischen Schriften hat Broch den geschichtlichen Prozeß zum Abstrakten hin gezeigt. Auch Symbole, die aus identifizierbaren konkreten Erfahrungssituationen und -zusammenhängen stammen, können Versatzstücke in abstrakten ästhetischen und kognitiven Modellen werden, mit einem Aussagewert, der sich nicht mehr auf die Aussagewerte der Einzelsymbole, der Realitätsvokabeln reduzieren läßt. Broch hat das in seinen Romanen, am überzeugendsten in den *Schlafwandlern* und im *Tod des Vergil* zu verwirklichen versucht. Dabei können verschiedene Symbolsysteme kontaminiert werden, wie etwa das musikalische, das mythisch-kosmogonische, die Symbolkombinationen, die Logik des Traums im *Tod des Vergil.* Das habe ich ausführlicher an anderer Stelle gezeigt.[19] Im Wertezerfall kann als letzte Plausibilitätsschranke das Ich mit seinem Partialwertsystem, seiner »Privattheologie« stehen. Dabei gerät das Ich in eine prekäre Irrationalität, weil es seine eigenen Impulse und Antriebe nicht mehr durchschaut. Das Ich wird – und auch das beginnt in der Reformation und mit Luther, wird dann sanktioniert durch Kant –, das Ich wird »das letzte und symbolischeste und zugleich abstrakteste Symbol und zugleich einzige und letzte Realität«.[20] Vergangene Symbolsysteme sind übrigens manchmal nur zu erschließen, so etwa in Rekonstruktionen im Bereich der Archäologie:

jeder [...] neue Ausgrabungsfund nötigt die Archäologie, die ihm eigentümlichen Strukturqualitäten zu erforschen, um durch deren ›induktive‹ Projizierung in die ›unbekannte‹ Historie das zugehörige Ursprungs-System erschließen (oder bei mangelhafter wissenschaftlicher Ausrüstung kurzerhand erfinden) zu können.[21]

In solchen Fällen, die es ja nicht nur im Bezirk der handfesten Ausgrabungsarchäologie, sondern in vielfältigen anderen »Archäologien« gibt (etwa bei Foucault), erscheint Broch der Terminus »Symptom« angemessener als der des »Symbols«, weil die Phänomene, um die es hier geht, die Fragmente, Symptome der hinter ihnen stehenden erschließungsbedürftigen Sachverhalte sind, denen ihre symbolische Funktion erst zuzuschreiben wäre. Ein isoliertes Symbol, das seinen Verweisungszusammenhang nicht erkennen läßt, kann diesen Namen nicht beanspruchen.

Es sollte deutlich geworden sein, daß die Position Brochs in der Symbol-Frage zwiespältig ist. Der Aufgeschlossenheit für das Moderne, für die Bedeutung der Funktionalität im modernen Denken und in der modernen Kunst und Literatur als Tendenz zum Abstrakten und seiner Interpretationsbedürftigkeit steht eine energische Kritik wesentlicher Ereignisse der Neuzeit gegenüber. Manche Äußerungen Brochs *klingen* ja nicht nur nach »Verlust der Mitte« und einem entsprechenden sehnsüchtigen Blick in die Vergangenheit aus einer restaurativen Grundstimmung, ähnlich, wie er bei Novalis z. B. in dessen Rede *Die Christenheit oder Europa* obzuwalten scheint. Hinter einem Denken, das sich besonders historisch gibt, scheint eine allgemeine Anthropologie zu stecken, die in ihrer prinzipiellen und normativen Geltung nicht von historischen Bedingungen abhängig ist. Nun muß das kein Odium sein, solange nur die Modifikation der ontisch-anthropologischen Tatsachen, wie immer man sie sehen mag, unter jeweils anderen historischen Gegebenheiten, nicht übersehen und nicht zur Grundlegung von Ideologien benutzt werden. Man hat dergleichen Broch gelegentlich vorgeworfen, ebenso, wie man es Novalis vorgehalten hat. Zwar hat man in Ost und West inzwischen die in Wahrheit zukunftsgerichtete typologische Bedeutung der Rede *Die Christenheit oder Europa* oder auch der Fragmentensammlung *Glauben und Liebe oder Der König und die Königin* erkannt. Und auch für Brochs Konzept vom *Zerfall der Werte* gilt der typologische Valeur der gewiß vereinfachten Vorstellung geschichtlicher Wandlungen. Aber es ist doch auch wahr, daß die Betrachtungsweise Brochs in entscheidenden Zügen dem Geschichtsmodell und auch dem Symbolbegriff des Novalis ähnelt. Es ist ein Symbolbegriff, und es ist eine dem zugrunde liegende Anthropologie, die deutliche Analogien zu christlichen Konzepten aufweist, und zwar in der Variante des katholischen, vor- und nachreformatorisch katholischen, Symbolgebrauchs. Nun ist Novalis nicht katholisch, und er gehört nicht zu den romantischen Konvertiten. Broch ist zwar im Jahre 1909 zum Katholizismus übergetreten, hat sich aber später davon abgekehrt mit entschiedener Rückwendung zum Judentum: »Ich bin übrigens daran – so Broch 1950 an Waldo Frank im Hinblick auf seine frühere Konversion –, diesen Katholizismus-Rest auszumerzen; das hat noch vor meinem Absterben zu geschehen.«[22]

Also mit dem Bekenntnis, der Zugehörigkeit zu einer Institution, mit irgendeiner Weise von Orthodoxie hat die Nähe zu gewissen Erfahrungen mit dem Symbol und dem Symbolischen und einer entsprechenden Anthropologie nichts zu tun. Es geht hier nicht darum, irgend jemandem Weltanschauungen zu insinuieren, die er nicht hat und nicht haben will. Aber es sollte die Wirksamkeit von Traditionen auch da nicht übersehen werden, wo sie nur sehr mediatisiert und nicht mit ausdrücklicher Rückbindung an Definitionen in Erscheinung treten. In den vielfältigen Erörterungen des Symbolbegriffs bei Broch gibt es offenkundig – wie auch in den Anschauungen des Novalis – eine Affinität zum katholischen Sakramentarismus. Ich hatte vorhin die Formel von der »Verbindung zwischen Erkenntnis- und Bewältigungs-System« in Zusammenhang mit Reflexionen Brochs zum Symbol zitiert.[23] Das heißt: beim Symbol geht es nie nur um Erkenntnis, sondern immer auch um Vollzug. Symbolgebrauch, sowohl als Setzung des Symbols als auch im Sinne von Rezeption des Symbols, ist immer auch Gestus, Ritual, Verleiblichung.

»Das Symbol«, so schreibt Broch in der *Massenwahntheorie,*

hat eine merkwürdige Mittelstellung zwischen konkreter Sichtbarkeit und abstrakter Unsichtbarkeit, zwischen Irdischkeit und Unirdischkeit, da es mit irdisch-sichtbar-fühlbar konkreten Mitteln (Sprache, Bildhaftigkeit usw.) erzeugt wird und trotzdem sich mit dem Symbolisierten (dem Benannten, dem Abgebildeten) in keiner Weise ›deckt‹, sondern es bloß ›meint‹, sowohl das Bewältigungs- wie das Erkenntnissystem ›meinend‹ und in sich zum ›Ausdruck‹ bringend.[24]

Es handelt sich also um das durchaus Mittelbare, das, mit Goethes unübertrefflicher Definition des Symbols zu reden, »die Sache ist, ohne die Sache zu sein, und doch die Sache; ein im geistigen Spiegel zusammengezogenes Bild, und doch mit dem Gegenstand identisch«.[25] Das bedeutet, daß im Medium von Zeichen und Bildern geistige Realität nicht nur wahrnehmbar wird, sondern sich allererst konstituiert, strukturiert. Das gilt auch für Zeichen und Zeichensysteme, die als solche abstrakt sind wie etwa in der Musik, in der ungegenständlichen und abstrakten bildenden Kunst, für Dichtung, die ihre wesentliche Aussage nicht mit Elementen reproduzierter empirischer Wirklichkeit zu präsentieren beabsichtigt, sondern mit den wiederum abstrakten Formen ihrer Struktur, in denen das einzelne, sinnlich Aufnehmbare in den Dienst einer übergeordneten Aussage genommen wird: So in Joyce's Roman *Ulysses*, den Broch als Grundmodell immer von neuem hervorhebt, so in seinen eigenen großen Romanen, die ohne das Vorbild Joyce nicht denkbar sind. Und es ist wohl ebenfalls bezeichnend, daß Broch, auch bei seinen Reflexionen zum Roman, immer wieder auf das Genus des Lyrischen zurückkommt und einzelne Partien der *Schlafwandler*, aber auch anderer Prosastücke in lyrischen »Aggregatzustand«, wenn man so sagen darf, hinübergeformt hat, ganz zu schweigen von dem »lyrischen« Roman *Der Tod des Vergil*. Es ist kein Zufall, daß Broch bei Überlegungen zu Wesen und Funktion des Symbols noch relativ spät, d. h. zu einer Zeit, zu der er sich vom Katholizismus längst wieder abgewandt hatte, die katholische Messe erwähnt, und zwar anläßlich der Frage nach Symbolen von einiger Konstanz: »[...] wenn wir nach Symbolen von zeitüberdauernder Konstanz fahnden«, führt Broch in dem Vortrag *Einige Bemerkungen zur Philosophie und Technik des Übersetzens* von 1946 aus,

so stoßen wir in erster Linie auf jene, vermöge welche der Mensch die Grundstruktur seiner innern und äußern Realität am umfassendsten und einfachsten darstellt: alle Urmythen gehören zu diesen grundlegenden Gesamtsymbolisierungen des Menschentums, alle religiösen Rituale, soweit sie natürlich gewachsen und daher auch mythisch beeinflußt sind, gehören dazu, und daß die katholische Messe mit ihrem Wort wie ihrem Gestus gleichfalls hier einzureihen ist, braucht nicht weiter ausgeführt zu werden: festzuhalten ist jedoch, daß es sich da durchwegs um inhaltliche Formung handelt, und daß sie allesamt, Mythos wie Ritual, nach der Unterstreichung durch Musik, nach musikalischem Vortrag verlangen. Denn die Musik bildet die Ergänzung. Sie desgleichen strebt nach Gesamtdarstellung des Menschen, und sie tut es vornehmlich vermittels geformter Inhalte, da in diesen und nicht in den inhaltlichen Formungen ihre syntaktische – ja, fast möchte man sagen – abstrakte Wesenheit liegt.[26]

Wenn gelegentlich als ein Desiderat der Forschung genannt worden ist, die Einwirkung des Katholizismus auf Broch zu erkunden, so ist sie am ehesten im Bereich der Reflexionen zum Symbol interessant. Denn auch z. B. die längere Zeit währende, dann nachlassende Anteilnahme an den Schriften und Tagebüchern Theodor Haeckers liegt, abgesehen von der Bedeutung von Haeckers gewichtigem Büchlein *Vergil. Vater des Abendlandes* für Brochs Roman *Der Tod des Vergil* und abgesehen von der Affinität in der antifaschistischen politischen Gesinnung, wieder in dem Ambiente einer katholischen Anthropologie und katholischen symbolischen Wirklichkeitserfahrung. Wobei es wiederum auf den Katholizismus als Institution überhaupt nicht ankommt und außerdem noch eine komplexe Fülle philosophischer Ideen eine Rolle spielt. Was Broch anzieht, der Vollzug, der religiöse Vollzug und Gestus im Umgang mit Symbolen und mit symbolischen und rituellen Handlungen, hat zur Konsequenz, daß es eine ernstzunehmende »kirchliche«, kirchlich-religiöse Dichtung, »im richtigen Sinn« nicht geben kann. Sie ist überflüssig, solange die religiöse Symbolerfahrung ihre Verbindlichkeit noch nicht verloren hat, und *wo* sie sie verloren hat, ist sie erst recht überflüssig und zugleich Kitsch[27]:

Der ›katholische‹, oder richtiger, überhaupt der ›religiöse‹ Schriftsteller ist eine contradictio in adjecto (daher wohl auch die auffallende Abseitigkeit, oftmals sogar Flachheit des religiösen Schrifttums) [...][28]

Brochs immer wieder überdachter Kitsch-Begriff ist ja bekannt und oft genug in der Broch-Kritik und -Forschung erörtert worden. Symboltotalitäten kann es als Restauration von vergangenen nicht geben. Die Dichtung kann nicht zur Konvention gewordene Symbole und Symbolkonstellationen mit den alten Inhalten anbieten, vielmehr muß sie in ihrer Form, die als solche abstrakt ist, zum Symbol und Symbolkosmos werden und *darin* Sinn präsentieren. Auf die »Architektonik« kommt es an. »Ich glaube«, schreibt Broch an Frank Thiess kurz nach der Entstehung der *Schlafwandler*-Trilogie,

daß eine völlig durchgeführte und geglückte Architektonik – selbstverständlich ein unerreichbarer Idealfall – eine Architektonik, die sich nicht nur auf die Handlung und Reflexion beziehen darf, sondern auch die ganze Stimmungslage und den ganzen Stil (bis herab zu jedem Wort und zu jedem Requisit in seiner Symbolbedeutung) zu umfassen hätte, daß eine solche absolute Einheit der Architektur jene Plausibilität und Überzeugungskraft des Kunstwerks darstellt, aus der dann seine innere Logizität entspringt.[29]

Broch hat über Hofmannsthals Symbolvorstellung und ihre Voraussetzungen in der kulturellen und politischen Wirklichkeit Österreichs einige Sätze geschrieben, mit denen – mindestens zu einem beträchtlichen Teil – auch seine eigenen Erfahrungen und Zielvorstellungen im Hinblick auf Symbolisches und Symbol bezeichnet sind:

Österreich war für Hofmannsthal ein Gebilde höchster Realität, ja sogar sittlicher Realität, doch nicht etwa im Sinne der Hegelschen Staatsidee, sondern in einem womöglich noch mystischeren Sinn: der Realitätsgrund lag in der Symbolisierung durch den Kaiser. Als Realität und zugleich deren Symbol war Österreich zu solcher Symbolkraft geschaffen, gleichsam eine Volksdichtung, die zur Realität gerufen wurde, auf daß sie aus eigenem, ohne daß jemand einen Dichter zu nennen vermag, immer wieder Realität hervorrufe –, sich selbst dichtendes Österreich, von Vorsehung und Geschichte hierfür gezeugt und einmalig. Realität ist für Hofmannsthal lebendig gewordenes Symbol.

Das Symbol aber entsteht aus dem Ineinanderfließen von Leben und Traum, und am Symbol entzündet sich alles dichterische Wissen um die Weltrealität, entzündet sich stets aufs neue das Realitätsproblem, die ständige Verlockung zum Dichten: besäße der Mensch nicht den realitätsgeöffneten Traum, er stünde ›sprachlos‹ gleich dem Tier vor den Realitätsphänomenen, doch da er ihn und mit ihm den Symbolbereich der Sprache besitzt, ist diese selber zur zweiten Realität geworden; in der Sprache wird die Außenrealität zur Zeitlosigkeit aufbewahrt (und zwar ›formal‹ aufbewahrt), doch die Sprachrealität wird nochmals vom Traum, nun vom sprachgeöffneten, dem dichtenden Traum aufgenommen, wird nochmals symbolisiert, um auf nächsthöherer Ebene nochmals (und zwar ›inhaltlich‹) aufbewahrt zu werden, so daß ein wahrhaft aus der Sprache herausgeholtes Wort – ›und dennoch sagt der viel, der ›Abend‹ sagt – zu dichterisch zeitüberdauernder Geltung gelangt.[30]

Das also ist Broch über Hofmannsthal, aber es ist Hofmannsthal durchaus aus der Perspektive Brochs und seines Symbolkonzepts.

Wie ein solches Konzept in Bezug zur aktuellen Zeitwirklichkeit zu bringen wäre, darüber hat Broch, wenn ich recht sehe, keine logisch stringenten Aussagen gemacht. Darüber zu diskutieren – nicht nur im Hinblick auf Broch – wäre einer weiteren Untersuchung wert.

## *Anmerkungen*

1 Brochs Texte werden zitiert nach der von Paul Michael Lützeler herausgegebenen *Kommentierten Werkausgabe*, Frankfurt am Main 1974ff. (KW). Hier: *Philosophische Schriften 2. Theorie*, KW 10/2, 268.
2 *Massenwahntheorie. Beiträge zu einer Psychologie der Politik*, KW 12, 231.
3 21. 2. 49; *Briefe 3 (1945–1951)*, KW 13/3. Vgl. zum Folgenden: Richard Brinkmann, *Romanform und Werttheorie bei Hermann Broch. Strukturprobleme moderner Dichtung*, zuletzt in: *Hermann Broch. Perspektiven der Forschung*, hg. v. Manfred Durzak, München 1972, S. 35–68.
4 *Die Schlafwandler*, KW 1, 497.
5 *Zur Geschichte der Philosophie*, KW 10/1, 155.
6 *Philosophische Schriften 1. Kritik*, KW 10/1, 152f.
7 *Die Schlafwandler*, KW 1, 535.
8 Erste Fassung des Essays über *Hugo von Hofmannsthals Prosaschriften*, KW 9/1, 287.
9 *Massenwahntheorie*, KW 12, 223.
10 *Schriften zur Literatur 2. Theorie*, KW 9/2, 62.
11 Ebd., S. 64.
12 *Massenwahntheorie, KW 12, 224.*
13 *James Joyce und die Gegenwart*, KW 9/1, 72.
14 *Hofmannsthal und seine Zeit. Eine Studie*, KW 9/1, 269.
15 *Theologie, Positivismus und Dichtung*, KW 10/1, 197.
16 Ebd., S. 196.
17 *Gedanken zum Problem der Erkenntnis in der Musik*, KW 10/2, 240.
18 *Über syntaktische und kognitive Einheiten*, KW 10/2, 268.
19 Vgl. Anm. 3.
20 *Zur Geschichte der Philosophie*, KW 10/1, 158.
21 *Philosophische Schriften 2. Theorie*, KW 10/2, 269.
22 *Briefe 3 (1945–1951)*, KW 13/3, 413.
23 *Massenwahntheorie*, KW 12, 223.
24 Ebd., S. 221.

25 Goethe, *Philostrats Gemälde und Antik und Modern*, in: *Nachträgliches*, Weimarer Ausgabe, Bd. 49, Erste Abteilung, S. 142.
26 *Einige Bemerkungen zur Philosophie und Technik des Übersetzens. Ein Vortrag*, KW 9/2, 67.
27 25. 10. 34; *Briefe 1 (1913–1938)*, KW 13/1, 310.
28 *Leben ohne platonische Idee*, KW 10/1, 46.
29 *Briefe 1 (1913–1938)*, KW 13/1, 83.
30 *Schriften zur Literatur 1. Kritik*, KW 9/1, 210f.

## *Walter Hinderer*
# Reflexionen über den Mythos

In einem Essay mit dem Titel *Auf dem Rückmarsch aus der Moderne* (1983) liefert der Literaturkritiker Heinrich Vormweg eine negative Bestandsaufnahme der Gegenwartsliteratur und stellt ebenso lakonisch wie pessimistisch fest: »Die Jahre des Vordrängens und Entdeckens sind vorbei, die Produktion stagniert, verfällt, das Nichts kommt wieder in Sicht, und auf entgegengesetzter Seite der Mythos.«[1] Mit anderen Worten: Auf der einen Seite herrschen »zynische Vernunft«[2], das »aufgeklärte falsche Bewußtsein«[3], auf der anderen die Postmoderne, das Irrationale oder der Mythos. Doch sind die Prämissen der Aufklärung wirklich tot, wie einmal Arnold Gehlen konstatiert hat, und laufen nur ihre Konsequenzen weiter?[4] Ist der »Rückfall von Aufklärung in Mythologie« nicht eher, wie das Horkheimer und Adorno in ihrem Buch *Die Dialektik der Aufklärung*[5] behaupten, »bei der in Furcht vor der Wahrheit erstarrenden Aufklärung selbst« zu suchen? Obwohl Aufklärung und Mythos im allgemeinen als Gegensatz verstanden werden, stellen Horkheimer und Adorno dieser traditionellen Auffassung zwei Thesen entgegen: »schon der Mythos ist Aufklärung, und Aufklärung schlägt in Mythologie zurück«.[6] Als Kronzeuge für diese »Verschlungenheit von Aufklärung und Mythos«[7] dient den späteren Repräsentanten der Frankfurter Schule das homerische Werk, »der Grundtext der europäischen Zivilisation«. Daß sie sich hier auf den Spuren Nietzsches bewegten, war ihnen beiden bewußt.[8] In seinem *Philosophischen Diskurs der Moderne* (1985) setzt sich Jürgen Habermas mit dieser Selbstkritik der Aufklärung, welche »die Kritik noch gegenüber den eigenen Grundlagen«[9] verselbständigt, auseinander und beschreibt den Ort dieses anhängigen Verfahrens folgendermaßen: »Erst wenn Sinn- und Sachzusammenhänge, wenn interne und externe Beziehungen entmischt sind; erst wenn Wissenschaft, Moral und Kunst jeweils auf *einen* Geltungsanspruch spezialisiert sind, ihrer jeweils *eigenen* Logik folgen und von kosmologischen, theologischen, kultischen Schlacken gereinigt sind; erst dann kann der Verdacht entstehen, daß die Autonomie der Geltung, die eine Theorie [...]

beansprucht, Schein ist, weil sich in ihre Poren verschwiegene Interessen und Machtansprüche eingeschlichen haben«.[10]

Das ist genau der Punkt, an dem Hermann Broch vor über fünfzig Jahren ansetzte. In seinen werttheoretischen und ästhetischen Überlegungen spricht er immer wieder von jenem »Jahrhunderte währenden logischen Prozeß, in dem sich das vom Mittelalter geprägte europäische Weltbild sukzessive aufgelöst hat, in dem sich die einzelnen Wertgebiete sukzessive verselbständigt haben, der Mensch aber in steigender Verwirrung und zerrissen von all seinen zerstörenden und wiederaufbauenden Kräften, unfähig wurde, den endgültigen Zerfall der alten Werthaltungen zu zügeln, das endgültige blutige Chaos zu hemmen, in steigendem Maße der Frage seines Gewissens ausgeliefert und angesichts des Grauens und des Todes trotzdem wie mit einem Donnerschlag vor diese Frage gestellt: ›Was sollen wir tun?‹« (E 1, 312f.) Diese kantische Frage richtet sich bei Broch auf den Problemzusammenhang einer neuen Wertordnung und Ethik und der Wiederherstellung der platonischen Idee.

Auch Broch spricht von der Verschlungenheit von rationaler Erkenntnis und überrationaler Erfahrung, von radikalem Positivismus und Mystik oder Mythos (KW 9/2, 185ff., 194f.) und nennt Homer »Sprachschöpfer, Mythenbildner, Dichter und Philosoph« zugleich. Wenn der »Prozeß der Aufklärung« nach Habermas »zur Desozialisierung der Natur und zur Denaturalisierung der Menschenwelt«[11] führt, so setzt Hermann Broch seine Hoffnung auf eben jenen Übergangspunkt, an dem »die rationale Erkenntnis an ihre Grenze gelangt« und man »im Mythos die verlorengegangene Sprache« wiederfindet. Auf diese Weise schlägt die Aufklärung auch bei ihm in Mythologie zurück, allerdings unter positiven Vorzeichen. Der »Dezentrierung« und Destruktion des Weltbildes stellt er in seiner Werttheorie und Ästhetik Versuche einer Neuorientierung gegenüber; sie greifen, wie es seiner Ansicht nach in Zeiten des Umbruchs oft geschieht, auf den Begriff des Mythos zurück, weil er »die Totalität der menschlichen Wesenheit« umfaßt (KW 9/2, 203) oder die »totalisierende Kraft«, wie es Habermas definiert.[12] Broch rückt nicht nur den Mythos in die Nähe des Logos, er formuliert fast im Sinne von Horkheimer und Adorno: »Der Mythos ist die Urform jeglicher phänomenologischen Erkenntnis, deren der menschliche Geist fähig ist« (KW 9/2, 217). Mythos ist aber nicht nur Urform von Erkenntnis und

Wissenschaft, sondern auch von Philosophie und Kunst. Gerade in »Zeiten des Kulturbruches« setzt nach Hermann Broch auch in der Dichtung die Suche nach ihrer mythischen Erbschaft ein, was er mit dem *Ulysses* von James Joyce und der »Josephs-Tetralogie« von Thomas Mann belegt (KW 13/2, 320).

In seinem berühmten Vortrag *Freud und die Zukunft* (8. Mai 1936) spricht Thomas Mann ganz ähnlich von den »Urgründen der Menschenseele« und der »*Urzeit,* jener Brunnentiefe der Zeiten, wo der Mythos zu Hause ist und die Urnormen, Urformen des Lebens gründet«.[13] Während es aber Thomas Mann primär um eine Psychologisierung und Humanisierung des Mythos, um ein festliches mythisches Rollenspiel und zitathafte Vergegenwärtigung alter Muster ging, verstand Broch Mythos als das zentrale Paradigma einer »kosmogonisch geordneten Totalität« (KW 9/2, 203). Bedeutete für Mann Mythos »die Legitimation des Lebens«[14], so für Broch »die engste Annäherung des Menschen an die Todeserkenntnis« (KW 13/2, 320). Mit anderen Worten: auch die Arbeit am Mythos folgt im 20. Jahrhundert dem jeweiligen ideologischen Konzept seiner Rezipienten und Produzenten. Um das an einem ebenso schlagenden wie listigen Beispiel zu illustrieren, möchte ich an verschiedene Variationen auf einen seit dem 18. Jahrhundert beliebten mythologischen Gegenstand erinnern:

PROMETHEUS

Von Prometheus berichten vier Sagen: Nach der ersten wurde er, weil er die Götter an die Menschen verraten hatte, am Kaukasus festgeschmiedet, und die Götter schickten Adler, die von seiner immer wachsenden Leber fraßen.

Nach der zweiten drückte sich Prometheus im Schmerz von den zuhakkenden Schnäbeln immer tiefer in den Felsen, bis er mit ihm eins wurde.

Nach der dritten wurde in den Jahrtausenden sein Verrat vergessen, die Götter vergaßen, die Adler, er selbst.

Nach der vierten wurde man des grundlos Gewordenen müde. Die Götter wurden müde, die Adler wurden müde, die Wunde schloß sich müde.

Blieb das unerklärliche Felsgebirge. – Die Sage versucht das Unerklärliche zu erklären. Da sie aus einem Wahrheitsgrund kommt, muß sie wieder im Unerklärlichen enden.

Hans Blumenberg interpretiert diese Interpretation Franz Kafkas folgendermaßen: Er »macht den Pluralismus der Interpretation, als Simulation des Historismus und seiner Relativierung dessen, wie es denn wirklich gewesen sei, zur ironischen Form der ›Berichtigung‹«.[15] Doch genaugenommen »berichtigen« sich die Variationen der Prometheus-Sage eigentlich nicht, sie widersprechen vielmehr einander und nehmen sich gegenseitig zurück. Die erste Variante redet von dem Verrat »der Götter an die Menschen« und der bekannten verhängten Strafe; die zweite führt zur Identifikation des Prometheus mit dem Felsen; die dritte berichtet vom allmählichen Vergessen des Verrats und die vierte von der Ermüdung aller Beteiligten: der Götter, des Adlers und des Prometheus. Die vierte Variante erwähnt Prometheus sogar nicht mehr direkt, nur seine Wunde, die »sich müde schloß«, und nennt zum erstenmal einen Grund für den Vorgang: nämlich, daß »man des grundlos Gewordenen müde« wurde – der Mythos hatte sich verbraucht. In einer typischen Kafkaschen Kehre wird danach wieder auf den Grund verwiesen, das »unerklärliche Felsgebirge« des Kaukasus, und auf die Notwendigkeit, das, was »aus einem Wahrheitsgrund kommt, [...] wieder im Unerklärlichen enden« zu lassen. Die vier Arbeiten am Mythos erschöpfen sich, weil sie das »Unerklärliche« zu erklären, also zu rationalisieren versuchen. Mir scheint dieses Fragment Kafkas aber nicht die »Mythisierung« der Rezeptionsgeschichte eines Mythos zu sein, wie Blumenberg meint[16], sondern vielmehr die allmähliche Destruktion des Mythos durch Aufklärung in Parabelform vorzuführen, eine Destruktion, die freilich zu einer neuen Konstruktion führen will, zu einem Neuanfang. Nicht von ungefähr wurden für Hermann Broch gerade auch die Schriften Franz Kafkas zu einer »ersten Verkörperung [des] neuen Mythos«, für den er mit Ausdauer warb, während Joyce und Mann mit ihrem Werk seiner Ansicht nach bloß »zum Mythos in seinen alten Formen« zurückkehrten (KW 9/2, 229). In dem zentralen Essay *Die mythische Erbschaft der Dichtung* (1945) faßt Broch seine Spekulationen über den Mythos und das, was er für die Dichtung und den »Geist« der Epoche leistet, zusammen. Ich möchte im folgenden den Grundgedanken Brochs zu diesem Thema von den frühen *Notizen zu einer systematischen Ästhetik* (1912) bis hin zu dem großen Essay *Hofmannsthal und seine Zeit* (1947/48) nachgehen und den Kontext seiner Überlegungen skizzieren.

# I

In seiner *Autobiographie als Arbeitsprogramm* (1941) sprach Broch im Rückblick von seiner Enttäuschung darüber, daß es, als er an der Wiener Universität, der Hochburg des wissenschaftlichen Positivismus, 1904 Mathematik und Philosophie studierte, verboten war, »irgendeine all der metaphysischen Fragen zu stellen« (KW 10/2, 195). Nicht nur löste Ernst Mach das Ich »in eine vorübergehende Verbindung von wechselnden Elementen«[17] auf, sondern die beiden Kulturen, Naturwissenschaften und Geisteswissenschaften, rückten weiter und weiter auseinander. Die »Wahrheit und damit die Ethik«, so führt Broch in diesem Zusammenhang aus, »wurden zur pragmatischen Funktion des praktischen Lebens« (KW 10/2, 196). In diesem »Zustand der Wertzersplitterung« griff er auf die idealistische Position zurück, auf die Autonomie der Person, und formulierte von diesem anthropologischen Gegenprogramm her die neuen Aufgaben von Dichtung und Erkenntnis in seiner Zeit. Mit dem Nachweis der »einheitlichen Grundstruktur« von »naturwissenschaftlicher und geisteswissenschaftlicher Erkenntnis« versuchte er die Trennung der beiden Kulturen aufzuheben und Beiträge zu einem neuen Welt- und Wertmodell zu liefern. Wie Natur- und Geisteswissenschaft, so haben in seinem Entwurf auch Logos und Mythos, Ethik und Ästhetik, das Rationale und Irrationale gemeinsame Voraussetzungen. Die »mythische Denkform« stellt für ihn, wie er in einem Brief (27. 12. 1945) andeutet, sogar »einen integrierenden Teil des Logos« dar, wie andererseits »all unsere logischen Formen [...] eine zweite, eine mythische Struktur haben« (KW 13/3, 44).

Im Gegensatz zu der Ausgangsposition von Horkheimer und Adorno behauptet Broch hier nicht bloß die »Verschlungenheit« von Mythos und Logos, vielmehr ihre strukturgesetzliche Verwandtschaft, mit der er »die Einheit des Rationalen und Irrationalen« zu begründen versucht. Seine Ansichten fand er nicht nur durch die 1944 erschienenen *Untersuchungen über den griechischen Mythos* von Paula Philippson bestätigt[18], sondern er konnte auch zahlreiche Anregungen in der zeitgenössischen Diskussion von Ernst Cassirer bis Thomas Mann und Karl Kerényi finden. Der Essay *Die mythische Erbschaft der Dichtung* war nicht umsonst zu Ehren Thomas Manns konzipiert, dessen Werk hier wie das von Joyce als »logische Prophetie« gefeiert wird (KW 9/2,

210); allerdings enthält der letzte Abschnitt bereits den verhaltenen, leicht distanzierenden Hinweis, daß sich der »Mythos der neuen Kultur [...] wahrscheinlich von der Romanform völlig loslösen« und anderswo, vielleicht im Film, einen adäquateren Ausdruck finden werde (KW 9/2, 211). In dem zwei Jahre später verfaßten Essay *Mythos und Altersstil* (1947) verdeutlicht Broch dann kritisch die Unterschiede, die sowohl Mann als auch Joyce von Kafka trennen, der die in seiner Zeit gestellte Forderung oder Alternative am radikalsten erfüllt habe, nämlich: »entweder vermag Dichtung zum Mythos vorzustoßen, oder sie hat ihren Bankrott zu erklären« (KW 9/2, 231). In einem Brief an Elisabeth Langgässer (3. 12. 1948) spricht er gar von »der Joyceschen Sackgasse« (KW 13/3, 28), vom »Überwiegen des Technischen«, und betont gegenüber Waldo Frank zwei Jahre später noch deutlicher (KW 13/3, 411f.): »Kafkas Genie freilich reicht unendlich über das Joycesche hinaus, weil es im Gegensatz zu diesem sich einen Pfifferling um das Ästhetisch-Technische kümmert, sondern das Ethische unmittelbar an der irrationalen Wurzel anpackt.«[19]

In seinen Bemerkungen zu *Hofmannsthals Prosaschriften* (1950) kommt dann Broch zu dem Schluß, daß es den »modernen Mythos, den zu schreiben der Ehrgeiz so vieler Dichter« (KW 9/1, 314) sei, gar nicht gebe. Er führt als Argument die veränderte historische Situation an, daß die »mythologische Rationalität [...] von der wissenschaftlichen abgelöst worden« sei und daß sich deshalb mit den alten »prometheischen Heldensymbolen« nicht mehr der moderne »Maschinendschungel, Betondschungel, Zivilisationsdschungel« bändigen lasse (KW 9/1, 315). Man fühlt sich in diesem Zusammenhang an Kafkas Interpretation der Prometheussagen erinnert, an seine Destruktionen der Mythen und an seine Konstruktion. Broch spricht deshalb im Zusammenhang von Kafka von einer anderen Form des Mythos, die er »Gegen-Mythos« (KW 9/1, 315) nennt, der mit »schärferen Rationalsymbolen die Urkräfte und deren Überwindungsmöglichkeiten« beschreibt (KW 9/1, 315). Der Gegen-Mythos wäre, so verstanden, für Broch der Mythos auf einer anderen bewußtseinsmäßigen und historischen Stufe und die adäquate Antwort auf die »zur Zivilisation gebändigte Natur«, das »Menschenwerk, aus dem mit einemmal [...] aufs neue das Ungebändigte, Unbändigbare hervorspringt« (KW 9/1, 315). Nichtsdestoweniger weisen die verschiedenen Essays zum Thema eine Reihe von Modifikationen auf, die beweisen, welche zentrale Rolle die Reflexion über den Mythos im Kontext von Brochs theoretischen Überlegungen spielte.

Wie für Nietzsche in *Die Geburt der Tragödie* war für Broch Mythos zunächst einmal ein »zusammengezogenes Weltbild«[20] und sein Verlust die Ursache für Wertezerfall und fortschreitende Heimatlosigkeit des Menschen. Im Mythischen enthüllt sich nach seiner Auffassung der »Menschenseele Grundbestand«, das »Wissen um das Zeitlose«, die »Totalität der menschlichen Wesenheit«, der Welt (KW 9/2, 202 f.) und des Kosmos. Die idealistische Totalitätsidee gehörte allerdings ebenso zum Konzept von Georg Lukacs' *Theorie des Romans* (1914/15) wie die teilweise phänomenologischen, teilweise mystischen Tendenzen zur »Schau von Ideen und Wesenheiten«[21] zum Programm von Edmund Husserl bis Max Scheler. Der Totalitätsbegriff wird von Broch in dem Essay *Die mythische Erbschaft der Dichtung* auf die Kosmogonie ausgedehnt, in der seiner Ansicht nach aller Mythos gipfelt. Geschichtsschreibung, Biographie und historischer Roman können heute nur noch »nach kosmogonisch geordneter Totalität« (KW 9/2, 203) streben, ohne sie freilich je verwirklichen zu können. So wie Schiller in *Über naive und sentimentalische Dichtung* die Frage nach den Bedingungen der Möglichkeit von Dichtung in seiner Zeit stellte und die Bedingungen der Unmöglichkeit von naiver Dichtung in moderner Zeit erläuterte, macht auch Broch die veränderte historische Situation seiner Epoche bewußt und damit die Gründe dafür, daß es Kosmogonie oder Mythos im alten Sinne nicht mehr geben konnte. Anthropologisch gesehen, gehören für ihn allerdings Mythos und Logos zum »doppelten Grundbestand des Menschenseins« (KW 9/2, 202); sie sind in »aller Sprachstruktur wundersam ineinandergespiegelt« und verhalten sich beim »Erfassen der Welt« wie Inhalt und Form.

Spätestens hier zeigt sich ein Verfahren, mit dem schon Schiller seine Zeitgenossen und philosophischen Interpreten irritiert hatte: nämlich die Metabasis eis allo genos[22], ein ständiges Hinüberspringen von einem Gebiet in ein anderes. Was eben noch für die mythische Erbschaft der Dichtung oder die Geschichtsschreibung reklamiert wurde, gilt nun plötzlich als Basis für die anthropologische specifica differentia, als Grundbedingung des erkenntnistheoretischen Apparats oder als zentrales Element der Kulturgeschichte, der Metaphysik, Werttheorie, der Religion und Ethik. In gewisser Weise verhalten sich bei Broch selbst Positivismus und Idealismus wie Logos und Mythos, die ihm zufolge nicht nur durch Verwandtschaftsgrade miteinander verbunden seien (KW 10/1, 167ff.) – was sich im Hinblick auf die Philosophie sowohl bei Comtes als auch beim Neukantianismus nachweisen lasse –, sondern auch gegenseitig auseinander hervorgingen, obwohl sie eigentlich wie die zwei Seiten einer Medaille zusammengehörten. So identifiziert er einmal Mythos und einmal Metaphysik mit Kosmogonie (*Das Unmittelbare in Philosophie und Dichtung*, KW 10/1, 181); dann wieder bezeichnet er Mythos als »das polyhistorische Organon aller Tatsachen«, das andererseits mit dem Goetheschen Konzept der »Bildung« in Zusammenhang gebracht wird. Da sowohl Mythos und Mystik als auch Metaphysik und Bildung Begriffe sind, die auf Totalität zielen, deuten sie auf verschiedenen Gebieten die nämliche Grundtendenz von Brochs Überlegungen an. Sie stellen der wachsenden Verselbständigung der einzelnen Lebensgebiete, die jeweils ihren eigenen Wertvorstellungen folgen, die Notwendigkeit eines *novus ordo saeculorum*, einer neuen Einheit gegenüber.

Wie Schiller in seinen philosophischen Schriften geht es auch Broch in seinen Essays prinzipiell um die Beseitigung des Risses »zwischen Welt und Geist«.[23] Mit einer für Schiller charakteristischen Äußerung könnte man daher ohne Schwierigkeiten auch Brochs theoretische Spekulationen umreißen: »Die höchste Philosophie endigt mit einer poetischen Idee, so die höchste Moralität, die höchste Politik. Der dichterische Geist ist es, der allen Dreien das Ideal vorzeichnet, welchem sich anzunähern ihre höchste Vollkommenheit ist.«[24] Zwar bezieht sich Broch in seinem Radiovortrag *Die Kunst am Ende einer Kultur* (1933) eindeutig auf Goethe, nicht auf Schiller, aber es geht ihm in der Tat in seinem gesamten Werk um das, was er als »Aufgabe des geistig schaffenden Menschen« bestimmt hat: nämlich um »das religiöse Ziel der platonischen Erneuerung« (KW 10/1, 57). Statt »poetische Idee« sagt Broch »platonische Idee« und verweist damit auf seine frühen Essays aus den Jahren 1909 (KW 10/1, 27ff.) und 1912 (KW 9/2, 11–35) zurück, die deutlich durch die Lektüre Schopenhauers und dessen Interpretation von Platon und Kant geprägt sind.[25]

Setzt Schopenhauer Platos »Idee« und Kants »Ding an sich« im dritten Buch von *Die Welt als Wille und Vorstellung*[26] miteinander in enge Beziehung und parallelisiert dort westliche und östliche Philosophie, so übernimmt Broch dieses Konzept eingestandenermaßen mit ein paar mehr oder weniger entscheidenden Abwandlungen. Im scheinbaren Gegensatz zu einer Maxime Goethes, die Broch einmal zitiert (KW 10/1, 57) und die sich gegen den Plural »Ideen« ausspricht, führt in seiner frühen Skizze von 1909 eine Annäherung an die Idee nur über Einzelideen, die dann zusammen »die ›Idee‹ der Welt, Idee des Lebens« (KW 10/1, 29) bilden. Die Freude an der Idee selbst – sei es nun im ästhetischen, ethischen oder noetischen Bereich – leitet Broch, frei nach Schopenhauer, aus der indischen Identitätsformel des »tat tvam asi« (KW 10/1, 29f.; KW 9/2, 12f.) ab. »Welt ist Gott und Welt ist Ich« (KW 9/2, 13), so lautet die andere These, welche die prinzipielle Identität von Objekt und Subjekt behauptet. Im ästhetischen Bereich entspricht das der Einheit von Künstler und Werk in der ästhetischen Idee (KW 9/2, 30). Für Schopenhauer wie für Broch wiederholt die Kunst »die durch reine Kontemplation aufgefaßten ewigen Ideen, das Wesentliche und Bleibende aller Erscheinungen der Welt«. Ihr Ursprung ist deshalb »die Erkenntnis der Ideen; ihr [...] Ziel Mittheilung dieser Erkenntnis«.[27] Im Gegensatz zur Wissenschaft, die »bei jedem erreichten Ziel immer wieder weiter gewiesen wird und nie ein letztes Ziel« finden kann, ist die »Kunst überall am Ziel«.[28] Sie wird ein »Repräsentant des Ganzen«, hält »das Rad der Zeit« an, und »die Relationen verschwinden ihr: nur das Wesentliche, die Idee, ist ihr Objekt«.

Obwohl sich Broch angesichts der Situation seiner Zeit und aus ethischer Verantwortung immer wieder fragt: »kann man, darf man noch dichten?« (KW 13/3, 280), findet man die Position Schopenhauers nichtsdestoweniger in vielen seiner Essays, auch den späteren. Während sich Wissenschaft, so formuliert er beispielsweise in dem Aufsatz *Denkerische und dichterische Erkenntnis* (1933), der »Totalität der Erkenntnis« nur »in unendlich vielen, unendlich kleinen rationalen Schritten« anzunähern vermag, ohne sie je zu erreichen, so schafft doch Kunst immerhin ein »Symbol«, eine Repräsentanz der »geahnten Totalität« und ist als solche »Ungeduld der Erkenntnis« (KW 9/2, 48f.). In der ästhetischen Betrachtung lassen sich bei Schopenhauer wie bei Broch »zwei unzertrennliche Bestandteile« unterscheiden: »die Erkenntniß des Objekts, nicht als einzelnen Dinges, sondern als Platonischer *Idee* [...]; sodann das Selbstbewußtseyn des Erkennenden, nicht als Individuums, sondern *als reinen, willenlosen Subjekts der Erkenntniß*«.[29]

Diese Erkenntnis der Idee bezeichnet Schopenhauer auch als »reine Kontemplation, Aufgehen in der Anschauung, Verlieren ins Objekt, Vergessen aller Individualität«[30], als eine durchaus mystische Komponente, die Broch dann vor allem in seinem Hofmannsthal-Essay genauer beschreibt (KW 9/1, 302f.). Die ästhetische Vollidentifikation mit dem Objekt befähigt hier den Künstler, die »präetablierte Harmonie« zwischen »Ich und Welt«, ihr *tat tvam asi* zu erfassen. Broch reproduziert hier nicht nur den pythagoreischen und indischen Ansatz Schopenhauers (KW 10/1, 29), sondern er verweist in diesem Zusammenhang auch auf das Schema der Ich-Erweiterung (Ekstase) und Ich-Verengung (Panik), das sich ebenfalls schon als Konzept in der »Kunstperiode« von Wieland, Herder, Lenz bis Schiller findet. Alles, was der Annäherung an die Totalität (bei Schopenhauer und Broch heißt die entsprechende Variante auch »platonische Idee«) dient, bedeutet Ekstase, alles, was dieser Annäherung im Wege steht, Panik. Mit jedem Identifikationsakt geht nach Broch »ein Stück Ich in das Non-Ich« ein und verändert und bereichert es (KW 9/1, 303). Daß in dieser idealistischen Dialektik zwischen Ich und Non-Ich die mystische Erbschaft der deutschen Philosophie mit eingegangen ist, scheint Broch insofern bewußt bewesen zu sein, als er im Zusammenhang von Lebenstotalität, platonischer Idee und Zeitlosigkeit zu folgender Definition des Lyrischen kommt: »[...] im Lyrischen ist das Erwachen der Seele verborgen, der mystische Weckruf, von dem die Seele den Befehl empfängt, die Augen zu öffnen, um kraft solch eines Augen-Blicks und in ihm den Zusammenhang des Seins zu schauen, zeitlos« (KW 9/2, 205).

Gerade der mystische Augenblick der Identifikation von Subjekt und Objekt, Ich und Welt (KW 9/2, 13), den Broch schon in seinen frühen Notizen als Ekstase bezeichnet (KW 9/2, 14f.), setzt die Zeit und den Dualismus außer Kraft. Es ist dies auch der Zustand des »Gleichgewichts« oder der »Simultaneität« (KW 9/2, 14, 16f.; KW 9/1, 72ff.), dessen adäquates Korrelat eben das Lyrische darstellt.[31] Obwohl Broch in seinem Essay *James Joyce und die Gegenwart* die Forderung nach »Simultaneität« und »Gleichzeitigkeit« mit dem Epischen in Verbindung bringt, liegt für ihn darin kein Widerspruch. Es geht ihm weniger um eine Gattungsbestimmung als vielmehr um das Aufspüren eines ästhetischen Mittels, das sich für die Beschreibung der »Einheit der antinomischen Gegensätze« eignet, wie er in seinen *Bemerkungen zum »Tod des*

*Vergil«* (E 1, 265 ff.) näher erläutert. Das lyrische Kunstwerk vermag eben dank seiner rhythmischen und musikalischen Qualitäten »die Totalität eines Augenblicks« herzustellen (KW 9/2, 204). Wie man sich nach Broch der Idee nur über einzelne Ideen nähern kann, so eben auch der Lebenstotalität nur über einzelne Lebenssekunden. Wenn aber der Roman die »Totalität eines Menschenlebens« anstrebt, wie Broch in *Die mythische Erbschaft der Dichtung* argumentiert (KW 9/2, 204 f.), kann er dieses Ziel einzig über die lyrische Methode, d. h. »die Auslotung der Lebenssekunde« erreichen, die bereits repräsentativer Teil der »Lebenstotalität« ist. Jede »sprachliche Darstellung von Welttotalität« wird deshalb von dichterischen oder lyrischen Momenten durchsetzt sein müssen. Selbst Geschichtsschreibung ist für Broch »nicht ohne dichterischen Einschlag [...] denkbar«, weil auch hier die Zeit ins Räumliche (KW 9/2, 205; 17), zur Simultaneität von Mythos und Logos, Rationalität und Irrationalität, transformiert werden soll.

Neben dem Mythos enthält der Traum, »dieser alltägliche und allnächtliche Mythos« mit seiner Tages- und Nachtlogik (KW 9/2, 206), prophetische Qualitäten. Wie dem Mythos schreibt Broch auch dem Traum logische Qualitäten zu. Die mythische Prophetie trennt Broch allerdings andererseits insofern von der logischen, als diese sich »in der heutigen wissenschaftlichen Gestalt« (KW 9/2, 208) ihrer ethischen Verantwortung entzieht. Das geschieht auf ähnliche Weise in der Dichtung des l'art pour l'art. Deshalb spricht Broch in dem Joyce-Essay auch von »der außerordentlichen Aufgabe [...], alles Ästhetische in die Gewalt des Ethischen zu werfen« (KW 9/1, 89). Das Ethische drückt sich nicht nur in einem entsprechenden Erkenntnisstreben und in der Totalitätsannäherung aus, sondern auch in der Wiedergewinnung der platonischen Idee. Sie ist die »Struktur der Menschenseele«, die Broch zufolge eben in der mythischen Erbschaft ermittelt wird. Auch der Historiker kann die »Einheit-Struktur« nur von einem »mythischen projizierten Wertzentrum« (KW 9/2, 204) her setzen. So wie der Historiker nicht mehr direkt auf den Mythos zurückgreifen kann, führt auch kein Weg heutiger Dichtung zur »mythischen Prophetie«; denn »trotz aller Verwandtschaft mit dem Mythischen«, so erläutert Broch in dem Essay *Die mythische Erbschaft der Dichtung*, »muß sich die Dichtung auch hierin dem Geist der Epoche, [...] seiner Wissenschaftlichkeit unterordnen, um solcherart sich der geahnten, künftigen ›logischen Prophetie‹ annähern zu können« (KW 9/2, 209). Das Streben nach »kosmogonischer Totalität« weist deshalb auch die Dichtung ins Polyhistorische und Kosmopolitische.

So weit, so gut möchte man an dieser Stelle sagen und ein wenig pausieren. Doch nun haben sich einige Widersprüche ergeben, die nach Aufklärung verlangen. Man versteht zwar Brochs historisches Argument, daß eine Rückkehr zum Mythos in einer wissenschaftlichen Epoche nicht mehr möglich ist, erinnert sich an seine Synthese von Mythos und Logos und begreift, daß es ihm prinzipiell um die Entwicklung neuer Möglichkeiten geht, welche die alten mythischen Funktionen übernehmen können. Wenn aber die Postulate der »mythischen Prophetie« von einer neuen »logischen Prophetie« erfüllt werden sollen, warum spricht er dann wieder am Ende seines Essays vom »Mythos der Gegenwart« und vom »Mythos der neuen Kultur«, der sich möglicherweise im Film oder in einer anderen Gattung zeigen werde (KW 9/2, 211)? Die Widersprüche in Brochs ästhetischen und theoretischen Schriften ergeben sich durch die Tatsache, daß seine Begriffe, ähnlich wie bei Schiller, nicht festgelegt sind, sondern ihre Bedeutung mit dem Kontext ändern. Der Begriff Mythos wird einmal romanästhetisch ausgewertet, einmal kulturhistorisch und dann wieder erkenntnistheoretisch-philosophisch. Überdies lassen sich in den Überlegungen seiner Essays von *Geist und Zeitgeist* (1934) bis *Mythos und Altersstil* (1947) auch Veränderungen sistieren, die allerdings nur graduell, nicht wesentlich von seinem bisher skizzierten Konzept des Mythos abweichen.

## II

Kulturgeschichtlich sieht Broch in einer behaupteten Anlehnung an Hegel (KW 9/2, 189) vier Konstellationen im Verhältnis von Geist und Logos: 1) »Primat des Geistes«, 2) »Unität von Logos und Geist«, 3) »Primat des Logos«, 4) »Entthronung des Logos wie des Geistes«. Wenn »der Kampf dieser beiden Prinzipien um die Herrschaft in der Lenkung der Menschheitsseele alles Geschehen und alles historische Geschehen« bestimmt (KW 9/2, 188), so läßt sich dieser Maßstab auch auf die Kultur- und Geistesgeschichte Europas anwenden. Broch sieht deshalb nur zwei »Menschheitsaugenblicke«, in denen Konstellation 2 realisiert wurde: nämlich »in den Epochen der Hochantike und des Hochmittelalters« (KW 9/2, 189). Die Gegenwart diagnostiziert er als Konstellation 4 und beschreibt kritisch den gewaltigen Abstand von der »Idealannäherung« (KW 9/2, 190), den Verlust der platonischen Idee und die Aufhebung der »Allgemeinverbindlichkeit des Platonischen«, wie er es 1932 in dem Essay *Leben ohne platonische Idee* formuliert.

Die Rückbesinnung auf die »Unwandelbarkeit des Humanen«, auf die metaphysische Idee der menschlichen Existenz, auf ein neues geschlossenes Wertsystem, auf einen neuen Zusammenhang von Geist (Schicksal) und Logos (Gesetz) versteht Broch deshalb ebenso als philosophisch-anthropologische Aufgabe wie als ästhetische. Mit anderen Worten: Kunst unter der Konstellation 4 verleugnet die »mythische Erbschaft«, entzieht sich dem Totalitätsauftrag und damit ihrer ethischen Verantwortung und setzt den ästhetischen Wert absolut. »Mythos« wie »Mystik« werden auf diese Weise als kulturgeschichtliches Modell zum Wegweiser einer neuen Richtung: auf ein neues Wertzentrum hin. Wie in der idealistischen Kulturphilosophie liegt das Ziel Brochs in der Aufhebung der Trennung der verschiedenen Lebensgebiete und in der Versöhnung der Antinomien (KW 9/2, 193f.). Schelling hat das Defizit der »modernen Welt« in seiner *Philosophie der Kunst* (1859) beispielsweise folgendermaßen beschrieben: »Die moderne Welt beginnt, indem sich der Mensch von der Natur losreißt, aber da er noch keine andere Heimat kennt, so fühlt er sich verlassen. Wo ein solches Gefühl sich über ein ganzes Geschlecht ausbreitet, wendet es sich freiwillig oder durch inneren Trieb gezwungen der ideellen Welt zu, um sich dort einheimisch zu machen.«[32] Später fügt er hinzu, daß »die moderne Welt kein wahres Epos« habe und deshalb »keine geschlossene Mythologie«, verstünde sich von selbst.[33] Auch für Schelling ist Mythologie die »urbildliche Welt selbst«, die »erste allgemeine Anschauung des Universums«[34] und »die gemeinsame Wurzel der Poesie, der Geschichte und Philosophie«.[35]

Broch definiert Mythos als »dichterische Ur-Form«, »Kosmogonie«, »Metaphysik«, erste Anthropologie und Naturwissenschaft (KW 9/2, 194). Idealistisch oder mystisch formuliert, entspräche dies auch dem Bewußtsein vom »Gott in uns«, von der *scintilla animae*, der metaphysischen Substanz des Menschen. Dieses mythisch-mystische Wissen bezeichnet Broch in dem Essay *Geist und*

*Zeitgeist* als den »lyrischen Gehalt« sowohl von Dichtung als auch von Philosophie (KW 9/2, 194f.). Sind nun Lyrik (oder das Lyrische) und der Mythos in der Auffassung Brochs identisch? Keineswegs. Beide sind zwar Ausdruck des »platonischen Ur-Erlebnisses«, wie Brochs von Schopenhauer stammende Formel lautet, aber durchaus verschiedene Realisate. Das Lyrische ist die subjektive Form und das Mythische die objektive Form des gleichen Inhalts. Mit anderen Worten: »Objektivierung des Lyrischen« kann »als Mythos angesprochen werden« (KW 9/2, 195). Doch diese Objektivierung läßt sich nicht »auf Kommando bewerkstelligen« (KW 9/2, 197) – auch nicht durch Psychologisierung mythologischer Inhalte wie bei Thomas Mann oder durch technische Radikalisierung des Lyrischen wie bei James Joyce (KW 9, 2, 198).

Der mythische Dichter, nach dem hier am Ende des Essays noch gesucht wird, der »Homer der Moderne«, dem es vergönnt sein könnte, »den neuen Mythos zu formen« (KW 9/2, 199), scheint dann endlich in dem Aufsatz *Mythos und Altersstil* (1947) und in dem Hofmannsthal-Essay (KW 9/1, 315) gefunden. Es handelt sich, wie wir bereits wissen, um den Prager Schriftsteller Franz Kafka (KW 9/2, 229). Diesen neuen Mythos, der sich in den Schriften Kafkas verkörpert, bezeichnet Broch später als Gegen-Mythos, um ihn in seiner kulturgeschichtlichen Zuordnung vom alten Mythos zu unterscheiden. Wie sich bei Homer Mythos zur Dichtung wandelte und bei Tolstoj »Dichtung wieder zum Mythos« wurde (KW 9/2, 212), so lautet Brochs Konzept der »Geschichte der europäischen Literatur«, objektiviert sich bei Kafka die lyrische Form auf neue Weise zur mythischen, bzw. gegenmythischen. Bei Kafka ist der romantische Individualismus zugunsten einer abstrakten Totalität, Kosmogonie und Theogonie (KW 9/2, 230f.) überwunden und wird das Literarische transzendiert.

Um den neuen Mythos schaffen zu können, muß sich also der Dichter (wie es auch Tolstoj tat) »aus der Literatur zurückziehen« und auf das Ethische werfen. Broch entdeckt nun gerade im »Abstraktionismus« des Altersstils eine mythische Verwandtschaft, die er in den gemeinsamen »Sigeln des Weltinhaltes« (KW 9/2, 215) und in der Annäherung an die »Welttotalität« (KW 9/2, 216) nachzuweisen sucht. Wie Schelling versteht Broch hier Mythos als die Urform von »jeglicher menschlichen Erkenntnis«, von Wissenschaft, Kunst und Philosophie (KW 9/2, 217), aber er begreift ihn auch als »Emanation des Logos im menschlichen Geiste«. Nach der Argumentation des Essays *Geist und Zeitgeist* wäre hier dann die »Unität von Logos und Geist« erreicht. Aber das im Mythos objektivierte Weltbild drückt sich ebenso in der entsprechenden Zivilisation im menschlichen Handeln aus und in der Religion (KW 9/2, 218 f.). Broch geht nun den verschiedenen Veränderungen nach, die das mythische Weltbild im Laufe der Zeit erfahren hat (KW 9/2, 221), der Aufwertung des Menschen als Individuum, was zunächst zwar zur Humanisierung des Mythos anregte, aber dann über die Säkularisierung zu dem »unwiderruflichen Auflösungsprozeß« (KW 9/2, 222) führte, der vom »achtzehnten bis zum zwanzigsten Jahrhundert« gereicht habe.

Die Ursache dieser verhängnisvollen Entwicklung, welche die »Entthronung des Logos wie des Geistes« (KW 9/2, 189) einleitete, lag in dem Verlust des religiösen Mittelpunktes (KW 9/2, 222) und des einheitlichen Wertsystems. Der vom Protestantismus ausgelöste Individualismus erlangte in der Romantik die größte Autonomie, so daß dem romantischen Künstler nach Broch nichts anderes übrig blieb, als sich »in die für ihn typische Haltung der Sehnsucht [...] nach der religiösen Einheitlichkeit vergangener Zeiten« (KW 9/2, 223) zu flüchten. Da dieser Epoche ein »allgemein anerkannter Mythos« fehlte, konnte sie sich nicht zum »großen Stil« (KW 9/2, 223) aufschwingen, der nach Broch erst in dem Augenblick möglich wird, in dem das geschlossene System des Mythos zwar noch Gültigkeit beanspruchen kann, aber das Streben nach einem neuen offenen System bereits eingesetzt hat. Als Beispiele für eine solche Konstellation nennt Broch die Kunst von Aischylos, Bach, Milton, Michelangelo, Goethe, Beethoven, Tolstoj und die Philosophie Kants (KW 9/2, 222 ff.). »Jeder wahre Künstler«, der sein eigenes Weltbild schaffen will, ist deshalb zwangsläufig nach Broch ein Rebell, »bereit, das geschlossene System, in das er hineingeboren wurde, zu zerschlagen« (KW 9/2, 223). Die ersehnte neue Welttotalität kann er aber nur über den Altersstil erreichen, der ihn gewissermaßen auf eine »überreligiöse Bewußtseinsebene« hebt. Gegenüber Goethe und Beethoven rühmt Broch an Tolstoj (wie später auch an Kafka), daß er den rein ästhetischen Bereich verlassen und eine »höhere Totalität« in Gestalt »einer völlig abstrakten Theogonie« (KW 9/2, 224) erstellt habe. Gipfelte sein Altersstil noch »in der völligen Verschmelzung von Mythos und Kunst« (KW 9/2, 224), so entsagte Tolstoj später »folgerichtig [...] jeglicher Kunst, um seine eigene ethische Welttotalität zu errichten«. Hier deutet sich gleichzeitig die persönliche Problematik an, die in Brochs Briefen zum Ausdruck kommt und die er in seinem *Tod des Vergil* gestaltet hat. In einem Schreiben an Hermann J. Weigand vom November 1947 drückt er das so aus: »Aber einmal muß man mit der Prävalenz des Ethischen gegenüber dem Ästhetischen Ernst machen und schweigen lernen: hätte Rilke den Ausweg ins Wissenschaftliche gehabt, er hätte ihn wahrscheinlich gewählt« (KW 13/3, 184).

Broch skizziert in seiner Einleitung zu Rachel Bespaloffs Buch über die *Ilias*[36] verschiedene kulturgeschichtliche Situationen und deren Einfluß auf die Kunst. In manchen Epochen der Vergangenheit sei aus den Resten der alten Welt eine neue entstanden. Wie die hellenische Stilform sich aus der kretischen »Verherrlichung des Schönen« entwickelte, so bildete sich aus den »zerbrochenen Fragmenten der kretischen Welt [...] jener dichterische Mythos, der zur Religion und zur Lebenshaltung der ganzen hellenischen Welt wurde« (KW 9/2, 226). Dieser Stil, ebenfalls ein abstrakter »Altersstil«, zeichnet auch das Werk Homers aus wie Broch zufolge alle Kunst, die in der Verpflichtung »mythischer Erbschaft« steht. In unserer Zeit jedoch, in der ein völliger Wertezerfall eingetreten ist und »jeder Einzelwert im Kampfe mit jedem anderen Einzelwert steht« (KW 9/2, 227), herrsche auch in der Kunst der trostlose Zustand der Anarchie, wie die »einander folgenden impressionistischen Schulen« bewiesen (KW 9/2, 227). Aber Kunst, die nicht »nach dem Wesentlichen« und nach der »Totalität der Welt» strebt, ist für Broch keine mehr. Gegen Naturalismus, Verismus und Expressionismus setzt er der Kunst in der »Epoche des Zerfalls« den »Altersstil« als diätetische Aufgabe entgegen, den »Stil des Wesentlichen und der unbedingten Abstraktheit« (KW 9/2, 228).

Diese ästhetische Auffassung berührt sich mit der philosophischen Phänomenologie, die prinzipiell »Ideation« oder »Wesenschauung« (Husserl) durch Reduktionen vornimmt und auf das Wesen *(essentia)* in der Erscheinung zielt. Für diesen künstlerischen Prozeß der Abstraktion nennt Broch Picassos *Guernica* als Beispiel (KW 9/2, 228). Er bestimmt die abstrakte Kunst als »Prägezeichen unserer Epoche« (KW 9/2, 229), das so verschiedene Künstler wie Picasso, Strawinskij und Joyce verbindet, und rückt ihren abstrakten Stil in die Nähe der Musik, »der abstrakten Kunst *par excellence*« (KW 9/2, 228). Obwohl Broch das Lyrische als Kategorie in diesem Zusammenhang nicht erwähnt, kann es keine Frage sein, daß er es ebenfalls gleichsetzt mit der ästhetischen Abstraktion; denn auch das Lyrische nähert sich seiner Ansicht nach dem musikalischen Verfahren an. Obwohl nach Brochs Auskunft der Altersstil und damit die Kunst der Moderne von der »Tendenz zur Mythenbildung« (KW 9/2, 229) bestimmt ist, gelang doch nur Kafka »eine erste Verkörperung dieses neuen Mythos« (KW 9/2, 229). Warum? Weil Kafka wie Tolstoj »die Grenzen der Literatur« überstieg und sich »aus der Literatur zurückziehen« wollte (KW 9/2, 231). Im »Bewußtsein [...] jener kommenden Welttotalität« verzweifelte er »an der schließlichen Untauglichkeit jeglichen künstlerischen Bemühens« (KW 9/2, 231). Die angeordnete Vernichtung seines Werkes demonstrierte ebenso wie der Versuch von Brochs Vergil im Hinblick auf die *Äneis* die radikale Unterwerfung des Ästhetischen unter das Ethische. Zwar zeigt sich die mythische Erbschaft »in allen Sparten der Kunst unserer Zeit« (KW 9/2, 231), doch Kunst allein vermag nach Broch »den neuen Mythos nicht zu schaffen«; aber: »sie ist richtungsweisend«.

Am Ende des Essays hofft Broch auf eine »Theogonie der Ethik [...], in der der neue Mythos wird erstehen können« (KW 9/2, 232). Fordert er noch in einem Brief an Friedrich Torberg vom 10. April 1943 für das Kunstwerk »erstens die völlige Radikalität der Mittel und ihre Abstraktheit [...], zweitens die radikale Annäherung an die Todeserkenntnis, drittens die Radikalität des Mythos« und viertens das »Totalitätsgewicht« (KW 13/2, 320) und gesteht er der Kunst hier eine Entwicklung nach eigenen Gesetzen zu (KW 13/2, 319), so verstärken sich im Laufe der Zeit die Zweifel an den Möglichkeiten der Kunst. Aber am Ende dieses Briefes sprach er selbst schon von der »Unzulänglichkeit der Romanform« (KW 13/2, 320) und prophezeite einen »gefilmten«, nicht einen »geschriebenen« Mythos (KW 13/2, 322). Der Vorwurf, den er einst gegen Joyce erhoben hatte (KW 13/1, 299f.), fiel nicht nur auf einen Teil seiner eigenen Romanproduktion zurück, sondern traf auch seine ästhetische Theorie an einem Kernpunkt. Überstiegen außerdem nicht grundsätzlich die radikalen Forderungen, die er in dem Brief an Torberg erhob, die ästhetischen und ethischen Möglichkeiten von Kunst? Mußte er unter diesem Aspekt nicht notwendigerweise entweder an seinem hohen Maßstab oder an der Kunst verzweifeln? Doch diese Diskrepanz von ästhetischer Idee und ästhetischer Wirklichkeit teilt er ebenso mit dem Dichterphilosophen Schiller wie den Versuch, aus dem »extremen Platonischen und Subjektiven« (KW 13/1, 299) auszubrechen und objektive Vermittlungsformen zu finden.

Bei Joyce hatte Broch schon 1934 die »Gefahr radikaler Asoziabilität« kritisch festgestellt und gerade für die »mythische Erbschaft« soziale Formen der Dichtung gefordert. In diese Richtung mochten auch seine Hinweise auf den »gefilmten« Mythos zielen, als »ein Produkt einer industrialisierten Kollektivität« (KW 13/2, 322). Brochs »Arbeit am Mythos« galt nicht den Geschichten, den Mythologemen, sondern vielmehr der Besinnung auf die metaphysische Substanz des Menschen und die Einheit eines neuen Weltbildes. Insofern war für ihn Dichtung auch »Ungeduld der Erkenntnis« (KW 9/2, 247), obwohl andererseits der Einsatz für die Erkenntnis bei ihm selbst mehr und mehr zur »Ungeduld mit der Dichtung« führte. Die Einheit von Mythos und Logos, Geist und Logos war primär eine anthropologische und philosophische, nicht eine ästhetische Aufgabe. Allen Erklärungsversuchen zum Trotz blieb auch bei Broch »das unerklärliche Felsgebirge« zurück wie in Kafkas Parabel von den Prometheus-Sagen. Allerdings ging es Broch nicht um den mythischen Heros Prometheus, sondern um den Menschen und die Humanisierung der Welt. »Der Mensch als solcher ist das Problem unserer Zeit«, so formuliert er prononciert in seinen Überlegungen zum Mythos. Im Vordergrund seiner Interessen stehen weniger die »persönlichen Belange des Individuums« als vielmehr »die Menschheit als Ganzes« (KW 9/2, 231). An diesem Punkt mündet die Arbeit am Mythos eindeutig in das Programm der Aufklärung ein, und die mythische Suche schlägt in Aufklärung zurück. Auf diese Weise läßt sich die letzte der beiden zitierten Grundthesen von Horkheimer und Adorno[37] dialektisch umwandeln und auf Brochs ästhetische Versuche über die »mythische Erbschaft der Dichtung« anwenden.

## Anmerkungen

Hermann Brochs Werke werden im Text in Klammern zitiert unter Angabe der Bandnummern und Seitenzahlen nach der *Kommentierten Werkausgabe,* hg. v. Paul Michael Lützeler, Frankfurt am Main 1974–1981 (Abk.: KW). An wenigen Stellen wird auch zitiert nach dem Band Hermann Broch, *Dichten und Erkennen. Essays,* Bd. 1, hg. u. eingeleitet v. Hannah Arendt, Zürich 1955 (Abk.: E 1).

1 In: Heinrich Vormweg, *Das Elend der Aufklärung,* Darmstadt und Neuwied 1984, S. 43.

2 Peter Sloterdijk, *Kritik der zynischen Vernunft,* Frankfurt am Main 1983.

3 Zit. bei Vormweg (s. Anm. 1), S. 45.

4 Zit. bei Jürgen Habermas, *Der philosophische Diskurs der Moderne,* Frankfurt am Main $^{2}$1985, S. 11.

5 Max Horkheimer und Theodor W. Adorno, *Dialektik der Aufklärung,* Frankfurt am Main 1969, S. 3 f.

6 Ebd., S. 6.

7 Ebd., S. 52.

8 Vgl. ebd., S. 52, den Hinweis auf Nietzsche.

9 Habermas (s. Anm. 4), S. 141.

10 Ebd., S. 140.

11 Ebd., S. 139.

12 Ebd.

13 In: Thomas Mann, *Adel des Geistes,* Stockholm 1945, S. 514.

14 Ebd., S. 517.

15 Hans Blumenberg, *Arbeit am Mythos,* Frankfurt am Main 1979, S. 686.

16 Ebd., S. 688.

17 Ernst Mach, *Die Analyse der Empfindungen und das Verhältnis des Physischen zum Psychischen,* Jena $^{9}$1922, S. 290 f.

18 Vgl. meine Dissertation, *Die ›Todeserkenntnis‹ in Hermann Brochs »Tod des Vergil«,* München 1961, S. 39, Anm. 1.

19 Zum Thema vgl. auch Manfred Durzak, *Hermann Broch. Der Dichter und seine Zeit,* Stuttgart, Berlin, Köln und Mainz 1968, S. 95–99.

20 Friedrich Nietzsche, *Sämtliche Werke. Kritische Studienausgabe in 15 Bänden,* hg. v. Giorgio Colli und Mazzino Montinari, Bd. 1, S. 145.

21 Max Scheler, *Die Stellung des Menschen im Kosmos,* München 1949, S. 84.

22 Vgl. Käte Hamburger, *Philosophie der Dichter. Novalis Schiller Rilke,* Stuttgart, Berlin, Köln und Mainz 1966, S. 109.

23 *Schillers Werke.* Nationalausgabe, Bd. 20: *Philosophische Schriften. Erster Teil,* unter Mitwirkung von Helmut Koopmann hg. v. Benno von Wiese, Weimar 1962, S. 13.

24 *Schillers Briefe,* hg. u. mit Anm. versehen v. Fritz Jonas, Stuttgart 1892/96, Bd. 4, S. 315.
25 Vgl. dazu Durzak (Anm. 19), S. 24–34.
26 Arthur Schopenhauer, *Die Welt als Wille und Vorstellung,* Bd. 1, Zürich 1977, S. 222ff. (§ 31).
27 Ebd., S. 239.
28 Ebd.
29 Ebd., S. 251f.
30 Ebd., S. 253.
31 Vgl. Manfred Durzak, *Hermann Broch. Dichtung und Erkenntnis,* Stuttgart, Berlin, Köln und Mainz 1978, S. 16–32.
32 Friedrich Wilhelm Joseph Schelling, *Philosophie der Kunst,* Darmstadt 1976, S. 71.
33 Ebd., S. 86.
34 Ebd., S. 60.
35 Ebd.
36 Rachel Bespaloff, *On the Iliad,* New York 1947.
37 Horkheimer/Adorno (Anm. 5), S. 6.

*Jean Paul Bier*

# Moderne und Avantgarde aus postmodernistischer Sicht

Das semantische Ungeheuer ›Post-Moderne‹, das der amerikanische Joyce-Spezialist Harry Levin 1960 in *What was Modernism?*[1] von Arnold Toynbee übernommen hatte, um den epigonalen populistischen antiintellektuellen Kitsch der damaligen amerikanischen Literatur ironisch und polemisch gegen die Blütezeit europäischer Vorkriegsliteratur abzugrenzen, trug in der Postmodernismus-Debatte der siebziger Jahre zur klassifikatorischen Neubestimmung des ›Modernismus‹ als eines literarisch-kulturellen Epochenphänomens bei. Solange man sich an Levins diagnostische Formel hielt, deckte sich die von 1890 bis 1930 reichende Epochenbezeichnung mit dem deutschen Topos der Moderne. Dies gilt gleichermaßen noch für die wirkungsreiche ›Kulturseismologie‹ Malcolm Bradburys und McFarlanes *Modernism* aus dem Jahre 1976 wie für den französischen Philosophen Jean-François Lyotard und seine Theorie der conditio postmoderna des Jahres 1979. Im Hinblick auf die innere Erosion der Geltungsproblematik von Wissen und Wissenschaft im Zeitalter kybernetischer Information berief sich *La condition postmoderne* für die Darstellung des Scheiterns der großen spekulativen und emanzipatorischen Legitimationsprinzipien ausdrücklich auf die Vordenker-Rolle Hermann Brochs.[3] Die bahnbrechenden Arbeiten des niederländischen Komparatisten Douwe Fokkema[2] zeigten Anfang der achtziger Jahre, daß jene neue Modernismus-Kategorie als wertneutrale Funktion eines generationsbedingten literarischen Codes für die Periode 1910–1930 erst fruchtbar gemacht werden konnte, nachdem sie einerseits von jedem diagnostischen Ballast befreit, andererseits neben das zu gleicher Zeit entstandene Avantgarde-Phänomen gestellt wurde, nachdem also der vorwiegend amerikanische Postmodernismus sein eigenes Verhältnis zum europäischen Avantgardismus geklärt hatte.

Es lohnt sich, Stephen Spenders definitorische Rolle in diesem begriffsgeschichtlichen Entideologisierungsprozeß zu erwähnen, nicht nur, weil Broch ihn persönlich kannte und er seinerseits

Broch schätzte und immer wieder erwähnte, sondern weil sein weltanschaulich ausgerichtetes Modell dessen, was er als ›modern‹ im Gegensatz zu ›contemporary‹ bezeichnete, für Brochs Werk durchaus von Bedeutung ist.[4] Die ›Moderns‹, so Spender, hätten sich als isolierte Sinnproduzenten auf der Suche nach einem neuen zentralen Ordnungsprinzip, vor dem ›zerstörerischen Element‹ des gesellschaftlichen Kontexts in die ›Wüste‹ eigener Gedankensysteme begeben und ihr schöpferischer Gegenentwurf zum Zerfall institutionalisierter Werte stehe somit im Zeichen einer individuell-visionären Heterodoxie.

Es leuchtet ein, daß eine solche Lesart auch auf Brochs Frühwerk zutreffen mag. Die Romantrilogie *Die Schlafwandler* gehorcht ohne Zweifel dem Motto ›Ordo ab chao‹ und erhebt explizit sogar den thematischen und formalen Anspruch, jenes Bewußtsein vom fehlenden Zentrum aufrechtzuhalten ohne selber Teil des Chaos zu sein. Der literarische Wiederaufbau eines hermeneutisch ausgerichteten, bedeutungsträchtigen Kosmos, der sich auf die eigene Autarkie bezieht und an keinem übergeordneten System beteiligt ist, erweist sich auf exemplarische Weise als antialeatorisch und heterodox. Die leicht skurrilen Versuche eines August Esch, die Orthodoxie der heiligen Bücher mit eigenen Erlösungsphantasien zu verknüpfen, bedeuteten daher mehr als die Bestätigung von Bertrand Müllers These, daß die Sektenbildung als Symptom des Wertzerfalls zu gelten habe, was wiederum mit der hartnäckigen Gesetzestreue der frommen Juden motivisch kontrastiert: der thematische Konnex mit Brochs ›modernistischem‹ Anliegen mag die auffällige Zentralität und fiktionale Glaubwürdigkeit eben dieser Figur erklären.

Brochs geistiger Mut, den chaophobischen Anlaß seiner denkerischen und literarischen Produktion nicht zu verdrängen, sondern intellektuell und künstlerisch zu bewältigen, läßt sich als ›modernistisches‹ Moment im Sinne Spenders am musikalisch-architektonischen Prinzip konkret darlegen, das er bereits 1913 am großen Vorbild Thomas Mann begeistert entdeckte. Dies aber bedeutet, daß sein Romankonzept im Gegensatz zur avantgardistischen Verabsolutierung der Tabula-Rasa-Ideologie letzten Endes auch in der späten Rehabilitation persönlicher kultureller Autorität wurzelte, was wiederum die Universalitätsansprüche seines relativ elitären Auftrags begründete.

Doch ist dieser Abstand vom ›postmodernistischen‹, architekturideologischen Konzept, das den individuellen Anteil am Kunstwerk im ›Zeitalter seiner technischen Reproduzierbarkeit‹ bewußt auf ein Minderstmaß reduziere[5], im Falle Brochs gar nicht so selbstverständlich. Es fällt tatsächlich auf, daß er auf literarischem Gebiet – und sei es nur aus Spaß am kreativen Gesellschaftsspiel – verhältnismäßig oft an Kollektivarbeiten beteiligt war, daß er Publikationsorgane vorzog, die ohne wirklich von avantgardistischem Gruppengeist zu zeugen, immerhin programmatisch stark orientiert waren, daß er schließlich die Urheberschaft an seiner damaligen Produktion als nicht allzu wichtig zu erachten schien.[6]

Angesichts der Bemühungen einer vierzigjährigen Forschung, Broch als ›Klassiker der Moderne‹ für die deutschen Leser zurückzugewinnen, scheint es angebracht, seine relativ undeutliche Position zu beschreiben zwischen einem eher traditionsverbundenen ›Modernismus‹ und einer kunsttheoretischen Einstellung, die dem avantgardistischen Radikalismus sehr nahe war. Anlaß dazu gibt etwa der scheinbare Widerspruch seiner Bewunderung für Thomas Manns Formkohärenz im *Tod in Venedig* und der Sympathie, die er 1919 in *Der Kunststil als Stil der Epoche* für Carl Einsteins kubistisches Romanexperiment *Bebuquin* äußert.[7]

Einstein, der ein Jahr älter war als Broch, wurde von Franz Blei sehr hoch geschätzt.[9] Seine selbstparodistische, zugleich aber ernst zu nehmende Verwirklichung radikaler erkenntnistheoretischer Kunstansprüche erschien zunächst 1907 in Bleis Zeitschrift ›Die Opale‹, dann als vollständiger Vorabdruck in der ›Aktion‹ 1912 mit der berühmten Gide-Widmung und einem ›Geleitwort‹ von Blei selbst. Die gleichzeitige Buchausgabe im Pfemferts Verlag hatte dasselbe Vorwort, ebenso wie die sehr erfolgreiche umgearbeitete zweite Buchausgabe 1917 als fünfter Band der *Aktionsbücher der Aeternisten,* die Oskar Loerke im selben Jahr in der ›Neuen Rundschau‹ begeistert aufnahm als ›recherche de l'absolu'. Das Büchlein realisierte eine Romanutopie, die Carl Einstein bereits 1910 anläßlich von Bleis Übertragung des *Vathek* in dessen Zeitschrift ›Hyperion‹, dann als Brief *Über den Roman* 1912 in der ›Aktion‹ mit eindeutiger Anspielung auf Friedrich Schlegel entwickelt hatte.[9] Der neue Roman sollte als artifizielle Konstruktion jenseits von Anekdotischem, Berichtlogizität und Psychologismus das Schreiben und Lesen radikal von jeder möglichen Erstarrung emanzipieren. Diese persönlichen Umstände gestatten die Vermutung, daß Broch, der Einstein als Paradebeispiel der ›Auflösung des Objekts‹ neben Stramm als Fortsetzer Van Goghs und Cézannes im literarischen Bereich 1919 in *Der Kunststil als Stil der Epoche* positiv erwähnt hat, das Werk gut kannte.

»Daß sich die resultierende Auflösung des Objektes nicht auf das Malerische beschränkt, kann leicht gezeigt werden; es ist nur selbstverständlich, daß sich überall parallele Linien ergeben müssen. Auf den Expressionisten als Beispiel beschränkt, mag dies nur an seiner Lyrik aufgewiesen werden, die die ›objektive Lyrik‹ wie man diese phänomenologische Auflösung des Objektes in der objektiven Gesetzlichkeit des Ichs wohl nennen dürfte, am deutlichsten veranschaulicht. So die Auflösung der Welt bei August Stramm in eine unendliche Auflösung dynamischer Verba [...] Andererseits deutet aber diese sehr ausschließliche Bevorzugung des Verbums, wie bei Stramm, Einstein usw. [...] auf jene Umgestaltung der Dinge in gesetzmäßige Relationen und Zuordnungen, wie sie sich eben als metaphysische Zielsetzung des Marburger unendlichen Regresses ergibt. Van Gogh und Cézanne reichen sich hier die Hände und stehen als Symbol von Anfang und Ende einer Geistesgeschichte...

Obwohl Broch das Werk Einsteins noch dem Expressionismus zurechnet und ungeachtet »Einsteins Vermengung aller Inhalte« vom ›logischen Fortschritt‹ des Dadaismus abgrenzt, wird er als legitim begrüßt, weil dieser ›Expressionismus‹ mit seiner radikalen Aufrichtigkeit Brochs Postulat einer kognitiven Entwicklung im ›Wertsystem der Kunst‹ exemplarisch bestätigt. »Der Expressionismus absolutiert allüberall das Lyrische und hebt damit die Kunst in die Sphäre des rein Schöpferischen. Allerdings gerät damit das Kunstwerk in die Region absoluter Kontrollosigkeit. Der Dadaismus, gegen den logisch nichts einzuwenden ist, beweist dies. Allerdings beruft sich der Expressionismus auf die Gesetzmäßigkeit seiner Darstellung, welche der Gesetzmäßigkeit des Musikalischen – transponiert auf andere Geltungsgebiete – gleichkommen soll.«[10]

*Der Kunststil als Stil der Epoche* zeigt den problematischen Symptomcharakter dieses vorläufigen avantgardistischen Bekenntnisses mit Vorbehalten. Solange die Kunst als Exponent der allgemeinen Wertwirklichkeit gelten durfte, erwies sich ›die Moderne‹ als willkommene Etappe in der ästhetischen Emanzipation vom Kitsch, die ›1867 in Paris, 1873 in Wien‹ einsetzte, also die ›Evolution des künstlerischen Ethos‹.[11] Sobald aber Broch dieses Grundpostulat im gleichen Text anhand seiner unsicheren Stilkategorie als Einheitsbegriff kulturhistorisch weiterentwickelte, also seine

Überlegungen ins Gesellschaftstheoretische hinüberführte und die Entwicklung der ›abendländischen Stilformen‹ mit dem Niedergang ›des christlichen Sinngefüges‹ parallelisierte, schlug der Begriff der Moderne um ins Negative. Am Ende des nicht veröffentlichten Textes dokumentieren die überraschende Behauptung, daß der ›handfeste Atheismus des Jahres 1848 das Todesdatum jedes Stils‹ gewesen sei, und die radikale Folgerung, daß die gleiche ›Moderne‹ zum Stil überhaupt unfähig sei, eine abrupte Wende und ausdrückliche Zurücknahme der künstlerischen ›Leistung‹ als ›Flucht‹.[12] Der interpretatorische Stellenwert dieser problematischen Diskrepanz zwischen einer grundsätzlich fortschrittlichen kunsttheoretischen Einstellung, die nur an der ›Kontrollosigkeit‹ des Dadaismus Anstoß nimmt, und einer frühen antimodernen, schon in der ›Brenner‹-Zeit kaum zu übersehenden Neigung, der er jedoch in den ersten Jahren der Republik humanistisch gefärbte Theoriezügel anzulegen vermochte, liegt auf der Hand. Aber der Umstand, daß er Ende der zwanziger Jahre seiner Romanfigur Dr. Bertrand Müller damalige Reizworte wie ›Führer‹ in den Mund legt oder den systematischen Selbstdenker mit der ideologisch entlarvenden Allerweltsformel ›Die Moderne‹ als negativer Gegenwartsdiagnose versieht,[13] berechtigt dazu, solche und ähnliche Ideologeme, auf die Broch selber seit zehn Jahren verzichtet hatte, als semantisches Anzeichen assimilatorischer Ironie zu dekodieren.

Die ungewöhnliche satirische und parodistische Verve, die seine frühe literarische Produktion von Anbeginn an auszeichnet, verschiebt die Aufmerksamkeit auf konstante Formen der Ironie, deren Wurzeln offensichtlich im Unbehagen am Klischee, am Kitsch, an der Imitation steckt. Die Trilogie wandelt als innovatives Experiment des Erkennenden einen vielschichtigen Bildungsballast an, der vom leicht wiedererkannten Goethe bis zum unsichtbaren Heinrich Rickert reicht.[14] Die Funktion dieses reichhaltigen intertextuellen Bezugs erschöpft sich jedoch keinesfalls in der parodistischen Montage. Der als Beispiel angeführte zweimalige Gebrauch des Topos der ›Moderne‹ als negativ gefärbten diagnostischen Zeitklischees bedeutet nicht nur als Zeichen anachronistischer Denkweise, daß der Erzähler bzw. Broch in keinem Falle mit Müller zu identifizieren ist, sondern signalisiert vielmehr jene romanpoetologisch ungemein wichtige Zerspaltung, die Lützeler 1973 in Brochs Interpretation des *Ulysses* mit *den Schlaf-*

*wandlern* verknüpfte. Es handelt sich um ein ironisches Spannungsfeld zwischen dem Autor als Erzähler und dem Autor als Philosophenkarikatur, das sich als ein Mehr an Bedeutung auswirkt und als offene Leerstelle an den Leser appelliert.[15]

Dieser spielerische Bezug zum aktivierten Leser charakterisiert nahezu alle frühen literarischen Texte Brochs als sokratische oder assimilatorische Ironie, als parodistische hypertrophierte Klischeehaftigkeit oder als komisch wirkende Code-Verfremdung.

Die Frage nach Brochs Fähigkeit, zwischen 1913 und 1919 zwei dermaßen entgegengesetzte Literaturkonzepte wie Manns novellistischen Modernismus und Einsteins kalkuliertes Chaos nahezu gleichzeitig zu akzeptieren, läßt sich an diesem kommunikationstheoretischen Moment verhältnismäßig leicht erläutern.

Die frühe Verteidigung Thomas Manns gegen Dallagos Philister-Schelte zerfiel im ›Brenner‹-Aufsatz 1913 in zwei grundverschiedene Teile und Codes: auf den theoretischen Diskurs, der zur demonstrativen Formalisierung und zur systematischen Modellhaftigkeit neigte, folgte die lyrisch anmutende, präzise Analyse der Mannschen Novelle als konkretes Exempel. Immerhin vertrat Broch die überraschende Ansicht, jenes polemische, eigentlich autobiographische und kunsttheoretische zweite Kapitel des *Tod in Venedig* solle als »ausgeschaltet gedacht werden«, weil es als Einbruch außerliterarischer Realität in die abgeschlossene Ordnung des kleinen Meisterwerks zentrifugal und störend wirkt und also der Autonomie wie der inneren Gesetzmäßigkeit von Manns musikalisch aufgebautem Kosmos ästhetisch schade.[16] Dieses Werturteil, das mit der spezifischen Ökonomie von Brochs eigenem Aufsatz stark kontrastierte, ist in seiner Formulierung ein merkwürdiger Hinweis auf ein mögliches Abhängigkeitsverhältnis des unabänderlich abgerundeten Textgefüges der Mannschen Novelle von einem sich schöpferisch emanzipierenden Leser.

Solche ungewöhnlichen Freizügigkeiten einer Pragmatik des Lesens sind angesichts des von Broch genau gesehenen poetologischen Postulats in Thomas Manns Erzählkunst indes fehl am Platze, finden dagegen ihre radikalste Entsprechung in Carl Einsteins gattungsästhetisch innovativem Erzählexperiment ohne Ziel und Zentrum, in dem keine Gestalt mit sich selber identisch ist, in dem sich das ich-freie Bewußtsein aperspektivistisch dauernd multipliziert, während dieser Selbstverlust durch Fragmentarisierung und unendliche Spiegelung zum eigentlichen Thema geradezu satirisch emporgehoben wird. In *Bebuquin oder die Dilettanten des Wunders* gilt die Realität nicht mehr als vorausgesetzte, implizit hingenommene Gegebenheit, die sich in der Autonomie des Kunstwerks vom außerliterarischen Bereich abgrenzen muß, sondern als unstrukturiertes Material für den spielerischen Rekonstruktionskampf des potentiellen Lesers. In Einsteins austauschbarer Gleichzeitigkeit herrscht die permanente Zerspaltung als ästhetisches Grundprinzip.

Manns modernistische Novelle und Einsteins avantgardistisches Experiment, die 1912 einem größeren Publikum bekannt wurden, spiegeln das gemeinsame Bedürfnis jener Zeitgenossen wider, die wie Broch den Beginn des neuen Jahrhunderts mit vollem Bewußtsein miterlebt hatten.

Es ging allerdings um wesentlich mehr als um die literarische Ausschöpfung temporaler Grunderfahrungen im Psychologistischen, wie sich an den unterschiedlichsten Modalitäten des inneren Monologs, des Bewußtseinsstroms, des Sekundenstils, des Epiphanismus, der Simultaneität usw. zeigen ließe, sondern um darstellerische Emanzipationsversuche aus der Tyrannei des Chronologischen und aus der Orthodoxie zeitlicher Bewußtseinsformen.

Thomas Manns Utopie einer im Wiederholungsprinzip wurzelnden künstlerischen, ›schönen‹ Abgeschlossenheit, die nicht von ungefähr Untergang und Zerfall zum Thema hatte, täuschte mittels klischeehaft wirkender mythischer Bezüge eine Tiefenstruktur vor, deren platonischer Appell durch das bekannte Phaidros-Zitat nachdrücklich verstärkt wurde. Einsteins antiteleologische Anarchie zitierte überlieferte Strukturen und tauchte die zerstörte Hierarchie von semantischen Schichten, Stilebenen und Sinnbereichen in die stets übergreifende Unordnung eines sich permanent selber in Frage stellenden, obendrein in genau numerierte Fragmente zerfallenden Denkprozesses.

Die Vermutung liegt also nahe, daß Hermann Broch, der am Ende seiner begeisterten Rezension aus Thomas Manns Novelle das Unendlichkeitsstreben als architektonisch eingezeichnetes Moment unter dem Gesetz eines musikalisch umschriebenen Gleichgewichts geradezu als Climax herausarbeitete, 1919 begriffen hatte, daß Carl Einstein, der dieses Gesetz als ›Erstarrnis‹ in Diskredit brachte, eine ähnliche Autonomie des Kunstwerks als des Absoluten, aber mit ganz anderen Mitteln, in der formalen

Intensität seiner neunzehn Kapitelchen dingfest zu machen suchte.

Bei der kritischen Erforschung von Brochs erstem Roman lohnt es sich, anstelle des nachträglichen Selbstkommentars und der späteren anspruchsvollen Romanpoetik von dem unveröffentlichten Frühwerk auszugehen. Eine solche Lesart der *Schlafwandler* schwächt den stets wieder hervorgehobenen kognitiven Schwerpunkt des Kunstwerks keinesfalls ab, trägt eher dazu bei, das innovative Moment im Spannungsfeld von Modernismus à la Thomas Mann und von Avantgardismus im Sinne Carl Einsteins zu veranschaulichen.

Einerseits sollte eine architektonisch sichtbar durchgeführte Erzählstrategie innerhalb der als Totalität verstandenen abgeschlossenen Struktur nach bestem ›modernistischem‹ Vorbild der akuten Zeiterfahrung irreversibler Zwangsläufigkeit symbolisch Einhalt bieten. Die typologische und figürliche Koordinierung vergleichbarer Zustände – in den Titeln der Romanteile, aber auch in der Mehrzahl ›Die Schlafwandler‹ nahezu programmatisch angekündigt – sollte der aus disparaten Stücken entstandenen Trilogie das Gesamtprofil einer überzeugenden, auf bedeutungsträchtige kategorielle Einheitsmomente gegründeten Totalität verleihen. Die betonte Wiederholungsstruktur tektonischer, bekanntlich oft nachträglich eingesetzter Mittel aboliert zum Teil die Erfahrung temporaler Progression ungeachtet der sich ins Leserbewußtsein stark einprägenden Datierung des Erzählgefüges. Obgleich jenes Wiederholbarkeitsprinzip Eschs und Joachims biblische Hermeneutik auf vergleichbare Weise determiniert, ist es doch fraglich, ob dort, wo die literarische Form der Dialektik und der ›Symphilosophie‹, das sog. »Symposion«, ins unverständliche Aneinandervorbeireden führt, nicht auch der Leerlauf des analogischen Denkens im rituellen Pathos des gemeinsamen Erlösungsgesprächs ironisiert wird. Das kontrafakturhafte Zitat darf ebensogut Eduards frühe Beteuerung exemplifizieren, daß alle unmittelbaren Ausdrucksformen des Pathos zwangsläufig komisch wirken,[17] wie als Zweifel gedeutet werden am Glauben, daß Gegenwart und Zukunft aus der zeitlosen Vergangenheit sakralisierter Texte sinngemäß begriffen werden können.

Andererseits wird aber die optische Illusion einer abgeschlossenen Totalität letzten Endes in der uferlosen Offenheit eines ironischerweise als Epilog endlosen Abschlußkapitels doch wieder zurückgenommen. Die vordergründige Wiederholungsstruktur der Romantrilogie rührt eben am zentralen komplexen Verhältnis von künstlerischer Darstellung und geschichtstheoretischer Notwendigkeit. Insofern als Bertrand Müller seine systematisierte Erklärung der Vergangenheit auf Gegenwart und Zukunft bezieht, die eigene intellektuelle Leistung während des Denkprozesses ernst nimmt, sie aber zugleich mehrmals als hypothetische Denkproduktion relativiert, bleibt Geschichtstheorie nur solange gültig, wie Vertrauen besteht in die eigene Logizität.[18] Die Entwicklung Betrand Müllers darf daher mit der überraschenden Hochstilisierung des jovialen Verbrechers zum möglichen Erlösungsträger auch als Signal dafür gelten, daß die Theorie letzten Endes ihre mögliche Funktion als intellektuelles Ordnungsprinzip der Romantrilogie eingebüßt hat. Wie die meisten Figuren des Romans, die (abgesehen vom alten Pasenow) an der Asynchronie des Gleichzeitigen anscheinend mehr leiden als an der normalen Zeiterfahrung der Vergänglichkeit, geht die in Theorie und Erzählung zweigeteilte Integrationsinstanz Müller an der eigenen Spaltung zwischen zwei Kulturerscheinungen zugrunde. Für den Autor als Erzähler dieser Comédie Humaine erweist sich der Nutzen der Historie an der Möglichkeit, neue Perspektiven für die eigene Zeit künstlerisch freizusetzen. Der reine Theoretiker aber, der in seine Bedingtheit als Mensch und bloße Romanfigur anläßlich der unmöglichen Liebesgeschichte von Nuchem und Marie, als Paradigma der Gleichzeitigkeit des Ungleichen, zurückgeworfen wird, muß hingegen zum Opfer der Historie werden. Er verschreibt sich einem kontrareformistischen Mittelalterbild, von dem er sehr genau weiß, daß es eine späte Imitation der vergangenen historischen Romantik ist. Im Hinblick auf das Stildogma und die Trennungsideologie des Modernismus, muß die innere Disparatheit, die er als Symptom der Wertzersplitterung geradezu beklagt, ihn selber zerstören.

Aus ›postmodernistischer Sicht‹ lassen sich die einkalkulierten Mißverständnisse erzählstruktureller, gehaltlicher und sogar ideologischer Art auf ein Literaturkonzept zurückführen, das den Bezug zum Leser als zentral betrachtet. In *Über den Roman* schrieb Einstein 1912: »Jede Handlung kann auch anders endigen.« Brochs *Methodologische Novelle* 1917 brachte das Theorem der fiktionalen Hypothese poetologisch zur Geltung durch die bloße Thematisierung einer Erzählerpose, die einen Mittelweg sucht zwischen Findung und Erfindung und die am Ende nur so tut, als lasse sie dem Leser wirklich die Wahl zwischen verschiedenen Lösungen, gleichzeitig aber im Rahmen einer aphoristisch und didaktisch betonten Abgeschlossenheit steckenbleibt. Im Hinblick auf Brochs wertphilosophische Differenzierung zwischen Ethischem und Ästhetischem muß die auffällige abschließende Bezeichnung dieser abgerundeten Formkohärenz als ›schön‹ ironisch anmuten.

Die heutige Erweiterung des Literaturbegriffs gestattet eine Lesart von Brochs erstem Roman, die den neuen Erscheinungsformen offener Literatur[19] und der Multiplizierung von erzählenden und reflektierenden Bewußtseinszentren Rechnung trägt. Die onomastischen Attrappen in *Die Schlafwandler*[20], das Spiel mit verkappten Zitaten, die rätselhaft bleibenden mythischen Bezüge, die semantische Offenheit wiederholter Topoi oder die täuschende Funktionalität der Geschichtstheorie in ihrem Verhältnis zum Erzählten dürften als Signale dafür gelten, daß Broch bereits damals radikal konsequente Folgen des programmatischen Appells an die kreative und hermeneutische Einbildungskraft vorschwebten, die im letzten Kapitel des Pasenow-Romans dann auch ansatzweise und relativ bescheiden probiert wurden.

Dennoch grenzt die artistische Verschmelzung von sinngebendem Imperativ und relativierendem Selbstbewußtsein den ›Modernismus‹ dieses Werks ab sowohl von dem, was heute dem ›postmodernistischen‹ Leser zugemutet wird, als auch von der sich selbst verabsolutierenden Schocktherapie der avantgardistischen Alternative. Der Unterschied liegt im symbolischen Hintergrund von Brochs ›nostalgischer Ästhetik des Erhabenen‹, wie sie Jean François Lyotard, diesmal ohne Broch zu erwähnen, in den achtziger Jahren definiert hat. Die mächtige Konzeptualisierungsfähigkeit Hermann Brochs und seine eindrucksvolle Freude an der gesteigerten Begriffserweiterung förderte die typische List des modernistischen Romanciers der zwanziger Jahre angesichts des zwangsläufigen Unbehagens an der sprachlich-symbolischen Unfähigkeit, darstellbare Andeutungsformen zu erfinden, die mit jener Abstraktionsgabe Schritt zu halten vermochten. Der Schwebezustand Brochs zwischen intellektuellem Pathos und skeptischer Selbstironie, die auch sein modernistisches Vorbild Thomas Mann kennzeichnet, fand in der assimilatorischen Ironie, im Prinzip einer halbvertuschten Offenheit und in unterschiedlichen Modalitäten der hermeneutischen Herausforderung überzeugende Stilmittel. Einerseits steigerte der Romancier das modernistische Sinnbedürfnis einer selbstbewußten Intelligenzschicht, der zwar ein auffälliger Bedeutungsreichtum versprochen wurde, dessen Ordnungsprinzip aber im Sinne der Leseremanzipation nicht endgültig festlag. Andererseits fand die Darstellung des Nicht-Darstellbaren statt als Leerstelle innerhalb einer ›schönen‹ Formkohärenz, die wiedererkannt werden sollte und somit Genuß verschaffte und Trost.

## *Anmerkungen*

1 Harry Levin, *Refractions,* Oxford 1966.

2 Vgl. etwa Douwe Fokkemas Werk *Literary History, Modernism and Postmodernism.* Amsterdam 1984.

3 Jean François Lyotard, *La condition postmoderne*, Paris 1979, S. 64.

4 Stephen Spender, *The destructive element*, 1935; *The creative element,* 1953; *The struggle of the moderns,* 1963. Zuletzt über Broch in *The thirties and after,* Glasgow, S. 244f. Seine Begeisterung für *The Sleepwalkers* in ›Commentary‹, Oktober 1948, war nicht ohne symptomatische Vorbehalte: »There ist a certain repetitiousness in *The Sleepwalkers* which seems to arise from the author not being able to say something, which he therefore tries to express in a dozen different ways.« Brochs Briefe an die Muirs zeigen, daß er über diese kritischen Bemerkungen nicht sehr glücklich war. Über die freundliche Beziehung vgl. Paul Michael Lützeler, *Hermann Broch*, Frankfurt am Main 1985, S. 192f. und 198.

5 Dazu besonders Susan Sonntag in *One culture and the new sensibility,* in: *Against Interpretation,* 1965. Es mag kein Zufall sein, daß Broch sich von Beginn an für die Architekturproblematik oder die ›Ingenieurkunst‹ interessierte.

6 Vgl. Brochs parodistisches Schlußkapitel in *Sonja oder Über unsere Kraft,* 1909, die Lustspielarbeit mit dem Sohn, die lyrische Zusammenarbeit mit Hans Vlasics usw. Die Position des ›Brenner‹ im Kampf gegen den Modernismus katholischer Prägung im sog. Modernismusstreit ist bekannt. Vgl. die Mitarbeit von Lanz von Liebenfels, H. S. Chamberlain und besonders Karl Borromäus Heinrich, den Broch sogar begeistert zitierte. Über die Einstellung von Bleis Zeitschriften um 1917 vgl. Friedrich Vollhardt, *Hermann Brochs geschichtliche Stellung*, Tübingen 1986. Vgl. auch Vollhardt über Brochs anony-

me Artikel, u. a. den kurzen Text *Der Architekt,* ebd., S. 219. Am bekanntesten ist der kuriose Fall der *Methodologischen Novelle.*

7 Hermann Broch, *Philosophische Schriften 2* (KW 10/2), hg. v. Paul Michael Lützeler, Frankfurt am Main 197, S. 60f.

8 Vgl. die besonders freundlichen Aussagen Bleis in seinem *Großen Bestiarium.*

9 Über die Bedeutung und Wirkung dieser Romantheorie Einsteins vgl. Dietrich Scheunemann in *Romantheorie. Dokumentation ihrer Geschichte in Deutschland seit 1880,* Köln 1975.

10 KW 10/2, 60ff.

11 Ebd., S. 54.

12 Ebd., S. 75ff.

13 KW 1, 533 und S. 536.

14 Über die Gegenwart Rickerts vgl. Vollhardt, a. a. O.

15 Über die Zerspaltungstechnik vgl. Lützeler, *Hermann Broch: Ethik und Politik,* München 1973, besonders S. 76ff.

16 KW 9/1, 22.

17 KW 1, S. 109: »und wenn das Absolute im Irdischen ausgedrückt werden soll, dann gerät es immer ins Pathos, weil es eben unbeweisbar ist. Und weil es dann so schrecklich irdisch wird, wird das Pathos immer so komisch.«

18 Ebd., S. 535.

19 Zur Offenen Literatur vgl. Helmut Heissenbüttel in ›Text + Kritik‹, Jahrbuch 1977. Der Band setzt ein mit als Vorbild angeführten Fragmenten aus Einsteins *Bebuquin* und Jean Amérys *Lefeu oder der Abbruch.* Letzterer postmoderner Roman-Essay (1974) beruft sich im Text und im Nachwort auf Brochs Romantrilogie, was schon aus Amérys Romantitel ersichtlich ist. Zur Postmodernismus-Debatte: Michael Köhler, *Postmodernismus, ein begriffsgeschichtlicher Überblick,* in: Amerikastudien 22 (1977), S. 8ff.; Ihab und Sally Hassan (Hg.), *Innovation/Renovation,* Madison University Press 1983; Douwe Fokkema und Hans Bertens, *Approaching Postmodernism,* Amsterdam 1984.

20 Neben dem folgenreichen Spiel mit dem Vornamen Bertrand wimmelt es von weniger vordergründigen Subtilitäten dieser Art. Als einziges Beispiel sei hier der Fall Friedrich Schlegel angeführt. Abgesehen von Hartmut Steineckes Exkurs über den Vorläufer des polyhistorischen Romans in seinem Werk *Hermann Broch und der polyhistorische Roman,* Bonn 1968, S. 171 oder Lützelers Anspielung in *Broch, Lukacs und die Folgen* in: Modern Austrian Literature, Special Hermann Broch Issue, 1980, S. 109, bleibt die Untersuchung dieses intertextuellen Bezugs, der sowohl romanpoetologisch wie geschichtsphilosophisch fruchtbar sein könnte, eine beklagenswerte Lücke in der Broch-Forschung, was um so erstaunlicher ist, als Carl Schmitts Kritik am romantischen Okkasionalismus in ›Summa‹ den Frühromantikern

galt. Mit Rücksicht auf Brochs ironischen Zitatismus darf der rätselhaft-komödiantische Nachdruck auf den ›Schlegel‹ des Dieners am Ende des zweiten Teils des Pasenow-Romans als onomastisches Zeichen gelten (KW 1, 115). Die drei Schläge, die typographisch in der römischen Drei des folgenden Teils als Bruch und Nahtstelle zugleich nachklingen, sind immerhin alles andere als ›diskret‹.

# II
# Philosophie

*Friedrich Vollhardt*

# Philosophische Moderne

Der Begriff der »Moderne« gehört zu jenen Termini, mit denen sich Literaturwissenschaftler verständigen, auch ohne ihre Bedeutung genau festlegen zu können. Seitdem man die Epoche nur noch aus der Retrospektive beurteilt, sind zu den bestehenden Deutungsproblemen neue hinzugetreten. Dieser Beitrag will keine Einführung in die Sprache und die Geheimnisse der vor allem vom französischen Neostrukturalismus inspirierten Theorien der Postmoderne geben; es sollen lediglich zwei der Perspektiven hervorgehoben werden, unter denen Hermann Broch die von ihm erlebte Zeit geschichtlicher und kultureller Umbrüche zu begreifen versuchte. Kaum zufällig ergeben sich dabei Übereinstimmungen mit den beiden heute etablierten Modellen zur Beschreibung des Neuzeitlichen. Gemeint sind der Prozeß der gesellschaftlichen Modernisierung und die auf ihn bezogene Entwicklung eines kulturellen Selbstverständnisses der Moderne, wie es seit der Mitte des 19. Jahrhunderts greifbar wird und dem man gegenwärtig nur noch eine historische Bedeutung zuspricht.
Die Frage nach den Entstehungsbedingungen der europäischen Gesellschaften gehört seit Max Webers Untersuchungen zur »Entzauberung« der religiös-metaphysischen Weltbilder zu den klassischen Themen der Soziologie. Webers Säkularisierungstheorie war gekennzeichnet durch das Krisengefühl der Zeit vor und nach dem Ersten Weltkrieg, für das sie zugleich eine Erklärung anbot. Seine Beschreibung der okzidentalen Rationalisierung berührt sich in ihrer geschichtsphilosophischen Dimension mit Epochendeutungen, wie sie auch Brochs *Schlafwandler*-Trilogie zugrundeliegen. Darauf werde ich im folgenden nur kurz eingehen. Der zweite, umfangreichere Teil meiner Ausführungen ist dem kulturellen und ästhetischen Selbstverständnis der Moderne gewidmet. Das Flüchtige der eigenen Situation, die durch einen prinzipiellen Relativismus und die immer weiter fortschreitende Ausdifferenzierung kultureller Wertsphären gekennzeichnet ist, hat Broch nicht allein zur »autonomen« Kunst und ihrem normativen Fortschrittsbegriff in Beziehung gesetzt; die Formen der Selbstzensur

in der zeitgenössischen Philosophie boten seiner Zeitdiagnose ein ebenso lehrreiches Beispiel. Mit dem späten, um 1946 entstandenen Aufsatz *Über syntaktische und kognitive Einheiten* hat er – fast wie in einem persönlichen Resümee – die innere Einheit der philosophischen Grundannahmen verschiedener Schulen aufzuweisen versucht, die als miteinander unvereinbar galten. Einige Hinweise zur Aufschlüsselung dieses konstruktiven Entwurfs sollen am Schluß der folgenden Ausführungen stehen.

## I

Um meine erste These zu illustrieren, möchte ich von einem der seltener zitierten Sätze Max Webers ausgehen. Im Zusammenhang mit dem vielbeklagten Sinnverlust, den der einzelne in einer von der Wissenschaft »entzauberten« Welt erlebe, bemerkt Weber lakonisch, das Schlüsselwort zur Deutung der Massenmentalität seiner Zeit sei – »Heilsarmee«.[1] Ohne mich lange mit der Erläuterung dieser Stelle aufzuhalten, will ich zunächst die Grundzüge der im dritten Teil des *Schlafwandler*-Romans erzählten »Geschichte des Heilsarmeemädchens in Berlin« in Erinnerung rufen, um von dort zur Theorie der gesellschaftlichen Modernisierung zurückzukehren, wie sie die Soziologie zu Beginn des Jahrhunderts formuliert hat.

Der Erzähler der parabelhaften Geschichte ist ein vereinsamter Intellektueller, der über die imaginäre Schuld einer ästhetizistischen Lebensauffassung nachdenkt, die im Krieg, den sie mit herbeigeführt haben soll, untergegangen ist. Da ein Ersatz nur im Ethischen gefunden werden kann, zeigt der nach einer Orientierung suchende Großstädter sogar Verständnis für die »etwas primitiven Heilslehren« (KW 1, 416) der religiösen Sekte. Sein Leben gerät damit unvermittelt in ein Kräftefeld, das er zu beherrschen glaubt, dem er sich in Wirklichkeit aber immer passiver ausliefert. Das von ihm gemietete Zimmer liegt in einer »Judenwohnung«, in die er das Heilsarmeemädchen Marie einführt. Er versucht, »sie mit alldem irgendwie in Zusammenhang« zu bringen (434). Am Ende des »Spiels« (575), das der noch immer einer unverbindlichen, eben ästhetischen »Haltung zum Leben« (513) verhaftete Bertrand Müller mit seinen »Geschöpfen« (616) Marie und Nuchem inszeniert, bleibt der aufgeklärte Freigeist als Verlierer zurück. Die räumliche Enge der Judenwohnung, die dem Erzähler anfangs seine Unabhängigkeit und geistige Distanz anschaulich gemacht hatte, verwandelt sich in einen Zufluchtsort; der »Zustand«, der ihn »beherrscht« und in der Nähe der Juden »festhält«, erscheint ihm als eine »Weisheit, die sich mit der allumschließenden Fremdheit abzufinden gelernt hat« (616). Der Revers dieser Fremdheit, die zugleich Freiheit bedeutet, bleibt jedoch die religiöse Indifferenz. Das Überlegenheit verratende Wissen, welches der Heilsarmeegeneral und die jüdischen Großväter verkörpern – denn »die Wirklichkeit ist bei denen, die das Gesetz gegeben haben« –, ist für den Intellektuellen »unerreichbar« (616f.). Um diese, nicht um Marie und Nuchem, hatte er sich eigentlich bemüht.[2]

Die kurze Erzählung bildet eine Momentaufnahme aus jener umgreifenden Geschichte der Säkularisierung, die Broch in seinem Roman figurativ gestaltet und die er in dem Essay zum *Zerfall der Werte* philosophisch deutet. In ihre Bildgehalte ist eingegangen, was Max Weber als das selbstdestruktive Muster der gesellschaftlichen Rationalisierung beschreibt.[3] Sobald sich in der Moderne die zweckrationalen Handlungsorientierungen in ihrer Eigengesetzlichkeit zu entfalten beginnen, werden sie von religiös-moralischen Instanzen unabhängig, die, wie im Fall der protestantischen Berufsethik, zunächst die Bedingungen geschaffen hatten, unter denen sie sich entwickeln konnten. »Wie alle Kulturwerte«, so Weber, schuf »auch der Intellekt eine von allen persönlichen ethischen Qualitäten der Menschen unabhängige, also unbrüderliche Aristokratie des rationalen Kulturbesitzes«.[4] Utilitaristische Haltungen treten an die Stelle der moralisch-praktischen Rationalität, die nicht institutionalisiert werden kann. Das unerfüllte religiöse Bedürfnis bleibt mehr und mehr sich selbst überlassen.

Wo die Folgen dieses Prozesses an aktuellen Phänomenen ablesbar werden, wandelt sich Webers soziologische Analyse zur Kulturkritik. So notiert er 1917 in seiner Rede *Wissenschaft als Beruf* zu den eskapistischen Tendenzen seiner Zeit: »Erlösung von dem Rationalismus und Intellektualismus der Wissenschaft ist die Grundvoraussetzung des Lebens in der Gemeinschaft mit dem Göttlichen: dies oder etwas dem Sinn nach Gleiches ist eine der Grundparolen, die man aus allem Empfinden unserer religiös gestimmten oder nach religiösem Erlebnis strebenden Jugend heraushört.« Ähnlich empfindet auch Bertrand Müller, der Erzähler der »Geschichte des Heilsarmeemädchens in Berlin«. Er ist bereit zu jenem »Opfer des Intellekts«, von dem Weber schreibt, daß es »rechtmäßigerweise nur der Jünger dem Propheten, der Gläubige der Kirche [bringt]«. Und er fügt hinzu: »Noch nie ist aber eine neue Prophetie dadurch entstanden [...], daß manche moderne Intellektuelle das Bedürfnis haben, sich in ihrer Seele sozusagen mit garantiert echten, alten Sachen auszumöblieren, und sich [...] dann noch daran erinnern, daß dazu auch die Religion gehört hat, die sie nun einmal nicht haben, für die sie aber eine Art von spielerisch [!] mit Heiligenbildchen aus aller Herren Länder möblierter Hauskapelle als Ersatz sich aufputzen [...].«[5] Ohne Zweifel lassen sich hier einige Prämissen der Brochschen Geschichtsphilosophie wiedererkennen. Die Heilsarmee ist für ihn nicht ein Objekt zur Entlarvung menschlicher Schwächen oder der Unzulänglichkeit rein moralischer Standpunkte im politischen Kampf, als das sie in der zeitgenössischen Dramatik von Georg Kaiser bis zu Bert Brecht erscheint; vielmehr wird in der Perspektive Max Webers und in der Zuspitzung auf die Rolle des Intellektuellen die Heilsarmee zur Chiffre für die Bedeutung von Werthaltungen in einer profanisierten Kultur. Doch fordert die in den *Huguenau*-Roman eingeflochtene Erzählung zu weiteren Fragen heraus.

Für Weber hat der Prozeß der gesellschaftlichen Modernisierung universalen Charakter, die Symptome einer antiintellektualistischen Regression bleiben ihm gegenüber ephemer. Der Verlust eines prinzipiengeleiteten moralischen Bewußtseins, wie es in konfessionell geprägten Zeitaltern bestanden haben soll, ist als irreversibles Faktum hinzunehmen. Mit einer solchen Auskunft, für die weder starke empirische noch systematische Argumente[6] sprechen, begnügt sich Broch nicht. Die Suche nach einer neuen ethischen Lebensordnung erscheint noch in ihrem offenkundigen Scheitern als legitim. Daß sich der Ich-Erzähler der Heilsarmee-Geschichte als Philosoph einführt, der mit einer »geschichtsphilosophischen« Arbeit »über den Wertzerfall« beschäftigt ist (488), will über die ironische Aufdeckung einer fiktiven Autorschaft hinaus als Hinweis auf interne Faktoren der kulturellen Entwicklung in der Moderne verstanden werden.

In einem letzten Akt unternimmt es die traditionelle Philosophie, die selbstzerstörerischen Wirkungen des europäischen Denkens historisch zu kommentieren. Ob sie zudem in der Lage ist, einen Beitrag zu der Begründung einer neuen, wertbestimmten Kultur zu leisten, bleibt offen. Broch hat sich diese Frage seit dem Beginn seines autodidaktischen Studiums in den Jahren des Ersten Weltkriegs immer wieder gestellt und mit der realen Entwicklung der philosophischen Disziplinen konfrontiert. Es war die Analyse einer Krisensituation. Die sich immer weiter entfremdenden philosophischen Schulen, die Ausbildung von Fachsprachen nach dem Vorbild der Einzelwissenschaften und der systematische Ausschluß von ethisch-metaphysischen Problemstellungen waren für ihn ein Ausdruck der partikularistischen Tendenzen in der Kultur der Moderne.

## II

Die Philosophie ist für Broch eine Kulturerscheinung, die typologische Eigenschaften einer Epoche spiegelt. Was sich auf den ersten Blick wie eine anregende, letztlich aber beliebige Epochendeutung im Stil der Geistesgeschichte ausnimmt, verdankt sich, betrachtet man die von Broch herangezogenen Beispiele näher, einer intimen Kenntnis der zeitgenössischen Philosophie. Seit den späten zwanziger Jahren sind es vor allem zwei philosophische Schulen, an deren Grundsätzen Broch seine Thesen erläutert und die eigene Argumentation überprüft: die Phänomenologie Edmund Husserls und die »Logistik« des Wiener Kreises. Gemeinsam ist beiden Richtungen der Versuch, das Philosophieren radikal zu erneuern, ihm eine ursprüngliche Einsicht in Welt- und Lebenszusammenhänge zurückzugeben und dies mit entsprechender Souveränität gegenüber anderen Denkweisen zu vertreten. Broch mußte hier nur die Selbsteinschätzungen der Philosophie als »strenger Wissenschaft« (Husserl) oder »wissenschaftlichen Weltauffassung« (Wiener Kreis) zitieren, um das modernistische Element im Fortschritt der Philosophie bloßzulegen. Zwei Daten sind dabei besonders hervorzuheben. 1913 erschienen als erster Band des *Jahrbuches für Philosophie und phänomenologische Forschung* Husserls *Ideen zu einer reinen Phänomenologie und phänomenologischen Philosophie,* die eine vollständige Durchführung der phänomenologischen Methode der »Reduktion« brachten, während eine entsprechende Programmschrift, die einen Überblick über die Grundpositionen des Neopositivismus enthielt, von einigen Mitgliedern des Wiener Kreises 1929 publiziert wurde. In dieser Zeitspanne hat auch Broch wesentliche Anregungen für sein Denken empfangen. An ihrem Beginn steht eine intensive Lektüre neukantianischer und phänomenologischer Texte, der zwischen 1925 und 1930 ein reguläres Studium der Philosophie und Mathematik an der Universität Wien folgt. Als Hörer von Schlick, Carnap, Menger und Hahn konnte Broch den Zusammenschluß des Wiener Kreises aus unmittelbarer Nähe erleben. Von den Leistungen des Neopositivismus hat er stets mit einer Distanz bewahrenden Anerkennung gesprochen, die »Logistik« ist für Broch »zwar nicht selber Umwälzung des geistigen Weltbildes, wohl aber eines ihrer wichtigsten Symptome«. Wohingegen die Phänomenologie schon allein deshalb ein – ich zitiere – »Daseinsrecht« besitzt, weil sie mit der »wissenschaftliche[n] Weltanschauung« des Wiener Kreises »im Streite liegt«. Und Broch fährt fort:

Es soll nicht für die Logistik, nicht für die Phänomenologie Partei ergriffen werden, doch steht fest: über die Elementardinge, »Namen«, »Elementarsätze«, kurzum jene Gegebenheiten, die bloß unmittelbar aufgewiesen werden können, über die Individualitäten, vermag und will die Logistik keinen Aufschluß mehr geben; sie gelten ihr als Tabu; über sie zu sprechen, gehört schon zum Mystischen. Was aber die Phänomenologie letzten Endes anstrebt, ist eben Erfassung, rationales Erfassen, abtastendes Umschreiben solcher Tiefst-Unmittelbarkeiten (wobei sie folgerichtig dem Unmittelbaren auf jedem Gebiete nachspürt, ebensowohl das Phänomen der Farbe »Rot«, als den unmittelbaren Inhalt des Begriffs »Farbe«, sowohl das unmittelbare Phänomen des Gewissens, als das der Zahl zum Objekte ihres Studiums macht). Es sei dahingestellt, ob sie mit ihrem Streben zu gesicherten »wissenschaftlichen« Ergebnissen kommt oder ob die Gefahr des dialektischen Leerlaufes um ein unangreifbar Gegebenes unüberwindbar bleibt, sicher aber ist, daß die Wendung zum Unmittelbaren, durch die die phänomenologische Bewegung ausgezeichnet ist, die gleiche ist, die alle positivistische Wissenschaftlichkeit und auch die Logistik leitet, und daß eben in dieser Wendung zum Unmittelbaren das Zeitdokumentarische der Phänomenologie gesehen werden darf (KW 10/1, 171 ff.).

Diese »Wendung zum Unmittelbaren« bezeichnet in Brochs Epochentypologie den Durchbruch zum modernen Denken, mit dem der »Zerfall der Werte« einsetzt. Von dem spekulativen Charakter dieser Geschichtsdeutung läßt sich absehen, bedenkt man ihre sensibilisierende Wirkung, unter der Broch die Krisenerscheinungen seiner Zeit wahrgenommen und auf ihre Herausforderungen reagiert hat, auch in dem Bereich der philosophischen Theoriebildung, der eben angesprochen wurde. In der Fragment gebliebenen Schrift *Über syntaktische und kognitive Einheiten* hat er – mit deutlicher Sympathie für das Grundanliegen der Phänomenologie – die Argumente, mit denen der Neopositivismus die Philosophie Husserls kritisierte, zu widerlegen versucht, indem er an ihnen die eigentliche Schwäche formalistischer Verfahren aufwies. Im Zentrum seiner Überlegungen steht daher das Problem abstrakter Entitäten und ihrer intuitiven Erfassung, dem sich in loser Form Erörterungen zur Theorie der Elementarsätze, zum Symbolbegriff und zur mathematischen Grundlagenforschung angliedern. Um die Voraussetzungen für einen fiktiven Dialog zwischen Phänomenologie und Logistik zu schaffen, beginnt Broch mit elementaren sprachanalytischen Reflexionen, da die hier bestehende Übereinstimmung zwischen beiden Schulen von der herrschenden Polemik verdeckt worden war. Wenn etwa Moritz Schlick in der Frage nach dem Verhältnis der Begriffe zur Wirklichkeit »das in alle Probleme eingreifende Platonische Problem«[7] der Philosophie sah, so konnten dem die Phänomenologen zwar zustimmen, aber nicht, um eine Lösung auf dem Gebiet der Sprachphilosophie zu suchen, sondern um die Dominanz dieser Problemstellung für die Fehlentwicklungen in der neuzeitlichen Erkenntnistheorie verantwortlich zu machen:

> Nicht: wie erkenne ich die Dinge der Außenwelt, ist seit zweitausend Jahren das Problem der Philosophie, sondern: wie verhält sich mein Begriff zu dem, was ich mit einem Wort bezeichnet, also apperzipiert habe, und welche – wortgebundene – Sätze lassen sich aus diesem Begriff ableiten? [...] Man bekenne nur freimütig, daß diese Fragestellung der gesamten modernen Philosophie mit dem *Erlebnis* nichts mehr zu tun hat.[8]

Vor jeder formalen semantischen Zuordnung wird die Philosophie auf die reine Untersuchung der Phänomene und ihr Gegebensein verwiesen. Daß sich damit die Grenzen zwischen wissenschaftlicher und mystischer Erkenntnis verwischen, stand für den an den Naturwissenschaften orientierten Neopositivismus außer Frage, da hier alle Objektivierung im eigentlichen Sinn Vermittlung, das heißt Konstituierung des Gegenstandes durch kategoriale, zeichengebundene Darstellung einschließt, wobei, wie Schlick ausführt, der »Zweck der Erkenntnis« dann erfüllt ist, »wenn man die Tatsachen mit Hilfe einer möglichst geringen Zahl von Bedeutungskonventionen [...] sich klar machen kann«.[9] Wird dies berücksichtigt, lösen sich alle durch eine falsche Formulierung der Fragen entstandenen Scheinprobleme in der Philosophie von selbst auf. An dieser Stelle setzt Brochs Kritik ein. Wissenschaftlich sinnvolle Aussagen beschränken sich für ihn nicht auf die empirische bzw. logisch-tautologische Begriffsbildung, wie gleich zu Beginn der erwähnten Schrift die Verwendung des Ausdrucks »Syntax-Einheit« zeigt. Unter einem syntaktischen System wurde im Wiener Kreis ein Kalkül verstanden, dessen formale Regeln die Eigenschaften und Beziehungen von Sätzen festlegen.[10] Für Broch erschließen sich dagegen die sinnhaften Gehalte der Worte erst im Rückgang auf den Bedeutungshorizont der gesprochenen Sprache, die in Erlebniszusammenhänge eingebunden ist. Seine Definition von Syntax-Elementen entspricht den phänomenologischen Unterscheidungen, die Husserl in der vierten seiner *Logischen Untersuchungen* trifft:

Schon der Begriff des *Ausdrucks*, bzw. der Unterschied der bloß lautlichen und überhaupt sinnlichen Ausdrucksteile von den Teilausdrücken im echten Sinne des Wortes [...], kann nur fixiert werden durch Rekurs auf einen Unterschied der Bedeutungen.[11]

Die »Bedeutung«, die nach Husserl in Aktcharakteren fundiert ist, wird von Broch als Argument gegen den Logizismus gewendet.

Von der Sprache her wird nichts »gemeint«, vielmehr wird sie, unbeschadet ihrer Autonomie, von einem »meinenden Akt« der Erkenntnis dirigiert, und ihre Strukturgebilde, also vor allem die Syntax-Einheiten wie der Satz, der Absatz usw. werden bloß dann sinnvoll [...], wenn als Ergänzung zu ihnen ideale, nichtempirische Kognitiv-Gebilde angenommen werden, mit denen sie in einem Entsprechungs-Verhältnis stehen und deren Ausdruck sie sein sollen: diese idealen Kognitiv-Einheiten, welche von der »meinenden« Erkenntnis den Syntax-Einheiten beizugesellen sind, sollen dem Sachverhalt entsprechend »Eidos-Einheiten« genannt werden (KW 10/2, 249).

Um jedes Mißverständnis auszuschließen, verwendet Broch den von Husserl in den *Ideen zu einer reinen Phänomenologie* eingeführten Begriff εἶδος, der das »Wesen« eines Objektes und damit einen allgemeinen oder idealen Gegenstand bezeichnet. Zu erfassen ist er nur durch einen intentionalen Akt, den Husserl – der sich der Problematik metaphorischer Beschreibungen durchaus bewußt war – als »Wesensschau« bezeichnet und den Broch als »Intuition«, d. h. »als Wissen um eidetische Einheiten definiert« (KW 10/2, 260).

Die Gegner der Phänomenologie reagierten auf den hier formulierten Anspruch auf »eigentliche« Erkenntnis betont heiter, für Schlick etwa bedurfte es gar keiner Diskussion, daß »man durch Intuition, durch Schauung, *überhaupt keine* Erkenntnisse gewinnen kann, daß sie nicht nur keine Methode einer *strengen* Wissenschaft ist, sondern *gar keine* wissenschaftliche Methode«.[12] Und in seltener Übereinstimmung mit dem Positivismus spricht auch Adorno von dem »Paradoxon«, das »der Schlüssel zur gesamten Phänomenologie« sei: »Die allen Wissenschaften voraufgehende Analyse des im reinen Bewußtsein Vorfindlichen muß es selber als wissenschaftlichen Gegenstand traktieren.«[13] Dagegen wird bereits aus der zitierten Formulierung Brochs deutlich, daß es sich bei der intuitiven Erfassung der idealen »Kognitiv-Gebilde« nicht um einen irgendwie mystischen Akt handelt, vielmehr ist – wie der Husserl-Schüler Eugen Fink betont, auf dessen metakritische Einwände Broch sich in Briefen mehrfach bezieht – »das Eidos das Korrelat einer Denkoperation, einer intellektiven Spontaneität«.[14] Ein zweites Moment kommt hinzu. Die Eidos-Einheit soll, wie Broch wiederholt feststellt, »in ihrer ›meinenden‹ Funktion« als »logische ›Erzeugerin‹ der Syntax-Einheit betrachtet werden« (KW 10/2, 250). Neben das sachhaltige Wesen treten in der Analyse der Verstandesgegenständlichkeiten die syntaktischen Formen, womit Broch die beiden Teile der phänomenologischen Lehre von den apriorischen Gegebenheiten zusammenschließt. Ihr Fundierungsverhältnis hatte Husserl in den *Logischen Untersuchungen* eingehend beschrieben:

Alles in allem erkennen wir, [...] daß jede konkrete Bedeutung ein Ineinander von Stoffen und Formen ist, daß jede einer durch Formalisierung rein herausstellbaren Gestaltidee untersteht, und daß weiterhin jeder solchen Idee ein apriorisches Bedeutungsgesetz entspricht. Es ist ein Gesetz der Bildung einheitlicher Bedeutungen aus syntaktischen Stoffen, die unter festen, zum Bedeutungsgebiet a priori gehörigen Kategorien stehen, und nach syntaktischen Formen, die desgleichen a priori bestimmt sind und sich, wie man bald erkennt, zu einem festen Formensystem zusammenschließen. Hieraus erwächst die große, für die Logik und Grammatik gleich fundamentale Aufgabe, diese das Reich der Bedeutungen umspannende apriorische Verfassung herauszustellen, das apriorische System der formalen, d. i. alle sachhaltige Besonderheit der Bedeutungen offenlassenden Strukturen in einer *»Formenlehre der Bedeutungen«* zu erforschen.[15]

Wie ist nun diese »Gestaltidee« oder »Eidos-Einheit« in der Anschauung zu gewinnen? Es ist bemerkenswert, daß sich hierzu bei Broch kaum Andeutungen finden, obwohl den Autor, was im Text spürbar wird, die Möglichkeit gerade einer solchen Deskription fasziniert haben dürfte. Husserl faßt sie als ein »Experiment in der Imagination«.[16] Im variativen Durchlaufen verschiedener Abwandlungen eines in der Vorstellung Gegebenen wird »das Eidos als die Invariante erkennbar«.[17] Wie gesagt: Broch hat sich zu dem Fiktionsbegriff der Phänomenologie nicht näher geäußert, mit der Vorstellung eines konstruktiven »Erzeugens« der Eidos-Einheit ist er nur schwer zu vereinbaren. Ein solcher Akt ist im Rahmen einer semiotischen Theorie zu formulieren und weitgehend unproblematisch, bezieht er sich auf – wie Broch sagt – »Elementarsituationen«, deren eingrenzbare Gegenstände in einem semantisch selbständigen Satz ausgedrückt werden können. Diese »kategorematischen Bedeutungen« Husserls wären sogar, wie Broch andeutet (aber nicht erklärt), dazu in der Lage, der im Wiener Kreis sehr kontrovers geführten Diskussion um Elementar- oder Basissätze eine konstruktive Wendung zu geben. In Parenthese sei hier bemerkt, daß der Neopositivismus die Genauigkeit, mit der Husserl in dem eben zitierten Kontext den Charakter analytischer Sätze definiert, völlig verkannt hat.[18] Das bezeichnete Problem war ein Gegenstand der Gespräche, die Vertreter des Wiener Kreises in den Jahren 1929/30 mit Wittgenstein geführt haben, zu einem Zeitpunkt, als Broch zu den Mitgliedern des Privatseminars von Schlick gehörte.

In der relativ spät entstandenen Abhandlung Brochs, auf die ich mich beziehe, werden Detailprobleme dieser Art nicht erörtert, es fehlen scharfe begriffliche Analysen, die als konkreter Beitrag zu einer Forschungsdebatte gewertet werden könnten. Vieles wird in dem bisweilen sprunghaften Wechsel zwischen verschiedenen Bereichen der Erkenntnistheorie nur angedeutet, dann aber wieder einer zentralen, auf ein Thema hinführenden Betrachtung unterworfen. Als leitender Gedanke schält sich die Frage nach den Eigenschaften des Sprachsymbols und dem Vorgang der Symbolisierung heraus. Wo sich Broch auf eine Kunstphilosophie zubewegt, wird die Kritik am Neopositivismus schärfer. Dieser gerate bei der Charakterisierung des Kunstsymbols »notwendigerweise ins materialistische Flachland, nämlich dorthin, wo das Symbol bestenfalls den Sinn einer Spielkarte besitzt« (KW 10/2, 268). Mit rein formalen Erwägungen zur Funktion syntaktischer Darstellungen lassen sich künstlerische Sinnsetzungs- und Sinndeutungsschemata nicht erfassen, sie verhalten sich zu ihnen »wie die Landschaftsmalerei zu der geographischen Karte«.[19] Symbolisierungen sind für Broch im Unterschied zur Bildung elementarer Syntax-Einheiten »irreversible Abbildungsprozesse«:

Zwar ähneln sie den reversiblen, da sie gleichfalls mit Hilfe eines Abbildes ein Urbild »repräsentieren«, aber es wird nun dieses hier nicht mehr wie dort als vollkommen »bekannt« angenommen, gestattet nicht mehr eine Punkt für Punkt isomorphe (eben reversible) Abbildung, sondern erfordert [...] eine andersgeartete, eine »andeutungsweise« Repräsentation. Doch damit erhebt sich schon die verzweifelte Frage: wie soll etwas Unbekanntes angedeutet werden? (KW 10/2, 268)

Gegen den »sinnverkehrende[n]« Gebrauch des Worts »symbolisch« hatte sich bereits Kant im § 59 der *Kritik der Urteilskraft* gewandt, da es sich um eine »intuitive«, nicht bloß begriffliche Vorstellungsart handle. An diese Tradition knüpft die Phänomenologie an, indem sie »eigentliche« von »uneigentlichen« oder »symbolischen« Begriffen unterscheidet. Letztere repräsentieren einen Gegenstand nicht als abstrakte Zeichen, sondern durch eine »indirekte Charakteristik«, durch welche wir in einer Folge von Handlungen zu einer »eigentlichen« Vorstellung, zu einer wirklichen Anschauung kommen.[20] Diese Distinktionen sind von großer Wichtigkeit. Für Broch schienen sie das Rätsel zu lösen, wie ein ›Unbekanntes angedeutet werden könne‹, dann nämlich, wenn auch eine zunächst nur symbolische Bezugnahme auf einen abstrakten Gegenstand »vereigentlicht« werden kann.[21] Es bleibt jedoch die Frage, ob eine Theorie des künstlerischen Symbols der Ausführungen Husserls zur Logik der Zeichen auch hier folgen soll. Denn letztlich kann es sich für sie nicht darum handeln, den eidetischen Abstraktionen selbst Ausdruck zu verleihen, sondern allenfalls deren Bedeutung für die Erkenntnis der Wirklichkeit zu reflektieren, die in der Kunst gestaltet, aber nicht in gleicher Weise objektiviert wird. Hierin ist wohl das Mißverständnis zu sehen, das Broch dazu geführt haben mag, einige Passagen der Abhandlung *Über syntaktische und kognitive Einheiten* seinem Roman *Der Tod des Vergil* als poetologische Erklärung beizugeben.

Der Roman selbst bleibt jedoch als ein im Bereich der Literatur durchgeführtes phänomenologisches Experiment[22] noch zu entdecken. Unter der Oberfläche seiner lyrisch-symbolistischen Stileigentümlichkeiten erweist sich der *Tod des Vergil* als ebenso »positivistisch« wie die beiden Strömungen in der Philosophie der Moderne, auf die sich Broch in seinem Spätwerk bezieht, wo er mit einem sowohl erkenntnistheoretischen als künstlerischen Problem konfrontiert ist, das er mit der Analyse und Nach-Konstruktion der Subjektivität in der Weise des ›Bewußtseinsstromes‹ zu lösen versucht.

## *Anmerkungen*

Broch wird zitiert nach der *Kommentierten Werkausgabe,* hg. v. Paul Michael Lützeler, Frankfurt am Main 1974ff. (KW).

1 Zit. nach Johannes Winckelmann, *Die Herkunft von Max Webers »Entzauberungs«-Konzeption,* in: KZfSS 32 (1980), S. 12–53, hier S. 30.

2 Interessante Belege zu den hier entwickelten Gedanken gibt ein Essay von Georg Simmel, *Die Großstädte und das Geistesleben* (1903), in: *Brücke und Tür,* hg. v. Michael Landmann, Stuttgart 1957, S. 227–242; vgl. ferner David P. Frisby, *Georg Simmels Theorie der Moderne,* in: *Georg Simmel und die Moderne,* hg. v. H.-J. Dahme und O. Rammstedt, Frankfurt am Main 1984, S. 9–77.

3 Vgl. Jürgen Habermas, *Theorie des kommunikativen Handelns,* Bd. 1: *Handlungsrationalität und gesellschaftliche Rationalisierung,* Frankfurt am Main 1981, S. 314ff.

4 Zit. nach Habermas, a. a. O., S. 315.

5 Max Weber, *Gesammelte Aufsätze zur Wissenschaftslehre,* Tübingen $^{4}$1973, S. 611.

6 Vgl. Habermas, a. a. O., S. 315ff.

7 Moritz Schlick, *Die Probleme der Philosophie in ihrem Zusammenhang.* Vorlesung aus dem Wintersemester 1933/34, hg. v. H. L. Mulder u. a. Frankfurt am Main 1986, S. 80. – Die Vorlesung bietet einen geschlossenen Eindruck von der Spätphilosophie Schlicks, wie sie Broch kennengelernt haben dürfte.

8 Alfred Schütz, *Theorie der Lebensformen,* hg. v. Ilja Srubar, Frankfurt am Main 1981, S. 215. – Es handelt sich bei dem zitierten Text um einen 1925 geschriebenen Entwurf zur Sprachphilosophie.

9 Schlick, *Die Probleme der Philosophie,* S. 97.

10 Vgl. etwa Rudolf Carnap, *Grundlagen der Logik und Mathematik,* übers. v. W. Hoering, München 1973, S. 26ff.

11 Edmund Husserl, *Logische Untersuchungen,* Bd. 2: *Untersuchungen*

*zur Phänomenologie und Theorie der Erkenntnis*, Teil I, Halle ²1913, S. 310.

12 Moritz Schlick, *Gibt es intuitive Erkenntnis?*, in: Vierteljahrsschrift für wissenschaftliche Philosophie und Soziologie 37 (1913), S. 472–488, hier S. 476.

13 Theodor W. Adorno, *Zur Metakritik der Erkenntnistheorie*, Frankfurt am Main 1975 (*Gesammelte Schriften*, Bd. 5), S. 59.

14 Eugen Fink, *Die Phänomenologische Philosophie Edmund Husserls in der gegenwärtigen Kritik*, in: Kant-Studien 38 (1933), S. 321–383, hier S. 329.

15 Husserl, a. a. O., S. 321.

16 Vgl. Wolfgang Künne, *Abstrakte Gegenstände. Semantik und Ontologie*, Frankfurt am Main 1983, S. 149f.

17 Fink, a. a. O., S. 329.

18 Vgl. den informativen Aufsatz von Peter Simons, *Wittgenstein, Schlick und das Apriori*, in: *Philosophie, Wissenschaft, Aufklärung: Beiträge zur Geschichte und Wirkung des Wiener Kreises*, hg. v. H.-J. Dahms, Berlin und New York 1985, S. 67–79.

19 Schütz, a. a. O., S. 232.

20 Vgl. Manfred Sommer, *Husserl und der frühe Positivismus*, Frankfurt am Main 1985 (*Philosophische Abhandlungen*, Bd. 53), S. 131ff.

21 Vgl. Künne a. a. O., S. 170.

*Otto Peter Obermeier*

# Das Konstruktionsprinzip in der Wertphilosophie

Obgleich doch die Wertthematik manifest und latent das Brochsche Werk durchzieht, obgleich doch – zugegebenermaßen – schwierig interpretierbare, jedoch durchaus klare Texte vorliegen, etwa die »Schlafwandler-Exkurse« und die »Logik einer zerfallenden Welt«[1], und obgleich doch die konstatierte »Bedeutungskonstanz«[2], die Brochs Werk durchzieht, das verstehende Geschäft erleichtern müßte, sind die Äußerungen zu Brochs Werttheorie merkwürdig hilflos: etwa bissig und besserwisserisch hilflos in Karl Menges *Kritische Studien zur Wertphilosophie Hermann Brochs*[3] oder repetitiv hilflos, etwa in Erich Kahlers Aufsatz *Werttheorie und Erkenntnistheorie bei Hermann Broch*[4]. Das nachfolgende interpretative Konzept versucht diese Lücke zu schließen, es zeigt zumindest, daß Brochs Argumentation nicht wegen ihres angeblich rein rhapsodisch-assoziativen[5] und wirren Charakters[6] zum autistischen Gefasel[7] degradiert werden kann, sondern sehr wohl über ein hochinteressantes, fruchtbares Konstruktionsprinzip verfügt, auch über Einsichten, die Einzelwissenschaften in weniger poetischer Terminologie als wichtige Bestandteile ansehen. Aus diesen Einsichten lassen sich Schlüsse auf Möglichkeiten einer wertsensiblen Wissenschaft ableiten.

Über eines läßt sich vorab scheinbar schnell Einigkeit erzielen: Quelle und Wurzel des Brochschen Denkens ist »das Problem des Absolutheitsverlustes, das Problem des Relativismus« (KW 10/2, 195), der Verlust der »Letztaxiome« (KW 10/2, 196), die Virulenz des logischen Positivismus, der mit dem ›Occamschen Rasiermesser‹ alle überflüssigen Wesenheiten zu beseitigen beabsichtigte. Aber, und hier vermindert sich rasch die Zahl der Konsentierenden, wenn Tun und Denken sich in der sogenannten Welt wiederbegegnen, dann sind ihre Konsequenzen an Phänomenen aufzeigbar: sie sind es, die uns täglich ins Gesicht schauen. Und Broch zeigt sie eindrucksvoll, die – ich benütze sofort den Fachausdruck – funktionale Differenzierung auf allen Ebenen. Da ist zunächst in der Nahsphäre »die Unterhosenlogizität« (KW 1,

419), mittels derer wir nämlich das Gesamtgeschehen als wahnsinnig empfinden – man denke etwa an die Zehntausende von Atom- und Wasserstoffbomben, die auf unsere Vernichtung lauern –, »aber für unser Einzelschicksal können wir mit Leichtigkeit einen logischen Motivenbericht liefern« (KW 1, 419). Genau dieses Phänomen: heile Nahwelt – bedrohte und bedrohende Umwelten, veranlaßte Hans Jonas in seinem Buch *Das Prinzip Verantwortung* dazu, die Forderung zu erheben, neben eine Nahsphärenethik[8] eine »Ethik weittragender Verantwortlichkeit, eine neue Art von Demut«[9] zu stellen; diese »Zerspaltung des Gesamtlebens und -Erlebens« (KW 1, 420), diese omnipräsente funktionale Differenzierung ist es, die jedem Spaltprodukt, jedem Einzelsystem zu beachtenswerten Leistungen verhilft, die jedoch zugleich eine rücksichtslose Dynamik eben jener Partialsysteme bedingt. So wie das Individuum seine kurzatmige Unterhosenlogik auslegt, die – für sich genommen – durchaus plausibel, tolerabel, natürlich ist, trotz des es umgebenden Gesamtwahnsinns, so produziert die Architektur glatte, funktionale, ornamentlose Produkte, in der nur ihre, nämlich der funktionalen Architektur eigene, Logik dominiert (vgl. KW 1, 435 f.). Und so erzwingt die multiple, funktionale Differenzierung nicht nur eine Unendlichkeit von Blickpunkten und -aspekten, sondern je spezifische Eigenlogiken der Systeme, die in sich nichts anderes tragen als sich selbst, d. h. die nur *eine* Meisterschaft besitzen: ihre systemspezifischen Ziele rücksichtslos zu verfolgen.

Zur Logik »des Soldaten gehört es, dem Feind eine Handgranate zwischen die Beine zu schmeißen« (KW 1, 495), zur Logik des Wirtschaftsführers, »unter Vernichtung aller Konkurrenz, dem eigenen Wirtschaftsobjekt [...] zur alleinigen Dominanz zu verhelfen« (KW 1, 495), zur Logik des Revolutionärs, seine Ziele zur Diktatur zu bringen (vgl. KW 1, 496).

Jedes System hat seine »Logik an sich« (vgl. KW 10/2, 168), sein eigenes deduktives Plausibilitätsschema, seine innere, sich selbst rechtfertigende Eigenlogik, seine Privattheologie (vgl. KW 1, 692). Jedes System aber, folgt es radikal seiner Eigenlogik, ist suizidal. Ein »radikalisiertes Kreditsystem« – es sei an die Verschuldung der Dritten und Vierten Welt erinnert – führt sich selbst ad absurdum (vgl., auch KW 12, 536 ff.), ein radikalisiertes Militärdenken vernichtet sich selbst usw. All diese Systeme verabsolutieren ihre Logik, und der Wettlauf zur eigenen Systemunendlichkeit ist immer begleitet vom systemischen Selbstmord (vgl. KW 10/2, 169).

Daß diese Brochsche Zustandsanalyse beträchtliche Aktualität besitzt, ist schwer zu bestreiten, daß sie also nur ein rein subjektivistischer, autistischer Reflex Hermann Brochs sein soll, wie dies Karl Menges behauptet, schwer verständlich. Worin liegt Brochs Leistung? Ich beschreibe sie jetzt mit einer nicht-poetisierten Sprache. Broch hat überzeugend dargestellt, daß die Welt der Sachlichkeit, die Leistungsfähigkeit und Dynamik dieser Welt, durch funktionale Differenzierung erzwungen wird (negativ, und in seiner Sprache ausgedrückt: durch Verlust eines stilbildenden Wertzentrums, vgl. KW 1, 533 ff.; KW 10/2, 170); er hat herausgefunden, daß diese funktionalen Systeme ihre eigene autonome Logik besitzen und reproduzieren, daß der Träger der Unterhosenlogik, soziologisch gesprochen, »role taking« vornimmt, also »eine Rolle spielt«, daß diese Systeme nicht aus Menschen, sondern aus Rollenträgern bestehen[10], daß Systeme einen Hang zur Totalisierung ihrer Eigenlogik manifestieren, und somit einen Drang zum Suizid, letztlich, daß intersystemische Abstimmungsmechanismen in einer funktional differenzierten Gesellschaft weitgehend fehlen. Es sei hier ein namhafter deutscher Soziologe zitiert, der diesen Sachverhalt, 1981, so beschreibt, nachdem er immerhin zwei Jahrzehnte lang die positiven Ergebnisse einer funktional-differenzierten Gesellschaft hervorgehoben hatte. »Inzwischen hat man mit der modernen Gesellschaft mehr und auch ungünstigere Erfahrungen. Sie liegen vor allem in der gesamtgesellschaftlich kaum kontrollierbaren Eigendynamik der Funktionssysteme begründet, die jeweils eine Verbesserung der Lage in bezug auf ihre spezifische Funktion erstreben und über entsprechend amelioristische Ideologien integriert werden. Die Funktionssysteme können auf der Basis ihrer Autonomie keinen Sinn mobilisieren, der ihnen eine bessere Erfüllung der Funktionen verwehrt, und das Gesamtsystem der Gesellschaft kann es auch nicht«[11], schon deshalb nicht, weil, da ein Wertzentrum fehlt, das System Gesellschaft unter das Schwert der Differenzierung gerät: es ist ein System unter vielen.

Fragend treten wir an die Phänomene heran, gelingt es uns, sie in ein System einzuordnen, als Befragte sind sie für uns sinnvoll. Aber selbst, wenn zu jeder Frage eine Antwort gegeben, selbst, wenn Materie immer weiter aufgeschlüsselt werden kann (vgl. KW

1, 472) – irgendwann gelangt die Frage- und Antwortkette an ihr Ende. Selbst, wenn zu jedem Problem eine begründete Lösung gefunden wird, auch diese Begründung ereilt das gleiche Schicksal, sie ist ihrerseits problematisierbar ad infinitum. Das Fortschreiten von Schluß zu Schluß erzeugt demonstratives Wissen, ist geleitet von Logizität, endet aber in nicht mehr erschließbaren, nicht mehr beweisbaren Grundprämissen. Diese sprechen für sich selbst, sie tragen die Garantie ihrer Wahrheit in sich, sind selbstevident. Wir sind beim »Plausibilitätspunkt«, wie Broch es nennt, angelangt (vgl. KW 1, 472, 474, 497, 581, 618). Der Plausibilitätspunkt ist nicht mehr ableitbar, nicht mehr demonstrierbar, er ist evident, intuitiv erfaßbar und erlebbar. Trotz seiner demonstrativen Unbeweisbarkeit ist der Plausibilitätspunkt Quelle aller produktiven Systemaktivitäten, denn er erzeugt, gleichsam aus sich heraus, mit Hilfe seiner Logizität all jene Artefakte, die dann Wirklichkeit und Welt bedeuten.

Hier, bei diesem Plausibilitätspunkt, bei diesem Wertzentrum, beim Zentralwert (KW 10/1, 84 f.), ist auch Brochs Liebe zur Tautologie beheimatet. Selbstevidenz impliziert nun einmal Tautologie. Nur, selbst wenn so manchem beim Wort Tautologie die Haare zu Berge stehen: es ist keine ausgemachte Sache, daß Tautologien prinzipiell steril und unfruchtbar sind. Wäre dem so, so wäre jeder mathematische und logische Beweis unfruchtbar, und alle abgeleiteten Sätze und Theoreme, die aus Umformungen in der Logik/Mathematik gewonnen wurden, bringen zwar prinzipiell nichts Neues, sind jedoch sehr wohl neue Instrumente zur Lösung von Problemen. Da aber jedes demonstrative Wissen beim Plausibilitätspunkt endet, ruht »das Gebäude der formalen Logik auf inhaltlichen Grundlagen« (KW 1, 471). Es ist daher korrekt festzustellen, daß selbst jene Kantschen reinen Begriffe insofern nicht rein sind, als sie zwar Dinge für uns erzeugen, ordnen, verknüpfen usw., jedoch die Art und Weise der Verknüpfung, etwa causa efficiens/effectus, eindeutig festlegen. Es liegt gleichsam eine präphänomenale, vor den Phänomenen liegende Inhaltlichkeit vor. Hier ist übrigens Brochs Verbindung von cogito et sum, von Denken/Logizität und Sein/Existenz/Fühlen beheimatet.

Sowohl innerhalb der demonstratio, innerhalb des Systems von Schlüssen als auch beim Fühlen, beim deduktiven Umformen wie bei der intuitiv erfühlbaren Selbstevidenz, stoßen wir auf produktive Tautologie. Und da weder Denken vor dem Sein (Fühlen) noch Fühlen vor dem Sein rangiert, da, ›klassisch‹ gesprochen, hier die Kategorie der Wechselwirkung vorliegt, mit der übrigens Kant seine liebe Mühe hatte[12], spreche ich bei dieser produktiven Tautologie nicht von Konstitution, sondern von Kokonstitution.

Auch der etwas malerische Begriff »Plausibilitätspunkt« läßt sich aufschlüsseln. Er hat das, was man auch als Hintergrundwissen und -Werte bezeichnet, zum Inhalt: die Einheit beider (Denken und Sein) Konstituentien. Broch demonstriert den Wandel dieser produktiven Letztaxiome an einem modifizierten, an A. Comte erinnernden Dreistadiengesetz (vgl. KW 1, 473): Von der Idee einer Pluralität der Dämonen, der zufolge jedes Einzelphänomen, jedes Ding seinen eigenen Dämon besaß und von diesem Wissen und Fühlen her die Dinge und die Ausdrucksformen der Dinge verstanden wurden, zum eigenen Urgrund Gott, als universelles genetisches, ordnendes und auf ihn zurücklaufendes Letztaxiom, weg von dieser »endlichen Unendlichkeit, hin zur abstrakten Unendlichkeit« (KW 1, 474), hin zur »ewigen Fortsetzbarkeit der Frage« (KW 1, 474). Wer wird da bezweifeln, daß die funktionalen Systeme nicht abstrakte Unendlichkeit besitzen? Wissenschaftliches Wissen wird geboren, etabliert, verbraucht und wiedergeboren, ein nie endender Prozeß. Wer kann es da K. R. Popper übelnehmen, wenn er dieser abstrakten Unendlichkeit mit Hilfe seiner Theorie der Wahrheitsnähe zu trotzen suchte, in dem er einen arbiträren und unendlichen Prozeß finalisierte? Aber da stellt sich dann sofort wieder der Zentralwert »Wahrheitsnähe« ein, den es zu rechtfertigen gilt, und es ist gewiß kein Zufall, daß Broch und Popper glühende Deduktivisten waren. Induktives Vorgehen bedeutet für Broch prinzipiell Herrschaft der Dinge, und damit Dominanz des Bösen. Im »Pamphlet gegen die Hochschätzung des Menschen« lesen wir: »Denn die Gültigkeit jeder Setzung, jeder Meinung, jeder Erkenntnis ist einzig und allein abhängig von ihrer Deduzierbarkeit aus einer übergeordneten Idee [...]: Und auch der Heilige ist an sich Nichts [...] wäre er nicht Auswirkung und exemplifizierendes Gleichnis für die reine Idee des Menschen« (KW 10/1, 34). Es ist klar, daß diese letzten produktiven Wertzentren es sind, die stilgebend wirken. Wir leben nach Broch jetzt im abstrakten Zeitalter.

Fassen wir kurz zusammen: Broch hat in vielen Ansätzen (vgl. etwa den 5. Exkurs der *Schlafwandler*, KW 1, 470ff.) und unter verschiedenen Aspekten werttheoretisch, erkenntnistheoretisch, geschichtstheoretisch, intuitionstheoretisch das seit Aristoteles virulente Problem zwischen demonstrativem, logisch-erschließbarem Wissen und der Sicherung der Letztprämissen mit Hilfe unmittelbarer Einsicht, zwischen demonstratio und intuitio, Denken und Fühlen aufgeworfen. (Später hat man dieses Problem das Friessche Trilemma und, (noch poetischer), das Münchhausen-Trilemma genannt[13].) Jeder Akt der Begründung endet entweder im regressus ad infinitum, der abstrakten Unendlichkeit, im Abbruch der Ketten aus reiner Zweckmäßigkeit (vgl. KW 1, 472), oder im Zirkel, d.h. einer Art von Tautologie. Brochs Leistung war es, daß er den produktiven Charakter des Zirkels erkannt[14], daß er demonstratio und intuitio, wie ich später noch genauer zeigen werde, zu einer produktiven kokonstitutiven Einheit, einem System, zusammengeführt, daß er die partiellen Lösungen des Friesschen Trilemmas, weg von der rein logischen Problematik, phänomenologisch interpretiert hat. Die Logik des Soldaten, die Töten heißt, die Logik des bürgerlichen Faiseurs, die nur Raffen kennt, sie alle sind doch nichts anderes als materialisierter, lebendiger regressus ad infinitum, kontrollose, leibhaftige Unendlichkeit. Auch das Anbeten der Dinge, etwa in der Vorstellung, das sogenannte »Gegebene«, das Positive seien einzige Quelle der Erkenntnis und Verifikationsinstanz, wie das der Positivismus behauptet, ist von der Brochschen Logik her nichts anderes als Dogmatismus.

Karl Menges wird in seiner Kritik an Brochs Wertphilosophie nicht müde, sich über das Brochsche Prinzip der Setzung der Setzung (vgl. Broch KW 1, 622ff.; KW 10/2, 156f.) zu mokieren. Es stellt »sich auf Grund seiner logischen Voraussetzungen dar als eine subjektivistische Metaphysik«[15], gleichsam eine Privatspinnerei Brochs. Da im Zitat von Logik die Rede war, sehen wir uns diese Logik einmal näher an. Bekannt ist, seit Plato[16], das Denken des Denkens; ob es zutrifft, daß diese iterative Konstruktion nur vernehmendes Vernehmen zum Ausdruck bringt, reines Selbstvernehmen, reine intentio recta[17], mag dahingestellt sein. Wir kennen auch die Angst vor der Angst in Gestalt einer Neurose, das Übermächtigen der Macht in Form von Gewaltenteilung, das Gewichten des Geldes mit Geld in Form von Zins usw. Zurück aber zum Formalen: Ein »Mechanismus« wird auf sich selbst angewandt, auch die Mathematik ist voll von Beispielen hierfür. Ein Mechanismus wird wiederholt, iteriert, und in dieser Form auf sich selbst bezogen. Mit einem handlichen Namen nenne ich das ›iterative Selbstreferenz‹ oder philosophisch ›Reflexivität‹. Natürlich läßt sich dieser Prozeß unendlich wiederholen, er kann gleichsam wild werden und entarten, in Brochs Ausdrucksweise zu »abstrakter Unendlichkeit«. Diese iterative Selbstreferenz läßt sich material interpretieren, etwa in der Evolutionsbiologie: ein Biozyklus wird auf sich selbst angewandt – man spricht dann von Hyperzyklus[18] –, oder auf die Bewußtseinsphilosophie beziehen, etwa in der Reihenfolge: unmittelbares Bewußtsein, reines Selbstvernehmen, also einfach reflektiertes Bewußtsein, iterierbares Bewußtsein und, am Ende, Brochs Plausibilitätspunkt, sein Wertzentrum, der Iterationsstopp, das Selbstbewußtsein.[19] Und da hier nur ein Quasistopp vorliegt, mündet die permanente Iteration in Gott. Über diese Brochsche Theologisierung des Vorgangs mag man streiten oder auch nicht – darüber, daß hier ein äußerst virulentes und produktives, auch material interpretierbares, gleichsam ontologisch verankertes Prinzip vorliegt, wohl kaum. Um ein letztes Beispiel zu geben: wenn Erkennen sich, biokybernetisch gesehen, als eine Errechnung von Errechnungen darstellt oder als ein nie endender rekursiver Prozeß des (Er-)Rechnens[20], dann erweist nämliches Prinzip auch in biokybernetischer Form seine Fruchtbarkeit.

Aber das Brochsche Prinzip der Setzung der Setzung impliziert mehr. Der Plausibilitätspunkt, der ja gleichsam auch das Wertzentrum repräsentiert, ist getragen vom Denken und Sein, von der Ur-Intuition Denken und Leben: Deren Ziele kann man zwar getrennt angeben, nämlich als Wahrheit und Wert, da es sich hier aber um Kokonstituentien handelt, ist bejahte Wahrheit, gleichsam eine logische und vitale Konsequenz; bejahte Wahrheit ist Erkenntnis (vgl. KW 10/2, 180; KW 1, 471). Dieses bei Broch immer wieder auffindbare Cogito et Sum, dieses präbasale Selbsterzeugungsprinzip, das ja das Ich und die Welt hervorbringt, kann man als *(prä-)basale Selbstreferenz* bezeichnen. Aus diesem Prozeß springt Einheit heraus, etwa in Gestalt des Ichs oder anderer Identitäten; später sind das, falls eine Dominanz funktionaler Differenzierung herrscht, die sogenannten autonomen Systeme, ein letzter Name, der uns das Verständnis der Brochschen Konstruktion erleichtern soll. Wir nennen diesen Identität erzeugenden Prozeß identifikatorische Selbstreferenz oder Reflexion.

Ich sprach vorher vom präbasalen Selbsterzeugungsprinzip: Diese präbasale Selbstreferenz ist bei Broch nur »Abschattung des übergeordneten Logos« (KW 1, 621, deshalb das »prä«). Diese Teilhabe, diese Methexis am übergeordneten Logos, an der Überzeitlichkeit, an der Transhistorizität, ist sicherlich Brochs spekulativster Ansatz, seine Art Religiösität innerhalb seiner Philosophie, und damit in gewissem Maße platonisch. Gerade aber an diese Teilhabe heftet sich Brochs Wunsch und Intention nach Einheitlichkeit und Aufhebung der multiplen Differenzierung; hier ist die Wurzel oder die Bedingung für die Möglichkeit der Verständigung zwischen Mensch und Mensch (vgl. KW 1, 624), der sonst der Sprache der Dinge folgend, in solipsistischer und induzierter Stummheit untergeht.

In einer in Einzelwertgebiete zerfällten Welt dominieren die Tat und die Kommunikation, sonst aber sind wir Menschen stumm (vgl. KW 1, 537; KW 10/2, 171). Man mag Brochs Methexis-Spekulation folgen oder nicht, zumindest ist sie, vorausgesetzt den Glauben an Gott, nachvollziehbar.

Das Brochsche Grundprinzip der »Setzung der Setzung« beinhaltet also basale, besser, da ein übergeordneter Logos existiert: präbasale, iterative und identifikatorische Selbstreferenz. Wild gewordene Iteration, abstrakte Unendlichkeit zeichnet die funktional differenzierten Systeme, die »Wertgebiete« aus. Sie alle besitzen eine »Logik an sich«, die iterativ und aggressiv ihre basalen Mechanismen reproduziert. Der bürgerliche Macher macht, Waffen zeugen Waffen, das Geld Kapital, Zins und Zinseszins, wissenschaftliches Wissen zeugt wissenschaftliches Wissen und Wissen um dieses Wissen, etwa in Gestalt von Wissenschaftstheorie, und so weiter ad infinitum. Diese verselbständigten Autologien[21] sind es, die Broch mit seinem übergeordneten Logos zu bändigen versuchte. »Der Welt und den Dingen und den eigenen Handlungen die gebührende Stelle anzuweisen« (KW 1, 690), das war seine Hoffnung und Sehnsucht.

Ich breche hier ab. Ohnedies sind wir im Kreis gegangen, das Ende ist auch der Anfang.[22] Zirkel, also Tautologien sind nicht unfruchtbar, es sei denn, sie sind kurzschlüssig. Zwischen dem Staub, aus dem wir angeblich oder tatsächlich gemacht sind und zu dem wir auch wieder zurückkehren, liegt immerhin das Leben.

Brochs Prinzip der »Setzung der Setzung« ist fruchtbar. Bringt nicht jedes autonome System Setzungen hervor und reproduziert, d. h. setzt sich hierbei selbst. Man denke nur an das Wissenschaftssystem, das, während es wissenschaftliches Wissen produziert, sich selbst zugleich modifiziert reproduziert. Nun ist es eine der zentralen Thesen der Brochschen Wertphilosophie, daß diese autonomen, nicht gebändigten Systeme auch verselbständigte Produkte erzeugen. Ein Bändigungsmechanismus, auch in den Wissenschaften, heißt Verantwortung. Aber gerade am etablierten Verantwortungsmodell in den Wissenschaften zeigt sich erneut die von Broch so schmerzhaft empfundene Zerrissenheit.

Unsere Wissenschaft verfügt über ein hochetabliertes Modell gespaltener Verantwortung. Sie unterscheidet zwischen dem Wissenschaftler als Wissenschaftler, der nur für die Güte, d. h. Funktionstüchtigkeit seiner wertfreien Arbeit gerade zu stehen hat, auf der einen Seite, und den bösen Anwendern, den Politikern, den Militärs, den Produzenten auf der anderen: »Nicht die Wissenschaft ist es, die die Gesellschaft herumbeutelt, sondern ihre Verwertung und Ausbeutung in Verfolgung von Profitinteressen durch die Industrie; sie sind die wirklichen Schurken des Stücks.«[23] Die Folgen von realisierter Wissenschaft, also deren Produkte, treffen aber den ganzen Menschen. Auch Huguenau ist ein wertfreier Mensch und nur seinen, dem kommerziellen System entstammenden, Werten verpflichtet. Auch seine Taten treffen den ganzen Menschen.

Broch hat die unendlich naive Perspektive wertfreier Wissenschaft durchschaut. Warum soll der Zentralwert des Systems Wissenschaften, der da heißt »Wissen um des Wissens willen«, plötzlich mehr wert sein als der Zentralwert des Wirtschaftssystems, etwa: maximale Verzinsung des eingesetzten Kapitals? Nur wenn ein einheitsstiftendes Wertzentrum vorhanden wäre, ließe sich hier eine Entscheidung zwischen unterschiedlichen oder konkurrierenden Werten treffen. Und überdies: Systeme bestehen, wie Broch erkannt hat, nicht aus Menschen, sondern aus Funktionsträgern, und der businessman als businessman ist genauso verantwortungsvoll wie der Wissenschaftler als Wissenschaftler. Aus diesem existentiellen Malheur, nämlich der je ihre eigene Autonomie verteidigenden Systeme, führt kein Weg über erneute Differenzierung heraus.

Verantworten heißt voll und ganz Antwort geben auf etwas vor etwas. Aber wir können nicht voll und ganz Antwort geben vor Systeminstanzen, denn deren Kompetenz reicht nur bis zu den Systemfunktionen, steht unter dem Diktat der je spezifischen Systemlogik. Es gibt nur *eine* wirklich tragfähige Verantwortung, die eschatologische, und damit sind wir wieder bei Brochs religiöser Spekulation. Vielleicht haben wir, als ›wertsensible‹ Wissenschaftler, angesichts einer extrem funktional differenzierten Welt, angesichts der Pluralität autonomer Wertzentren und angesichts auch negativer Folgelasten dieser ungeheuer leistungsfähigen Systeme[24] doch mitunter die Kraft zur Integration, den Mut, in autonome Systeme auch außersystemische Werte hineinzutragen. Übrigens hat auch Max Weber, der durchaus die Vorzüge der umfassenden Rationalisierung und Differenzierung der modernen Gesellschaft hochhielt, gegen Ende seiner »protestantischen Ethik« die Gefahren dieses Prozesses erkannt. Ein Ergebnis dieses Prozesses könnte nach Weber sein: »Fachmenschen ohne Geist, Genußmenschen ohne Herz: dies Nichts bildet sich ein, eine nie vorher erreichte Stufe des Menschentums erstiegen zu haben.«[25] Und ängstlich, seiner Systemlogik folgend, korrigiert er sich im nächsten Satz sofort: »Doch wir geraten damit auf das Gebiet der Wert- und Glaubensurteile, mit welchen diese rein historische Darstellung nicht belastet werden soll.«[26] Hoffen wir, daß solche Berührungsängste, die ja immer die umfassenderen Werte aussperren, schwinden. Dies trifft wohl auch Brochs ureigenste Intention.

## *Anmerkungen*

Zitiert nach der *Kommentierten Werkausgabe* Hermann Broch, hg. v. Paul Michael Lützeler, Frankfurt am Main 1974 ff. (KW).

1 Beispielsweise bezeichnet Broch in einem Brief an Edwin Muir das erkenntnistheoretische Kapitel des »Zerfalls« als das wichtigste (vgl. KW 13/1, 158).

2 Vgl. hierzu K. Menges, *Kritische Studien zur Wertphilosophie Hermann Brochs*, Tübingen 1970, S. 146.

3 Vgl. K. Menges, *Kritische Studien.*

4 Vgl. E. Kahler, *Werttheorie und Erkenntnistheorie bei Hermann Broch*, in: M. Durzak (Hg.), *Hermann Broch. Perspektiven der Forschung*, München 1972, S. 353–370.

5 Vgl. hierzu K. Menges, a. a. O., S. 97, ebenso S. 91.
6 Ebd., S. 137.
7 Ebd., S. 92.
8 Hans Jonas, *Das Prinzip Verantwortung. Versuch einer Ethik für die technologische Zivilisation,* Frankfurt am Main 1979, S. 26.
9 Ebd., S. 55, vgl. auch S. 175.
10 Vgl. KW 12 (*Massenwahntheorie*), S. 238 f.
11 N. Luhmann, *Gesellschaftsstruktur und Semantik. Studien zur Wissenssoziologie der modernen Gesellschaft,* Bd. 2, Frankfurt am Main 1981, S. 28 f.
12 Vgl. I. Kant, *Kritik der Urteilskraft,* §§ 64–65.
13 Vgl. H. Albert, *Traktat über kritische Vernunft,* Tübingen 1968, S. 11–15.
14 Vgl. hierzu H. von Foerster, *Bemerkungen zu einer Epistemologie des Lebendigen,* in: ders., *Sicht und Einsicht,* Braunschweig 1985, S. 81–93, und F. Varela, *Der kreative Zirkel. Skizze zur Naturgeschichte der Rückbezüglichkeit,* in: P. Watzlawick (Hg.). *Die erfundene Wirklichkeit,* München und Zürich 1981, S. 294–309.
15 K. Menges, a. a. O., S. 92; vgl. auch S. 102 f.
16 Platon, *Phaidros* 245 c.
17 Vgl. hierzu W. Bröcker, *Aristoteles,* Frankfurt am Main 1974, S. 172.
18 Vgl. M. Eigen, *Selforganization of Matter and the Evolution of Biological Macromolecules,* in: Die Naturwissenschaften 58 (1971), S. 465–523.
19 Vgl. G. Günther, *Metaphysik, Logik und die Theorie der Reflexion,* in: ders., *Beiträge zur Grundlegung einer operationsfähigen Logik,* Bd. 1, Hamburg 1976, S. 31–74 (insbes. S. 54).
20 Vgl. H. von Foerster, *Über das Konstruieren von Wirklichkeiten,* ebd., S. 31.
21 Vgl. H. von Foerster, *Principles of Self-Organization – In a Socio-Managerial Context,* in: H. Ulrich, G. J. B. Probst (Hg.), *Self-Organization and Management of Social Systems,* Berlin, Heidelberg, New York und Tokio 1984, S. 2–24 (3 f.).
22 Vgl. hierzu auch Aristoteles, *Politik,* I, 2 1252 b 32.
23 So die Aussage von C. R. Austin, eines Physiologen, während einer CIOSM-Round-Table-Konferenz in Paris, zitiert nach A. Etzioni, *Die zweite Erschaffung des Menschen,* Opladen 1977, S. 39.
24 Vgl. hierzu die Einsicht eines vormals enthusiastischen Funktionalisten: »Inzwischen hat man mit der modernen Gesellschaft mehr und auch ungünstigere Erfahrungen«, in: N. Luhmann, a. a. O., S. 28.
25 M. Weber, *Gesammelte Aufsätze zur Religionssoziologie,* Bd. 1, Tübingen 1978, S. 204.
26 Ebd., S. 204.

*Endre Kiss*

# Die Auseinandersetzung mit Max Scheler

Bei der Rekonstruktion des *ursprünglichen* philosophischen Diskurses von Hermann Broch müssen wir die drei wichtigsten Ebenen voneinander klar unterscheiden. Genuin *hegelisch* ist Brochs Denken insofern, als seine Gedankenwege sowohl nach »oben« als auch nach »unten« durch die »mittlere« Ebene führen. Hier artikulieren sich nämlich die *Sachkomplexe;* dies ist, um beim Vergleich mit Hegel zu bleiben, Brochs »Besonderes«. Sachkomplexe werden wissenschaftslogisch begründet, dies geschieht auf der »ersten« Ebene. In der Totalität der Sachkomplexe, auf der »dritten Ebene«, entsteht schließlich ein Ganzes, das *Universale.* Bezeichnend für Broch ist seine *Entscheidung zugunsten der Sachkomplexe,* während er den selbstverständlichen Anspruch auf Universales nicht aufgibt. Das *Konkrete* und das *Universale* werden auf diese Weise in einen einzigen und einheitlichen philosophischen Diskurs gefaßt. Über den »ursprünglichen« Diskurs mußten wir sprechen, weil der »Zerfall der Werte« nicht identisch ist mit Brochs Philosophie. Wenn wir in dieser Arbeit gerade den *Zerfall* in seiner Entstehung zu erklären suchen, müssen in diesem Zusammenhang einige allgemeine Bemerkungen fallen über den ursprünglichen Diskurs, über den eigentlichen philosophischen Ansatz Hermann Brochs.

Geht eine Philosophie von Sachkomplexen aus, so muß sie in der Regel auch mehrfach und unterschiedlich begründet werden.[1] Ich will in diesem Zusammenhang zur Hierarchie bzw. zum Verhältnis der einzelnen Begründungen zueinander nicht ausführlich Stellung nehmen. Wichtig ist vor allem, daß die Tatsache verschiedener Begründungen als eine autochthone Eigenschaft des Brochschen Philosophischen Diskurses erkannt wird. In dieser Hinsicht kann Broch mit traditionellen philosophischen Schemata kaum richtig erfaßt werden; hier scheinen ihn zugleich die ganz modernen Ansätze der Philosophie merkwürdig zu bestätigen.[2] Daß ein philosophisches Ausgehen von Sachkomplexen indes nicht so ganz neu ist in der Philosophiegeschichte, das kann eine Definition Max Schelers demonstrieren, eine Definition, die ursprünglich Schelers eigene Philosophie zu charakterisieren berufen war: »[...] alle Systemeinheit und alle Architektonik des Gedankens [hat] aus der Tiefe jedes behandelten Sachgebiets neu zu entquellen [...], [darf] keinem Gebiete also konstruktiv und von oben her aufgepreßt weden.«[3] Diese Definition beschreibt zugleich Brochs tiefste Intention. Die große Kontroverse beider Denker entsteht also auf zum Teil gemeinsamen philosophischen Grundlagen.

Daß Brochs Philosophie auch neo-kantianisch begründet ist, gehört zu den allgemein anerkannten Tatsachen. Diese Kant-Rezeption wurde durch die Kant-Interpretationen der Vorkriegszeit erst möglich.[4] Wir haben Beispiele ferner für eine »vitalisierte« Erkenntnistheorie, in der die entscheidende Sphäre derselben ins Vitale herabgesetzt wird. Ein Beispiel bei Broch: »Immerhin aber kann, nicht unbegründet, in diesem erweiterten Ich die Idee des Menschen genommen werden, *nicht als psychologisches Wesen, sondern als irrational erlebendes,* und kann damit der Mensch – damit zeigt sich eben diese Auffassung als *empirisch-historisierende* – vor das philosophierende Ich gesetzt werden.«[5] Dieser Begründungsversuch weist mit großer Deutlichkeit auf Nietzsche zurück, der in seinen wichtigsten Schriften diese Position ausgebaut hatte.[6] Das »empirisch-historisierende« Ich bringt als gedankliches Element das (wieder von Nietzsche in den Mittelpunkt des Interesses gestellte) Genealogische in der Erkenntniskritik zur Geltung.

Die Notwendigkeit wissenschaftslogischer Begründung, die vor allem infolge der Fixierung auf Sachkomplexe entsteht, artikuliert sich auch als Kritik an phänomenologischer Verfahrensweise. Merkwürdig und für Broch charakteristisch daran ist, daß sein ganzer Diskurs der Phänomenologie sehr viel verdankt. Sein Drang nach Begründung aber läßt ihn auch diese für ihn so wichtige und notwendige Philosophie in Frage stellen: »Deskriptive Psychologie jedoch – und daran ändert ihre historisch-biologische als sonst irgendeine Betrachtungsweise nichts – ist lediglich Phänomenologie, und die Überzeugungskraft derartiger deskriptiver Argumente, die vornehmlich in der Fülle und Gruppierung von Symptomen bestehen, kann nie zwingend, sondern im besten Fall nur blendend wirken. Der (rein philosophische) Unwert solcher Betrachtungsweisen [...] wurde bereits eingangs erwähnt und *ist sicher zum großen Teile auf diesen Mangel an ›Zwangsläufigkeit‹ zurückzuführen.«*[7]

Brochs Orientierung in der Begründungsproblematik an Kant und gleichzeitig an Nietzsche zeigt sich im folgenden beispielhaft. Die für die Broch-Forschung *spezifische* Frage ist nun, wie man beide Ansätze auf Grund philologisch-philosophischer Arbeit miteinander vermitteln kann. Broch bekämpft nämlich einerseits explizit Nietzsche durch Kant, steht aber *gleichzeitig* in der Begründungsproblematik eigentlich auf Nietzsches Standpunkt, *und zwar in der Form, daß er denselben Standpunkt nicht Nietzsche, sondern Kant zuschreibt.* Sieht man dies nicht deutlich genug, so verfehlt man mit Sicherheit die relevanten Grundintentionen von Brochs Philosophie. Der für uns wichtige Text lautet so:

Nietzsche, der erkenntniskritisch zu ungleich tieferen Einsichten als Schopenhauer gelangt, hat aber die Kantauffassung augenscheinlich von ihm übernommen, denn es wäre nicht möglich, daß er, der bloß Schopenhauer überflügelnd Kant erreicht, sonst glauben konnte, er hätte mit solch vertiefter Einsicht Kant überflügelt und ihn widerlegt; er könnte sonst in Spruch 552 des *Willens zur Macht* (des Werkes seiner reifsten metaphysischen Erkenntnisse) nicht entdecken: »[...] Es fällt endlich auch das *Ding an sich:* weil das im Grunde eine Konzeption eines Subjekts an sich ist. Aber wir begriffen, daß das Subjekt fingiert ist. Der Gegensatz *Ding an sich* und *Erscheinung* ist unhaltbar; damit aber fällt [...] der Begriff *Erscheinung* dahin.« Und es mag daher auch nicht verwundern, daß er [Nietzsche E. K.] mit dem wundervollen Anfang des dritten Buches, in dem er die Unsicherheit, das Ungesicherte alles Denkens und aller kritischen Spekulation ausspricht – wie darf ich Umschau halten im eigenen Denken, diesem Spiel von Verzerrung und Schematisierungen? – die Kantsche Lehre zu treffen vermeint, um schließlich über den dogmenlosesten Philosophen, vorsichtigsten und skeptischsten Zweifler zu resümieren: »Kant: ein geringer Psycholog und Menschenkenner; grob fehlgreifend in Hinsicht auf große historische Werke (Französische Revolution); Moral-Fanatiker *à la* Rousseau mit unterirdischer Christlichkeit der Werte; *Dogmatiker* durch und durch, aber mit einem schwerfälligen Überdruß an diesem Hang, [...] aber auch der Skepsis sofort müde [...] ein *Verzögerer* und *Vermittler,* nichts Originelles« (Spruch, 101)«.[8]

Der Text verrät, daß Nietzsche gerade in der vitalistischen Ausdehnung bzw. Vertiefung der Erkenntnistheorie als eine unbestrittene Autorität in Brochs Augen gilt. Im gleichen Atemzuge distanziert er sich aber von Nietzsche, vor allem deshalb, weil Nietzsche seinerseits über Kant negativ urteilt. Es springt ins Auge, daß Nietzsche auf erkenntnistheoretischer Ebene und auf anderen (psychologischen) Ebenen gegen Kant Stellung bezieht.

Zwar nimmt Broch das Ding an sich in seinen Schutz, doch wird auch deutlich, daß er gerade mit der vitalistisch-positivistischen Ausdehnung des Subjekts einverstanden ist und daß er so – letzten Endes – ein Kant-Bild hat mit ausgeprägten Zügen Nietzscheanischer Philosophie. Diese Übereinstimmung seiner eigenen Ansätze mit der Philosophie Nietzsches scheinen ihm selbst in diesem Zusammenhang, den klaren und expliziten thematischen Übereinstimmungen zum Trotz, nicht aufgegangen zu sein, insofern die vitalistische Ausdehnung der Erkenntnistheorie auch als Schlag gedacht war gegen das Kantische Ding an sich. Mit anderen Worten: Broch setzt ein Gleichheitszeichen zwischen dem »kritischen« Positivismus Nietzsches und dem »Kritizismus« Kants, Nietzsches hier geäußerte Konzeption schreibt er Kant zu, betrachtet aber Nietzsches Angriffe auf Kant *in anderen Bereichen* (der Psychologie u. a.) als grundlos. Diese Verwechslung des kritischen Positivismus, zu welchem er, wie auch dieser Text zeigt, große Affinität hat, mit dem Kantschen Kritizismus ist nur dann verständlich, wenn man sich die Vielfalt der Kant-Rezeption der Vorkriegszeit mit allen ihren Verzweigungen vergegenwärtigt. Durchaus auf Nietzsche verweist ferner, daß die Problematik kritischer Wissenschaftlichkeit bei Broch gleich die Konstitutionsprobleme der Wertphilosophie als konsequente Fortsetzung im Gefolge führt.[9]

Eine andere philosophische Begründung von Wissen enthält ein früher Brief an Ludwig von Ficker. Es geht dabei um die *Intuition*, und zwar in einem Textzusammenhang, in dem die ästhetische Dimension ebenso gemeint ist wie die mathematisch-szientistische: »Mit der Voraussetzung der Intuition haben Sie wahrscheinlich recht, doch scheint es mir, als dehne sie sich viel weiter – nämlich auf mein ganzes (auch das sog. verstandesmäßige) Denken – aus. Sehen, Empfinden (und was ist Intuition anderes!) ist Voraussetzung jedes Denkens (wenigstens als vorbildender Impuls), und was ich denke, ist wohl stets primär im Gefühl entstanden. Auch die mathematische Wahrheit ist nicht zu errechnen, sondern muß vorher gefühlt sein.«[10]

Die neokantianischen, die genealogisch-empirischen, die vitalistischen und nun auch die intuitionistischen Begründungen lassen sich freilich miteinander vermitteln; ihre pure Existenz aber ist schon ein Zeichen für den eigentlichen Ansatz von Brochs Philosophie: *für sein Ausgehen von einzelnen Sachkomplexen.* Dieser

Grundzug der Brochschen Philosophie erinnert an die Schelers. Die Hauptthese dieser Arbeit lautet aber: *Brochs Konzeption des »Zerfalls« ist kein selbständiger philosophischer Entwurf, sondern eine direkte Antwort auf die Herausforderung Max Schelers.* Seine wichtigen Thesen können dementsprechend nicht als autochthone Aussagen, sondern nur als relative Aussagen verstanden werden. Die Deutung des *Zerfalls* kann diese Tatsache nicht unberücksichtigt lassen.

Schelers *Umsturz der Werte* bietet eine im Prinzip vollständige geschichtsphilosophische Konzeption.[11] Den Intentionen ihres Verfassers gemäß soll sie die Essenz der neuzeitlichen historischen Entwicklung philosophisch ganzheitlich wiedergeben. Diese Konzeption stammt von einem Denker, der, die moderne Gesellschaft richtend, zurückschaut, historische und zeitgenössische Weltlage auf ihre vorherrschenden Werte hin untersucht. Zeit- und Kulturkritik sowie Wertphilosophie, ursprünglich gegenwartsbezogen, erscheinen in diesem Akt als historisch: *aus der Wertphilosophie wird Geschichtsphilosophie, aber eine Geschichtsphilosophie, die nicht auf historische Realitäten* (und sei es irgendwelcher Provenienz), *vielmehr auf idealtypisch aufgefaßten Werthaltungen, im heutigen Sprachgebrauch; auf Wertwandel, aufgebaut ist.* Eine auf wertphilosophischen Bewegungen aufgebaute Geschichtsphilosophie führt zu einem wiederum idealtypisch aufgebauten *Modell* historischer Entwicklung. Wichtig ist: Ein geschichtstheoretisches Modell kann mehrere konkrete Inhalte haben. Nicht Existenz und Beschaffenheit des Modells sind also »letzte« Tatsachen. Es verhält sich hiermit ähnlich wie mit den Vertragstheorien innerhalb der neuzeitlichen politischen Philosophie: das *Modell* der Vertragstheorie konnte sowohl Konzeptionen tragen, die die »Urzeit« als Paradies einstellten, als auch solche, die dieselbe Periode als »Kampf aller gegen alle« interpretierten. Das grundlegende Modell bei beiden war jedoch identisch. Genau dies ist auch bei Scheler und Broch der Fall. Broch übernimmt Schelers *Modell*, bekämpft dessen konkret-aktuellen *Inhalt* aber auf Leben und Tod.

Schelers Deutung der neuzeitlichen Entwicklung bezieht ihre Kategorialität aus einer ursprünglich keineswegs geschichtsorientierten Konzeption. Es geht um Nietzsches Begriff des *Ressentiments.* Schelers folgende Feststellung enthält gleich die beiden Elemente seiner Rezeption dieser Kategorie: »Unter den überaus spärlichen Entdeckungen, welche in neuerer Zeit über die Herkunft moralischer Werturteile gemacht worden sind, ist die Entdeckung Friedrich Nietzsches vom Ressentiment als Quelle solcher Werturteile auch dann die tiefgreifendste, wenn seine spezielle Behauptung, daß die christliche Moral und insbesondere die christliche Liebe die feinste Blüte des Ressentiments seien, sich als falsch erweisen sollte.«[12] Scheler steht zu dieser Entdeckung also grundsätzlich positiv, löst aber ihre Konnexion mit Nietzsches Christentumkritik. Bei seiner Ablösung des Ressentimentsbegriffs von der Christentumkritik wagt Scheler weitere Schritte. Einerseits wechselt er die Vorzeichen. Nicht, wie es Nietzsche behauptete, das Christentum sei durch das Ressentiment gültig zu charakterisieren, vielmehr seien die post-christlichen, vor allem freilich die politisch-sozialen Strömungen bürgerlicher Herkunft, ressentimentgeladen. Daß es sich hierbei um eine »Wendung« handelt, verhehlt Scheler nicht: »Wir glauben, daß zwar die christlichen Werte einer Umdeutung in Ressentimentswerte ungemein leicht zugänglich sind und auch ungemein häufig so gefaßt wurden, daß aber *der Kern der christlichen Ethik nicht auf dem Boden des Ressentiments erwachsen ist.* Wir glauben aber andererseits, daß *der Kern der bürgerlichen Moral,* welche die christliche seit dem 13. Jahrhundert immer mehr abzulösen begann, bis sie in der Französischen Revolution (!) ihre höchste Leistung vollzog, *ihre Wurzel im Ressentiment hat.*«[13]

Scheler wechselt aber nicht nur die Vorzeichen, er verändert gleichzeitig den ganzen Zusammenhang. An die Stelle einer nichthistorischen, theoretischen Lösung rückt er eine homogene geschichtsphilosophische Darstellung. Nietzsches Kritik am Christentum hat mit der Geschichte nur so viel zu tun, als es eine gewisse Rolle in einer großen historischen Alternative spielte (aus deren Auseinandersetzung das Christentum als Sieger hervorging). Indem also Scheler – im Gegensatz zu Nietzsche – eine Geschichtsphilosophie ausführt, *macht er rückwirkend auch aus Nietzsches Kritik am Christentum eine »Geschichtsphilosophie«.* Wieviel Unheil im übrigen nur dieser einzige Schritt Schelers in der Nietzsche-Interpretation mit sich brachte, läßt sich kaum ermessen. Nietzsches »Geschichtsphilosophie« hat als Legende in zahlreichen Interpretationen und zeitgenössischen ideologischen Modellen überlebt.

Scheler stellt auf der Grundlage von Nietzsches Ressentiment-

Begriff das folgende Modell auf: Im Mittelalter herrschte eine hierarchische Ordnung der Werte, die jedem Wert bzw. Wertsubjekt ihren naturwüchsigen Ort zuwies. Sie verwirklichte eine weitgehende Harmonie: die Einzelnen fühlten sich mit Recht ins Ganze aufgenommen, jedermanns Existenz war affirmiert und jedermann affirmierte die Existenz des Anderen bzw. des Ganzen. Scheler nennt dies »ewige Ordnung« des Menschenlebens und identifiziert sie mehr oder minder offen mit der katholischen Religion. In diesem Gedankengang kommen wichtige theoretische Entwürfe, Strukturen zur Deckung: das Mittelalter als *geschlossene Struktur* menschlicher Existenz, die Religion als *geschlossenes Wertsystem* sowie die Kirche als *geschlossene Institution* bzw. Ordnungsmacht. Die Einheit dieser drei Phänomene des Mittelalters potenziert sich geradezu in ein ideal-typisches Bild desselben. Die *modern-bürgerliche* Entwicklung machte dann der ungeteilten Vorherrschaft des paradiesischen Zustandes ein Ende, und zwar – *durch das Ressentiment.* Scheler beschreibt diesen Vorgang so:

Wenn diese gewaltigen Ereignisse für die Art und Struktur der europäischen Wertschätzungen – nicht nur für die Verteilung der Lebensgüter unter Völkern, Nationen, Staaten gemäß den alten Wertschätzungen – überhaupt etwas Wesentliches bedeuten [. . .], so könnte es nur die weithin sichtbare äußere geschichtliche *Auswirkung* des im Titel dieses Buches gemeinten »Umsturzes« sein – eines Umsturzes, der nicht in Form von Ereignis und Tat, sondern in Form eines lautlosen Prozesses die Weltanschauung und das Ethos des bürgerlich-kapitalistischen Zeitalters in immer reinerer Ausprägung aus einer vom Geiste der christlichen Religion und Kirche geleiteten Lebens- und Weltordnung hervorgehen ließ. Die genannten Weltereignisse mit den gigantischen Gewaltexplosionen der kumulierten schleichenden Seelengifte [des Ressentiments; E. K.] – deren seelische Bildungsweise und Wirksamkeit auf die Wertschätzungen des modernen Menschen vor allem die zweite Abhandlung des ersten Bandes »Das Ressentiment im Aufbau der Moralen« [. . .] zu ergründen unternahm [. . .] – *können* im Sinnzusammenhang jener inneren geschichtlichen Bewegung der Wertschätzungsformen (die immer und überall die wahrhafte Seele aller äußeren Ereignis- und Begebenheitsgeschichte zu sein pflegen) aber auch gleichzeitig mit der höchsten Auswirkung des bürgerlichen Geistes sein: die erhabene Peripetie, in der sich *eine Wiederaufrichtung der durch den bürgerlich-kapitalistischen Geist umgestürzten ewigen Ordnung des Menschenherzens sich vorzubereiten anschickt.*[14]

Geradezu exemplarisch finden alle wesentlichen Elemente bei Scheler zusammen: die Präferenz des Wandels der Wertschätzungsformen zuungunsten jeder anderen wirklichen geschichtlichen Verschiebung, *die Konzentration auf den Wandel der Werte führt zum theoretischen Verzicht auf jede andere mögliche theoretische, politische, soziale, geistige und kulturelle Einzelheit.* Das Modell erscheint in diesem Text ganzheitlich: nach dem Mittelalter setzte die schicksalhafte »geschichtliche Bewegung der Wertschätzungsformen« ein, ihr wesentlich war das Ressentiment, waren »die kumulierten schleichenden Seelengifte«. Fazit: der bürgerlich-kapitalistische Geist revoltierte »die ewige Ordnung des Menschenherzens« durch Ressentiment. Um die ganzheitliche Darstellung dieses auf Werte hin rekonstruierten geschichtsphilosophischen Prozesses aus einem anderen Text Schelers noch einmal zu rekapitulieren: »So verschieden die Genannten [Gobineau, Nietzsche, Jakob Burckhardt, Stefan George] in allem sind, was für Menschen wesentlich ist – darin empfanden und dachten sie gleichartig: daß die Gesamtheit der Kräfte, die das Charakteristische des Ganzen unserer gegenwärtigen Lebensordnung aufgebaut haben, nur auf einer tieferen Perversion aller geistigen Wesenskräfte, auf einem wahnbedingten *Umsturz aller sinnvollen Ordnung der Werte* beruhen könne – nicht also auf geistigen Kräften, die, der normalen ›Natur des Menschen‹ angehörig, nur Auswirkungen wären, die noch in den üblichen Veränderungsbreiten der uns bekannten Geschichte liegen.«[15] Die These bleibt die gleiche – nur die Leidenschaften verstärken sich. Die geschichtsphilosophische Charakterisierung der Gegenwart, das Produkt der modern-bürgerlichen Geschichte also, erscheint bei Scheler als »wahnbedingter Umsturz aller sinnvollen Ordnung der Werte«. Kein Zweifel, wir sind am Ende der Wert-basierten Geschichtsphilosophie angelangt. Das Modell erhielt seine letzte Aussage: der Inhalt wurde bestimmt und trat hinaus in die Öffentlichkeit.

Das bürgerliche Ressentiment hat also die wahren alten Werte besiegt, oder mit Broch zu sagen: Huguenau besiegt Pasenow! Um uns aber die ganze aktuelle historische, sogar politische Tragweite dieser Konzeption noch genauer zu vergegenwärtigen, müssen wir ein weiteres Zitat von Scheler anführen, nunmehr auch aus jenem Grunde, daß Brochs Widerstand gegenüber dieser Konzeption verständlicher wird. Es war Schelers Zauberformel, die ganze modern-bürgerliche Entwicklung als Ressentiment aufzufassen und diese Einsicht eindimensional als Schlüssel für die Erklärung eines jeden historischen Ereignisses anzuwenden: »Die ungeheure Explosion von Ressentiment, in der Französischen Revolution gegen den Adel und alles, was mit ihm an Lebensstil zusammenhing, wäre, wie schon die Bildung dieser Ressentimentbildung überhaupt, völlig undenkbar gewesen, wenn nicht dieser Adel selbst (nach W. Sombarts Berechnungen, siehe ›Luxus und Kapitalismus‹, München 1912, S. 10–24) zu mehr als 4/5 seines nominellen Bestandes mit bürgerlicher Roture, die sich mit dem Kaufe der adeligen Güter auch der Titel und Namen ihrer Besitzer bemächtigte, durchsetzt und durch Geldheiraten blutsmäßig zersetzt gewesen wäre. Erst das neue *Gleichgefühl* der Empörer gegen die herrschende Schicht gab auch diesem Ressentiment seine Schärfe.«[16] Vielleicht hat Scheler selbst nicht bemerkt, daß er hier einen merkwürdigen Rassismus verkündete – Altes und Neues, die ewige Ordnung und die Auflehnung des Ressentiments, differenzieren sich scheinbar auch »blutsmäßig«.

*So entpuppt sich Schelers Konzeption des »Umsturzes« als eine konzentrierte, vernichtende und allseitige Attacke gegen modernbürgerliche Entwicklung.* Die bis jetzt nicht wahrgenommene Bedeutung von Hermann Brochs »Zerfall der Werte« besteht nun darin, dieser vernichtenden Attacke, dieser bewußt oder eben unbewußt ans Rassistische grenzenden antibürgerlichen Einstellung entscheidend Widerstand geleistet zu haben. In einer Vielzahl von Ansätzen trägt Scheler seine Attacke konzentriert und umsichtig vor. Vor allem operiert er mit einer falschen Interpretation von Nietzsche, indem er einerseits dessen philosophische Intentionen verfälscht, andererseits aus dessen Begriff des Ressentiments eine geschichtsphilosophische Kategorie entfaltet und aus dieser wiederum eine vollständig ausgearbeitete Geschichtsphilosophie. Er verwechselt dabei, wie schon gesagt, die Vorzeichen: nicht das Christentum gilt ihm als Träger des Ressentiments, sondern die neuen Kräfte. Er beruft sich ferner auf zahlreiche andere Autoren, die vor ihm gegen die Industrialisierung auftraten. Ganz tendenziös zieht Scheler Autoren und Gedanken vor, die die überkommene Ablehnung der modernen Welt in *neue* Argumentation etwa in soziologisch-wissenschaftlicher Ausstattung, überführen. In diesem Sinne zitiert er *Sombart* (den er halbwegs auch als Muster seines Bourgeois-Bildes auserwählt: »Jeder Dom, jedes Kloster, jedes Rathaus, jede Burg des Mittelalters legt Zeugnis ab von dieser Überbrückung der Lebensalter des einzelnen Menschen: ihre

Entstehung zieht sich durch Geschlechter hindurch, die ewig zu leben glaubten. Seitdem das Individuum sich herausgerissen hatte aus der zu überdauernden Gemeinschaft, wird *seine* Lebensdauer zum Maßstab seines Genießens.«[17] Noch bedeutsamer scheint aber die Übernahme von Tönnies' Konzeption der »Gemeinschaft« bzw. »Gesellschaft«.[18] Scheler gebraucht dieses Begriffspaar ganz im Interesse seiner eigenen Ziele – das Mittelalter gilt ihm als Zeitalter der Gemeinschaft, die Neuzeit dagegen als deutlich negatives Beispiel einer Entwicklung in Richtung auf »Gesellschaft«. (Nur ein ganz minutiöses philologisch-historisches Verfahren könnte genau ermitteln, ob diese Deformation Tönnies' durch Scheler nicht sehr dazu beitrug, daß er so oft ideologisch gelesen wurde.) Außerdem zieht Scheler bei dieser Attacke Max Weber heran, indem er die protestantische Ethik als unentbehrlichen Faktor der kapitalistischen Entwicklung interpretiert. Ähnliches spielt sich hier ab wie im Falle von Nietzsches Ressentimentbegriff: über eine logisch-inhaltliche Transformation hinaus werden in *demselben* Akt die Vorzeichen gewechselt. Beschreibt Weber die Arbeit der protestantischen Ethik zunächst vor allem als sachlichen Vorgang und bewertet ihn letztlich auch positiv, erscheint sie bei Scheler als integraler Anteil an der Entfaltung des Ressentiments. Seine ursprüngliche Intention wird in der »Vorrede« zur zweiten Auflage (1919) jedoch offenkundig: »Mit herzlicher Freude durfte den Verfasser erfüllen besonders die Aufnahme, welche dies Buch auch bei ausgezeichneten Vertretern der evangelischen Welt – trotz wohlverständlichen Reserven – gefunden hat. Die Idee und das Gefühl des Verfassers für diejenige christliche Gemeinbürgschaft, die trotz dogmatischer Differenzen möglich, und in dieser Zeit doppelt notwendig ist, sind auch hierdurch befestigt worden.«[19] Klarer konnte dieser Hinweis nicht ausfallen. Scheler zeigt sich beruhigt, weil die protestantische Kirche, die sich wegen ihrer »schicksalhaften« Rolle in der Beseitigung der alten Weltharmonie verletzt, jedenfalls aber beleidigt gefühlt haben mochte, seinen Grundintentionen gleichwohl freundlich gegenüberstand.

Broch hat das geschichtstheoretische Modell zwar von Scheler übernommen, dessen Gehalt aber durch eine Gegenkonzeption auf das Entschiedenste bekämpft. Auf »Umsturz« antwortet er mit »Zerfall« – er interpretiert auch die Gegenwart als eine Welt rivalisierender Wertzentren, sieht sie aber als *historische Notwen-*

*digkeit* an und entzieht dadurch dem Ressentiment-Begriff des »Umsturzes« den Boden.[20]

Schelers auf Wertphilosophie gegründete Geschichtsphilosophie sieht zwei Zeiteinheiten zusammen. Die eine, *die gerade Linie vom Ausgang des Mittelalters bis zur Gegenwart* ist von der bereits angesprochenen Homogenität: der zentrale Wert schwand dahin, das Ressentiment nahm zu, *die Wertrevolte von unten brach los.* In diese längere Zeitstrecke sind auch – durchaus eindimensional – konkrete historische Ereignisse eingebaut, wie wir es am Beispiel der Französischen Revolution gesehen haben. Die *kürzere* Zeitstrecke, ihrem wertphilosophischen Inhalt nach mit der längeren identisch, fällt mit der *neuzeitlichen* Entwicklung (grob gesagt: mit der Industrialisierung Deutschlands) zusammen. Nicht die längere Etappe führte zur Identifizierung der kürzeren, sondern umgekehrt, die kürzere, die negativierte modern-bürgerliche Entwicklung in Deutschland, zur Hypertrophie der ganzen Entwicklung. Diese Intensitätszunahme der kürzeren Zeitspanne bestätigte und legitimierte für Scheler historisch seine bereits fertige Ablehnung der Neuzeit. Auch Broch arbeitet in seiner historischen Wertphilosophie mit dieser *Einheit zweier unterschiedlich großer historischer Zeitstrecken.* Im *Hofmannsthal*-Essay analysiert er den »österreichischen« Wertzerfall der Neuzeit als eine selbständige Einheit innerhalb der Zeitkrise, der längeren Zeitstrecke also. Es zeigt sich die Einheit beider Zeitstrecken auch daran, daß Scheler eine Verbindung zwischen Umsturz-Konzeption und der soeben ausgebrochenen Weltkrise leugnet. Der Umsturz hat »tiefere« Zeitzusammenhänge zur Ursache: »Er [der Verfasser] darf hoffen, daß der ›Umsturz der Werte‹ nicht etwa gar bezogen werde auf Faktum und Ausgang dieses Krieges und die sich daran schließenden Revolutionen.«[21] So dient Schelers konkrete Geschichte letztlich nur eben als Illustration und Bestätigung seiner historischen Wertphilosophie.

## *Anmerkungen*

1 Will eine Philosophie nicht auf wichtige Sachkomplexe heuristisch verzichten, so muß sie die unterschiedliche Beschaffenheit derselben auch in den Begründungen gelten lassen.

2 Wir denken vor allem an die französische poststrukturalistische Philosophie.
3 Max Scheler, *Vom Umsturz der Werte. Abhandlungen und Aufsätze,* Vierte, durchgesehene Auflage, hg. v. Maria Scheler, Bern 1955, S. 7.
4 S. E. Kiss, *Über Hermann Brochs Ehrgeiz, ganzheitliche Strukturen ganzheitlich darzustellen,* in: *Hermann Broch. Werk und Wirkung,* hg. von Endre Kiss, Bonn 1985, S. 68–70.
5 Hermann Broch, *Kommentierte Werkausgabe,* hg. v. Paul Michael Lützeler, Bd. 10/2, S. 64f. (Hervorhebung von mir). In der Folge mit »KW« abgekürzt.
6 Vor allem geht es um das Werk *Menschliches-Allzumenschliches.*
7 KW 10/2, S. 209. (Hervorhebung von mir.)
8 KW 10/1, S. 246. (Hervorhebungen im Original.)
9 Siehe dazu E. Kiss, *Kritischer Positivismus und historische Identität (Manuskript).* In dieser Interpretation des *Menschlichen-Allzumenschlichen* wird auch der Versuch gemacht, den kritischen Positivismus zu definieren und ihn mit dem ursprünglichen Kantschen Kritizismus in Verbindung zu bringen. Gewissermaßen gilt dieser Text also als Grundlage der vorliegenden Analyse.
10 KW 13/1, 17. – Man erinnere sich an die Bedeutung der Intuition auch in der Mathematik unserer Tage.
11 Daran ändert die Tatsache übehaupt nichts, daß diese geschlossenen Konzeptionen in Aufsätzen und Abhandlungen aus den Jahren 1911–1914 entstanden ist. Scheler selbst wird nicht müde, das Kohärente dieser Arbeiten stets zu betonen.
12 *Umsturz,*, S. 37.
13 *Umsturz,*, S. 70. (Hervorhebungen im Original.)
14 *Umsturz,* 8–9. (Hervorhebung von mir.)
15 *Umsturz,* S. 343. (Hervorhebung im Original.)
16 *Umsturz,* S. 42. (Hervorhebung im Original.)
17 *Umsturz,* S. 55. (Hervorhebung im Original.)
18 »Das Verhältnis des einzelnen zur Gemeinschaft wird nach dieser Grundvorstellung sowohl im Gefühl wie in der Idee ein von demjenigen völlig abweichendes, das unter der Herrschaft des Solidaritätsprinzips stattfindet. Unter der Herrschaft des Solidaritätsprinzips fühlt und weiß jeder die Gemeinschaft als *Ganzes* sich innewohnend und fühlt sein Blut als Teil des in ihr kreisenden Blutes, seine Werte als Bestandteile der im Geiste der Gemeinschaft gegenwärtigen Werte.« (*Umsturz,* S. 139–140. Hervorhebung im Original. Den ausdrücklichen Hinweis auf *Tönnies* findet man ebd., S. 140 sowie 349.)
19 *Umsturz,* S. 10.
20 Siehe eine Analyse bei Broch: »[...] gleich Fremden stehen sie nebeneinander, das ökonomische Wertgebiet eines ›Geschäftemachens an sich‹ neben einem künstlerischen des l'art pour l'art, ein militärisches

Wertgebiet neben einem technischen oder einem sportlichen, jedes autonom, jedes ›an sich‹, ein jedes in seiner Autonomie ›entfesselt‹, ein jedes bemüht, mit aller Radikalität seiner Logik die letzten Konsequenzen zu ziehen und die eigenen Rekorde zu brechen. Und wehe, wenn in diesem Widerstreit von Wertgebieten, die sich eben noch die Balance halten, eines das Übergewicht erhält [...]« (*Die Schlafwander. Eine Romantriologie*, Frankfurt am Main 1978, S. 498) Aus dieser Beschreibung muß klar werden, daß Broch nicht ein konkretes »Wertsystem« für verantwortlich hält in der wertphilosophisch transponierten Situation der Gegenwart, wie es bei Scheler der Fall ist.

21 *Umsturz*, S. 8.

# *Jean-Pierre Dubost*
# Im Exil der Schrift

»Markiere mit einem Buchstaben die erste Seite des Buchs, denn die Wunde steht an dessen Anfang. Reb Alcé.« Wer ist Reb Alcé? Einer jener imaginären Rabbis, die in Edmond Jabès' *Le livre des questions* miteinander dialogisieren. Edmond Jabès, geb. 1912, ein Jude aus Ägypten, hat seit seinem ersten, zwischen 1943 und 1957 geschriebenen Buch, *Je bâtis ma demeure,* die französische Literatur um eine zusätzliche fremde Stimme bereichert. So wie *Le livre des questions* aus einer Welt von Fragen besteht, besteht sein ganzes bisheriges Werk aus einander befragenden Texten. Aus Texten, die die Frage nach dem Buch und nach der Schrift stellen, nach der Wunde, die am Anfang des Buchs steht und nach dem Namen Gottes, der unter den Antworten des Rabbis sich in tausend Fragen und Namen zersplittert und zerstreut, der vielleicht nicht mehr als der Name dieser Fragen und dieser Zerstreuung ist, das ist eine Frage. Ist Edmond Jabès ein jüdischer Schriftsteller? Aber was hieße denn das? In *Le livre de Yukel* antwortet eine Stimme: »Angesichts der Unmöglichkeit, Jude zu sein, die seit zweitausend Jahren das Volk, das diesen Namen trägt, zerreißt, entscheidet sich der Schriftsteller für das Schreiben und der Jude für das Überleben.«[1] Diese Antwort verschiebt die Antwort, oder schickt sie an den Ursprung zurück, der Marke und Wunde zugleich ist, oder – in einer anderen Sprache – Zeichen und Differenz – oder auch noch, wie Derrida es schreibt, »Differänz«. Daß am Ursprung eine Wunde ist, gibt keine Antwort, erklärt nichts. Die Wunde ist eine Marke, ein Zeichen, und zwar ein historisches. Ein Erinnerungszeichen, kein Begriff. Ein solches Zeichen erinnert an andere Zeichen, die wiederum keine Begriffe vertreten, sondern Eigennamen. Wie zum Beispiel Auschwitz, und das bedeutet einen Ort, an dem die Geschichte versagte, der der Name der Namenlosigkeit selber ist, oder eine nackte Zahl. Über das Werk von Edmond Jabès schrieb Gabriel Bounoure, daß es »in der Sinnlosigkeit der Welt und im dunkelsten Augenblick der Geschichte« geschrieben wurde.

In allem, was ich bisher gesagt habe, hätte der Name von Jabès durch den Namen von Broch ersetzt werden können, als wären diese zwei Namen wie Begriffe: wie der Begriff von Schriftsteller, wenn Schriftsteller sein die Unmöglichkeit zu schreiben und wenn Jude die Unmöglichkeit, Jude zu sein, bedeuten. Deswegen wird es sich nicht um einen Vergleich handeln können. Werke vergleicht man nicht miteinander, ebensowenig wie man Eigennamen tauschen kann. Daher habe ich nicht gesagt, daß man diese zwei Namen austauschen kann, *weil* sie keine Namen, sondern Begriffe wären, sondern im Gegenteil: weil es so ist, *als ob* sie der Begriff der Unmöglichkeit zu schreiben wären. Der Titel meines Beitrags hat mit Stimmen in der Schrift zu tun. Er spricht also die Wüste an, wenn man die Wüste so definiert, wie Edmond Jabès selber, wenn er z. B. schreibt: »Mitten in der Wüste – wer würde den Ort bestimmen können? – eine imaginäre Linie, eine Grenze. Der Geist verdankt seine Fruchtbarkeit diesem Fluß.«[2] Oder etwa noch: »Der Garten ist Rede, die Wüste Schrift. In jedem Sandkorn überrascht uns ein Zeichen.«[3] In dieser Wüste ist, so Derrida über Jabès in seinem Aufsatz *Edmond Jabès und die Frage nach dem Buch,* die Wohnstätte des Schriftstellers »ein leichtes Zelt, aus Wörtern in der Wüste gebildet, in der der umherziehende Jude, mit Unendlichkeit und Schriftzeichen geschlagen, durch das zerbrochene Gesetz gebrochen wird. In sich gespalten«. Die griechische Sprache, fügt Derrida hinzu, »hätte uns über die seltsame Beziehung zwischen dem Gesetz, dem Herumirren und dem Mangel an Selbstidentität – über die der Teilung, der Nomie und dem Nomadismus gemeinsame Wurzel: νέμειν, viel zu sagen«.[4]

»Das Buch beginnt mit der Bibel«, schrieb Maurice Blanchot in *L'Entretien infini,* »in die der *logos* sich als Gesetz einschreibt.« Das Gesetz, von dem ich aber hier sprechen möchte, ist das Gesetz des Schreibens, dem jeder Schriftsteller nicht nur verpflichtet und ausgeliefert, sondern dessen Geisel er ist. Wie läßt sich im Denken und im Schreiben vom Hermann Broch das Schreiben *vor dem Gesetz,* dem er sich wie kaum ein anderer, abgesehen von Kafka vielleicht, verpflichtet fühlte, mit dem Gebot des Schreibens vereinbaren? Wir wissen, daß diese Unmöglichkeit die Originalität seines Werks ausmacht, daß die Spannung zwischen Denken und Schreiben nicht nur das Thema und die Sorge seines Denkens ist, sondern auch die Form und das Gesetz seines Schreibens. Insofern läßt nicht nur meine Fragestellung, sondern das Werk von Broch selbst, in seiner ganzen textuellen und diskursiven Dimension, jede klare Unterscheidung zwischen Philosophie und Literatur problematisch werden. Die Frage ist eben, wie das Problematische an der Trennung zwischen Diskurs und Text als *Thema*, als das Brochsche Thema par excellence, sein Werk *teilt*. Welche Teilung von Stimmen bedingt in seinem Denken dieses Beharren auf jener Grenze in der Wüste, der, wie Edmond Jabès schreibt, der Geist seine Fruchtbarkeit verdankt? Wenn die Identität eine Signatur ist, dann spricht die gleiche Stimme, die Stimme namens Hermann Broch, die Teilung der Stimmen aus (der dichterischen und der philosophischen) in dieser Summe von Texten, die man heute als gesammelte lesen kann. Oder anders formuliert: diese Summe von Texten, die man das Ganze eines Werks nennen darf, und die in sich die Spuren eines Lebens tragen – mit allen seinen Brüchen, seinen Wenden, seiner Sorge, seinem Leiden und seinem Exil – die aber noch in einem universaleren Sinn die Spuren des größten Grauens tragen und eher eine Arbeit an der Trauer als eine Trauerarbeit im Freudschen Sinne waren; wie verteilen sie, in der Teilung von Text und Diskurs, Darstellung und Idee, das Gesetz, *nomos*, in ihrem *logos?* Oder hat sie ihr Gesetz zu einem inneren Nomadismus verurteilt? Ist diese Anomie einer Schrift, die sich aus ihrem eigenen Verbot konstituiert, die Sprache eines Exils (und namentlich des größten Exils, d. h. des Verschwindens des Humanen, des Verlustes seines Gesichtes) oder ein inneres und doppeltes Exil der Sprache aus sich selber heraus, der Bilder aus den Ideen und der Ideen aus den Bildern? Oder noch anders gesagt: ist mitten im Text die Linie in der Wüste real, imaginär oder schlichtweg unauffindbar? Diese Fragen sind so grundsätzlich, sie generieren aber auch so viele neue Fragen, daß ich in der Zeit, die mir zusteht, sie nicht weniger fragmentarisch weiterführen kann, als die lapidaren Sätze der Rabbis von Edmond Jabès es in Bezug auf die gleichen Rätsel tun.

Um mich an das Problem heranzutasten, muß ich mich zuerst etwas davon entfernen. Die Antinomie von Darstellung und Idee und der sich daraus ergebende problematische Charakter des Schreibens ist selbstverständlich nicht für Broch allein kennzeichnend. Sie ist auch nicht erst im zwanzigsten Jahrhundert entstanden, sondern am Ende des achtzehnten, und zwar in der europäischen Kultur mit der deutschen Frühromantik, die man zugleich als die Geburt der Literatur im modernen Sinne und als den Anfang ihrer irreversiblen Krise betrachten darf. Die tiefe Verwurzelung von Brochs Denken in der deutschen Frühromantik braucht nicht bewiesen zu werden; die Art und Weise aber, wie Broch die romantische Nostalgie der Ganzheit in der Schrift nicht nur dramatisiert, sondern auch zur Katastrophe des Schreibens führt, ist m. E. bis heute noch nicht mit der gebührenden Schärfe analysiert worden. Um dies zu tun, wäre allerdings eine monumentale Archäologie nötig, und zwar im doppelten Sinn. Erstens, weil die Beziehung von Broch zur deutschen Frühromantik äußerst komplex ist. Einerseits führt Broch, wie schon gesagt, die gleiche Krise zu ihrem Paroxysmus, andererseits verwirft er gerade dadurch (»im Namen des Gesetzes« könnte man sagen) den romantischen Schönheitskult. Die Komplexität dieses Chiasmus könnte erst aufgrund einer detaillierten Rekonstruktion der Dispersion romantischer Grundsätze in seinem Werk verdeutlicht werden. Aber mehr noch: eine solche Archäologie würde eine zweite, heute besonders aktuelle, aber unendlich komplexe Rekonstruktion einer Art kultureller Epilepsie verlangen. Damit meine ich die kontinentale Kluft, die zwischen der kritischen Philosophie von Kant und der unmittelbar darauffolgenden nachkantianischen textuellen und diskursiven Dispersion liegt, die die gleichzeitige Entstehung der romantischen Bewegung und des deutschen Idealismus bedeutet. Diese Verschränkung zweier Figuren des Absoluten (der literarisch-absoluten einerseits, des Programms eines absoluten Wissens andererseits) hinterließ in unserer Kultur eine blinde Zone – die Kluft, von der ich soeben sprach – und diese Form von Vergessen, dieses black-out des Denkens ist seitdem für uns Abendländer nolens volens der Ursprung und der Horizont all unserer Fragen. Was wir seitdem von der Literatur erwarten können oder nicht (seitdem bedeutet also: nach Kant, um einen kulturellen Meilenstein zu setzen), wie wir die Relation von Literatur und Philosophie, Idee und Darstellung denken können oder dürfen ist nichts anderes als die Auffaltung einer Epochalität – im Sinne von Heidegger –, die die Krise unserer Kultur selbst ist, die Erfahrung ihrer Grenzen und ihres problematischen Zentrums. Die ökonomischen, politischen und kulturellen Katastrophen und die monströsen Metamorphosen, die die abendländische Kultur seitdem zu verzeichnen hat, erscheinen zwar auf der abstrakten Linie der Zeit als ein Nacheinander von historischen Ereignissen (von der Französischen Revolution bis Auschwitz oder Hiroshima – und heute könnte man, in einem ganz neuen Sinne auch hinzufügen: bis Tschernobyl); diese Akkumulation von Erfahrungen ist aber sicherlich dort anzusetzen, wo die kritische Philosophie jede gegebene Ganzheit ruiniert und nur ihren Artefakten Platz macht, worauf die romantische Reaktion antwortet und die literarische Ambivalenz fundiert. Das in sich geschlossene Fragment, als eine Totalität von Idee und Darstellung, ist der Name dieser Ambivalenz. Mit ihm entsteht die Literatur im modernen Sinn, ihre Unmöglichkeit und der endlose Weg ihrer Selbstbefragung. Die Wunde am Anfang des Buchs ist ein mögliches Bild für diesen unauffindbaren Anfang, für diesen Ur-Sprung, an dem sich die Stimmen teilen und verteilen, an dem auch die Frage der problematischen Gemeinschaft und die mögliche Unmöglichkeit der Schrift zwei Seiten einer Medaille sind. Für diese Paradoxie, die die Geburt der modernen Alternative von Trauer und Experiment eröffnet, erfand Blanchot, wie man weiß, den Ausdruck von »désœuvrement« oder »absence d'œuvre«. Das Werk ist seit der deutschen Romantik die Herausforderung seiner Abwesenheit. Die *Form* ist nicht mehr als kulturelle *Formel* gegeben – als eine Formel, die dann in die literarische *Syntax*, in die *Wertform* zu übersetzen wäre und in diese gleiche kulturelle Formel, die das Gesetz der Gemeinschaft garantiert, auf eine reversible Art rückübersetzbar wäre. Ohne die Garantie dieser Reversibilität wird nunmehr das *nomos* der Schrift zu ihrem Nomadismus, denn die Literatur, die weiterhin eine Formung von Werten ist, ist jedoch keine Einheit mit dem Sein mehr, sondern eine ontologische Wette.

Das Werk von Broch entfaltet sich notwendigerweise im Rahmen dieser möglichen Unmöglichkeit – es entfernt sich aber ebensogut von der romantischen Lösung. Denn die Romantik beruhte zwar auf einer Eidetik (die einem gewissen Platonismus entsprach, auf jeden Fall aber eine Absage an die regulative Natur der Ideen bei Kant bedeutete), sie mündete aber in eine »Eidesthetik«, um den Ausdruck von Jean-Luc Nancy und Philippe Lacoue-Labarthe in ihrer Studie zur deutschen Romantik zu benutzen.[5] Die Schönheit ist bekanntlich für Broch »wachstumslos«, »erkenntnisverachtend«. Die Form des Textes soll für ihn *Wertform* bleiben, allerdings geht es ihm um eine Wertform, die nicht nur um die schon längst eingetretene Katastrophe weiß, sondern als solche die Mimesis dieser Katastrophe auch sein sollte – die Unmöglichkeit an sich. Die Frage, die ich an das Werk von Broch stellen möchte, ist folgende: wie verhält sich dieses Werk – Denken *und* Schreiben – zum Problem des Fragments im romantischen Sinne, wie verhält sich die Stimme, die in seinen Texten als diskursive Stimme über diese Ur-Teilung spricht – über sie ur-teilt – zu der Stimme, die in der Wüste der Ganzheit, als dargestellte Stimme, ein Moment dieser Teilung ist – ein Teil dieser Teilung also – und doch die Teilung selbst, d. h. die Schrift? Oder anders gesagt: ist der Raum der Schrift, der immer im Sinne von Derrida »espacement« (also Differenz *als* Teilung und Verteilung von Differenzen) ist, ist dieser Raum Mit-Teilung, also Weitergabe dieser Teilung, dieser Sorge, oder Architektur? Ist dieses in sich gespaltene Denken (geteilt zwischen Idee und Schrift, und dieser Wunde ausgesetzt) das Dokument eines Höhepunktes der modernen Krise oder der monumentale, ja pyramidale Versuch, diese Spaltung als Trost und Heilung, als ruhende Wohnstätte des Todes aufzubauen? Oder noch anders gesagt: Inwiefern ist dieser Nomadismus gesetzgebend, und wenn es der Fall ist, ist diese Gesetzgebung legitim?

Schreiben bedeutet immer für Broch, eine Synthese herstellen, und der Roman, wie Milan Kundera es in *Das Vermächtnis von Brochs »Schlafwandlern«* geschrieben hat, ist in seiner Hinsicht die einzige mögliche Synthese. Ein Programm, das Milan Kundera mit den Worten formuliert: »Weder die Dichtung noch die Philosophie noch die Humanwissenschaften sind in der Lage, den Roman zu integrieren, wohl aber ist der Roman imstande, die Dichtung, die Philosophie und die Humanwissenschaften zu integrieren. Im Roman liegt die Chance einer übergeordneten intellektuellen Synthese.«[6] Niemals, betont Kundera, hat sich der Roman »mit einer solchen Ambition befrachtet«. Definierte schon Aristoteles, an der Quelle und am Zentrum unserer Kultur, das Erzählen – den *mythos* – als *systasis ton pragmaton,* so wird mit Broch im zwanzigsten Jahrhundert, angesichts des Zerfalls aller Werte, der Roman zum monumentalen Träger einer maximalen intellektuellen Synthese. Indem Broch vom Roman verlangte, daß er angesichts einer radikalen Legitimationskrise sich nicht mit einem besonderen Alphabet von »Realitätsvokabeln« begnügen solle, sondern eine Synthese anstrebte, die um so monumentaler zu sein hatte, als die kulturelle Katastrophe selbst einen absoluten Charakter bekommen hatte, dehnte er die aristotelische Forderung maßlos aus. Diese Synthese konnte nicht nur erhaben sein, sondern monströs. Wenn ich an die Poetik von Aristoteles und an seine Forderung nach Synthese erinnere, dann sicherlich nicht aus Pedanterie. Denn in der Relation zwischen der Brochschen Einstellung und der Aristotelischen Forderung wiederholt sich die gleiche Form von Dialektisierung, die in seiner Beziehung zum romantischen Programm des Literarisch-Absoluten festzustellen ist. Diese dialektische Umkehrung besteht in dem Fall darin, daß für Aristoteles die Tragödie die höchste Möglichkeit der Anamnese des Humanen war. Die Gemeinschaft wiederholt sich, erkennt sich wieder und bedenkt ihren Ursprung in der Anschauung der Szene des Leidens. Daß für Broch die gleiche Forderung nicht mehr an die Tragödie, sondern an den Roman gestellt wird, hat mehr als einen Grund. Ich brauche nicht an die Verbindung zwischen Modernität und Roman zu erinnern, die Hegel in seiner Ästhetik zum ersten Mal formulierte, die aber mit Broch wiederum eine ganz andere wird. Für Hegel war der Roman »die Prosa der Welt«. Broch aber, der aus dieser Prosa die höchste intellektuelle Synthese gewinnen will, entwirft sein Programm zu einem Augenblick der Geschichte, da im Gegenteil zum historischen Kontext des bürgerlichen Realismus die Welt aufgehört hat, die vor dem Willen zum Willen ausgebreitete flache Unendlichkeit des Möglichen zu sein – eine passive Substanz, die das ökonomische und technische Projekt zum ziellosen Ziel einer endlosen und monströsen Metamorphose zu führen hat. Die Ära der politischen Massenmorde ist eingetreten, die unaufhaltsame Mutation des modernen Kriegs hat eingesetzt usw. Broch schreibt angesichts solcher Tatsachen, und die *systasis ton pragmaton,* die er anstrebt, kann mit dem bürgerlichen Inventar nichts mehr gemein haben. »Der Roman ist ein Tod. Er macht aus dem Leben ein Schicksal, aus der Erinnerung einen nützlichen Akt und aus der Dauer eine gelenkte bedeutungsvolle Zeit«, schrieb Roland Barthes 1953 in *Degré zéro de l'écriture*.[7] Diesen Tod, der an die Stelle der letalen Wachstumslosigkeit der romantischen Poesie getreten ist, möchte Broch überwinden und zwar im Narrativen, aber in einem Stimmentheater, das die von Bachtin so betonte Polyphonie des Romans dialektisch aufzuheben trachtet. Das hierfür gewählte Medium ist die »Gedankenlyrik«.

Bei Broch wie bei Jabès wird die menschliche Stimme, die Anamnese des Humanen im Getöse der Epoche hörbar. Es handelt sich beim einen wie beim anderen nicht um *eine* Stimme, sondern um ein Archipelagon von Stimmen. Keine von ihnen kann beanspruchen, der anderen übergeordnet zu sein. Die christlich-platonische Einheitlichkeit ist definitiv zerbröckelt, und nach Auschwitz kann in einem ganz anderen Ausmaße die Anamnese des Humanen nur noch eine Diaspora von Stimmen sein. Hören wir das *Buch der Fragen*: »Was findet hinter dieser Tür statt? / Es wird gerade in einem Buch geblättert. / Was ist die Geschichte dieses Buchs? / Die Bewußtwerdung eines Schreis. / Aber ich habe Rabbiner hineingehen sehen. / Sie kommen in kleinen Gruppen und teilen uns privilegierten Lesern ihre Gedanken mit. / Haben Sie das Buch gelesen? / Sie lesen es gerade. / Werden sie im voraus aus purem Gefallen einschreiten? / Sie hatten eine Vorahnung des Buchs. Sie haben sich auf eine Auseinandersetzung mit ihm vorbereitet. / Kennen sie die Figuren der Geschichte? / Sie kennen unsere Märtyrer. / Wo ist das Buch zu orten? / Im Buch. / Wer bist Du? / Der Wächter des Hauses. / Woher kommst Du? / Ich bin herumgeirrt. / Ist Yukel Dein Freund? / Yukel sieht mir ähnlich. / Was ist Dein Schicksal? / Das Buch öffnen [...][8] Auf die Frage: »wo bist Du« wird eine dieser Stimmen antworten »in den Worten«, und eine andere Stimme wird sagen: »Die Schrift, die zu sich selbst gelangt, ist nur ein Zeichen der Verachtung«. Die Stimmen dieser Rabbiner erzählen Parabeln, die nie die Vollendung einer Botschaft haben können. Von Buch zu Buch bilden sie eine Kette von Fragen, in der die Identität der Fragenden sich in ihrem puren Stimmencharakter aufhebt. Wie könnte es noch eine Synthese von *pragmata* geben, wenn die Welt verschwunden ist, wenn das alte Menschenmaß, die Einheit mit dem Sein, die Ökonomie des Wortes und der Gemeinschaft, der Zirkel von logos und nomos restlos verloren ist? Die Fragmentierung der Stimme verbietet jede Antwort, indem sie jede Frage weitergibt, indem sie die Teilung teilt. Nicht, was der Mensch ist – denn er hat kein Gesicht mehr –, sondern ob weiter gefragt werden kann, das wäre die Frage. Die Wiederholung der Frage unterbricht die Gewalt der Einstimmigkeit, die Glorie der Gemeinschaft, ihr Epos ohne Andersheit und ihren Haß gegen das Andere. Ich zitiere: »Die Tür, die auf die Massengrube oder auf das Leben zuführte, war das Dreieck, das die Beine unserer Eroberer zeichnete. Man muß auf allen vieren kriechen, um durch diese Tür zu gehen. Geehrt seien diejenigen, die zertreten wurden; geehrt seien diejenigen, deren Schädel von den Stiefeln unserer Feinde zerbrochen wurden, als diese im Rhythmus ihrer Hymnen vorbeimarschierten. Denn sie haben, und wenn wes auch nur für einen Augenblick wäre, den Rhythmus ihres Lieds unterbrochen, seine laute Entfaltung gestört.«[9] Die Dissonanz eines einzigen Schreis reicht aus, um das Epos des Ganzen und den Mord des Anderen zu unterbrechen. Diese Dissonanz, diese Dissidenz, hat einen Namen: Literatur. Denn, wie Jean-Luc Nancy es vor kurzem in einem Vortrag formulierte: »In der Unterbrechung des Mythos läßt sich etwas hören – das, was vom Mythos übrigbleibt, wenn er unterbrochen wird: nichts, nur die Stimme der Unterbrechung selber, wenn man so sagen darf. Aber diese Stimme ist die der Gemeinschaft, oder der Leidenschaft der Gemeinschaft. Wenn es nötig ist zu behaupten, daß der Mythos der Gemeinschaft notwendig ist – wenn er wesentlich ist, im Sinne, daß er sie vollendet, und ihr die Grenze und das Schicksal eines Individuums gibt, einer Totalität –, dann wird man auch behaupten müssen, daß in der Unterbrechung des Mythos sich die Stimme der unterbrochenen Gemeinschaft hören läßt, die wie ein Mythos ist, ohne ein Mythos zu sein.«[10] Diese Dissonanz, der die Literatur nicht entgehen kann, weil sie ihr Gesetz ist, erinnert bei Edmond Jabès explizit an die totalitäre Gewalt eines Wahnsinns des Ganzen. Broch scheint in dieser Hinsicht noch einmal die tragische Erinnerung durch eine Verschärfung der textuellen Dissonanz bis zu einem irreversiblen katastrophalen Prozeß des Erzählens verschlimmern zu wollen. Ob diese Dissonanz sich als Dissonanz von Stimmen explizit präsentiert (wie in den *Stimmen 1933*) oder nicht: die Unterbrechung des Mythos durch die Literatur wird bei ihm zu einer katastrophalen Unterbrechung der Literatur durch sich selbst. Mitten in *Stimmen 1933* ertönt, in der Dissonanz von Texten und Diskursen, die Stimme Gottes. Diese Stimme, die nicht weniger in der Schrift ertönt als die Stimmen der Rabbiner bei Jabès, verkündet ein seltsames Gebot. Das Erhabene (die Überwindung des Schönen und die Aufforderung, die Undarstellbarkeit darzustellen) reicht dieser göttlichen Stimme nicht: »Ich bin, der ich nicht bin, ein brennender Dornbusch und bin es nicht / aber denen, welche fragen, / Wen sollen wir verehren? / Wer ist an unserer Spitze? / denen haben meine Propheten geantwortet: / Verehret! Verehret das Unbekannte, das außerhalb ist, / außerhalb eures Lagers; dort steht mein leerer Thron / Unerreichbar im leeren Nicht-Raum, in leerer Nicht-Stummheit grenzenlos [...]«.[11] Zwei Möglichkeiten, diese Stimme ohne Unterschrift zu lesen: Liest man Gott, und versteht man unter Gott den Gott, der in der Schrift lebt, so muß man von diesem Gott sagen, der jedes Gebet ablehnt (»Mir gelte kein Gebet, ich höre es nicht«), daß es die paradoxe Verdoppelung der Schrift in der Schrift, ihre atopische Ent-Heiligung vertritt. Die andere Möglichkeit wäre, diesem Gott, dieser Stimme, die Attribute ihrer Paradoxie zu belassen. Alles deutet auf die Bibel hin, so wie die Rabbiner von Jabès auf den jüdischen Glauben hindeuten. Jabès selber hat dieser Mimesis der Bibel, dieser Insistenz der Schrift in der Schrift, des Buchs am Revers des Buchs, eine obsessive Form gegeben: Gott erscheint unter allen denkbaren Masken seiner Umschreibungen, schreibt um sich herum wie die endlose Signatur des Gesetzes, wiederholt die Frage des Seins als Wunde, nicht als Stätte und Ruhe. In seinem letzten Buch faßt er die Frage auf einer Seite definitiv zusammen:

Wenn Gott die Welt auf dem Buch (auf Seinem Buch), auf dem Buch des Menschen und auf dem Erzählen gegründet hat, um welches Erzählen wird es sich dann handeln? Um das Erzählen Gottes oder um das Erzählen des Menschen? Oder um das Erzählen beider? Im Gegensatz zu einer verbreiteten Annahme ist die Fiktion nicht a priori eine Lüge. Für den Juden ist die Wahrheit im Erzählen. Sie ist sogar das Erzählen selbst. Man erzählt nur seine Wahrheit, weil die Wahrheit unsere Geschichte ist. Daß hier und da der Erfindung viel Platz eingeräumt wird, ist irrelevant. Bedeutet nicht eben Erfinden Wiederfinden? [...] Die Prosa führt die Schrift zu sich selbst zurück, die Poesie vervielfacht sie. Die eine faltet sie, die andere entfaltet sie. Zwischen einem unbestimmbaren Diesseits und einem unbestimmbaren Jenseits sucht die jüdische Schrift einen Durchgang. Sie ist dieser Durchgang. Manchmal wird sie von den Wörtern getrieben, die nichts anderes sind als die unendliche Bewegung des Denkens, und der Ausdruck dieser Bewegung; manchmal möchte sie ein Zeugnis ablegen und den anderen an dem unbegrenzten Abenteuer, in das sie sich willentlich begeben hat, teilhaben lassen. Der Bruch ist für sie ein Erwachen des Lebens, das Versprechen einer Wiederanknüpfung an das Unbekannte. Vom Schweigen des Schreibens zum geschriebenen Schweigen wird das jüdische Buch, in einer sorgfältigen Abgrenzung des Buchs Gottes, für immer ein unvollendetes bleiben.[10]

Die Stimme, die im Prophetengedicht ihrem Adressaten jede Aussage über ihr Sein oder Nicht-Sein verbietet, verkündet das Gesetz der Schrift und deren oberstes Gebot: »Du wirst Dir kein Bild von mir machen.« Die Formel des Humanen, die Wertform des Textes erscheint nicht mehr in der narrativen Synthese. Die uralte tragische Formel – nämlich daß das menschliche Leiden soviel wert sei wie das Auge, das dessen Form erblickt – führt dieses Verbot zur narrativen Katastrophe. Dieser Gott sagt nicht nur »Du wirst Dir kein Bild von mir machen«, er will sogar, daß dieses Gesetz das Buch unterbricht. Denn: was kann diese Teilung der Stimmen, die die Texte von Broch in teils diskursive, teils textuelle Teile spaltet und mitten in der Darstellung die Darstellung daran hindert, sich ihren Bildern zu nähern, etwas anderes sein als der Einbruch in die Darstellung einer höheren Stimme, einer auctoritas – die Stimme eines Subjekts, eines Willens zum Gesetz, das das Gesetz der Schrift an das höhere, bildlose Gesetz eines radikal anderen Gottes erinnert, eines Gottes, der jeder Onto-Theologie entgehen würde, einer aus dem Innersten des Buchs ertönenden absoluten Äußerlichkeit. Diese radikale Ikonoklastie kann sich aber letzten Endes ihrer Ambivalenz nicht entledigen. Auch wenn der Einbruch dieser Stimme das Werk seines Wissens beraubt, indem er seinen Nomadismus, sein Umherirren, seine Wette unterbricht, ist Gott diese Intervention verboten: Weil das Buch im Buch ist, und weil die enge Spalte, die das Gesetz der Bibel von dem der Schrift trennt, die Flucht der Schrift in ihre eigene Wüste ist – in ihr gewolltes Exil. Denn die Schrift, so will es ihr Gesetz, kennt keine Ruhe, keine Rückkehr und keine Wohnstätte. Die Schrift ist die Dispora der Bücher, und in jedem Buch schreibt sich das Palimpsest einer unlöschbaren Spur ein, die nichts anderes als das Exil der Schrift aus der Schrift ist, das »jüdische« Dasein der Unmöglichkeit, Jude zu sein, und das heißt, wie Jabès es sagt – damit habe ich angefangen: der Unmöglichkeit zu schreiben. Nichts sagt im Werk von Broch das Gesetz dieser Ambivalenz besser aus als der Wunsch des Vergil, die *Äneis* zu vernichten. Denn die Doppelfunktion der Figur des Vergil ist evident. Einerseits ist er das Emblem der schönen Vollendung, die der erhabenen Stimme des Gesetzes kein Gehör zu schenken vermag. Andererseits ist er auch das Emblem der Anschauung des Undarstellbaren par excellence – nämlich des Todes, der das unausgesprochene, aber auch das innigste Gebot der Schrift ist. Das Gesetz des Todes als Bedingung des Schreibens, worauf Hermann Broch so oft insistiert hat, steht auf keiner Gesetzestafel geschrieben. Es ist nicht die Äußerlichkeit der Verantwortung, es gehört aber zur gleichen Unvordenklichkeit, jenseits des Seins. Beide Gesetze sind erst jenseits des Seins, aber mitten in der Schrift hörbar. Hörbar-unhörbar erklingen beide ununterschieden und dennoch unvergleichlich dort, in der

Schrift, wo das Buch im Buch das Buch verläßt. Es ist, mitten in seiner kühnsten Konstruktion, die Herausforderung seines Zentrums, wie eine verbotene Stadt mitten im Gemurmel einer randlosen Vermengung von Stimmen. Damit Vergil den Wunsch äußert, sein Werk zu verbrennen – und er tut es schließlich doch nicht –, muß vorher eine intellektuelle Synthese dieses Zögern inszeniert haben. Indem Vergil auf sein Vorhaben verzichtet und stirbt, vollzieht er das Gesetz der Schrift und beweist dessen Ambivalenz. Vergil, der in diesem Buch nach dem Buch, in diesem Totenbuch im Buch, bar aller Zeichen des Humanen die Genesis bis zum Ursprung einer puren Stimme zurückerlebt, besiegelt letzten Endes doch das Gesetz der Schrift, wenn die Bibel, wie Blanchot es sagt, sich in das Buch als *logos* einschreibt. Das Buch hat sich wieder in die Schriftrolle seiner Gesetzlichkeit eingerollt. Vergil überläßt den *logos* dem *logos*, das Buch seinem Schicksal. Er ist aus dem *logos* ausgeschlossen worden. Er wird, wie in der Novelle von Kafka, noch einmal, nach diesem Tod, *vor* dem Gesetz warten. Man wird ihm sagen, das Tor sei für ihn immer offen gewesen. Das Verbot, in das Buch einzutreten, ist die andere Seite des Verbots, aus dem Buch herauszukommen. Oder, um Edmond Jabès das Schlußwort zu geben: »Du träumst davon, einen Platz im Buch zu haben und wirst sofort zu einem Wort, das Augen und Lippen sich teilen. Reb Seni.«

## *Anmerkungen*

1 Edmond Jabès, *Le livre de Yukel*, S. 59–60 (Übers. von mir).
2 Edmond Jabès, *Le parcours*, S. 33 (Übers. von mir).
3 Zit. in: Jacques Derrida, *Die Schrift und die Differenz*, Frankfurt am Main 1976, S. 107.
4 Ebd., S. 108.
5 Jean-Luc Nancy und Philippe Lacoue-Labarthe, *L'absolu littéraire. Théorie de la littérature du romantisme allemand*, Paris 1978.
6 In: *Hermann Broch*, hg. v. P. M. Lützeler, Frankfurt am Main 1986 (stm 2065), S. 34.
7 Dt. Übers.: *Am Nullpunkt der Literatur*, Frankfurt am Main 1982, S. 48.
8 Edmond Jabès, *Le livre des questions*, S. 14f.

9 Ebd., S. 179.
10 Jean-Luc Nancy, *Der unterbrochene Mythos,* Stuttgart 1985, Edition Patricia Schwarz, Galerie Kubinski, S. 18.
11 *Kommentierte Werkausgabe,* hg. v. Paul Michael Lützeler, Bd. 5, S. 242.
12 Edmond Jabès, *Le Parcours,* S. 30 (Übers. von mir).

# III
# Religion

*Dietmar Mieth*

# Ethik und Religion

Wer sich als Theologe mit autonomer Literatur beschäftigt, muß seine Voraussetzungen verdeutlichen. Diese beginnen in meiner Sicht damit, daß die Autonomie der Literatur theologisch anzuerkennen ist. Dies hängt nicht nur mit der faktischen Beanspruchung dieser Autonomie durch die Schriftsteller zusammen – Hermann Broch macht da keine Ausnahme –, sondern auch mit der theologischen Anerkennung der Selbstgesetzlichkeit des Ästhetischen, mit der theologischen Anerkennung der Religionsfreiheit und mit der theologischen Anerkennung der ethischen Autonomie des Menschen.[1] Diese Anerkennung macht der Theologie dann keine Schwierigkeiten, wenn sie sich selbst als unter dem Wort der Offenbarung stehend begreift, welches Wort in seiner in den letzten Jahrzehnten herausgestellten kommunikativen Bedeutung nicht erst dann zu Wort kommt, wenn es in der Tradition seiner Auslegung durch die Theologie zitiert wird. Damit gibt die Theologie ihr selbstreferentielles Interesse an der ganzen Wahrheit nicht auf; sie kann jedoch das Ganze und die Einheit der Wahrheit nicht anders als in strukturellen Entsprechungen suchen. Diese schließen Offenheit für einen Lernprozeß ein – und Vereinnahmung aus.

Damit komme ich zur zweiten hypothetischen Aussage: die Basis für die strukturelle Entsprechung zwischen Theologie und Literatur, gleichsam das Verbindungsstück oder das Feld der Begegnung, sind das Ethische und das Religiöse.[2] Denn in den Selbstzeugnissen der autonomen Schriftsteller – auch hier macht Hermann Broch keine Ausnahme – sind die ethischen und religiösen Erkenntnissinteressen leicht zu dokumentieren; auf der anderen Seite hat die Theologie immer selbst eine Theorie des Ethischen und des Religiösen. Innerhalb dieser Theorie sind trotz sehr unterschiedlicher Konzeptionen drei Beziehungen zwischen dem Ethischen und dem Religiösen unbestritten: erstens, das Religiöse motiviert zum Ethischen; zweitens, das Religiöse entwirft den Sinn des Ethischen; drittens, das Religiöse konkretisiert das Ethische im geschichtlichen Lebenszusammenhang.

Mit vollem Bedacht wird hier von *dem* Ethischen und *dem* Religiösen gesprochen und nicht von *der* Ethik und *der* Religion. Gemeint ist mit Wittgenstein (und mit Broch), das, »was sich zeigt«, ohne im systemischen Denken aufgehoben zu sein. Genau dies kann in einer geschlossenen und selbstreferentiellen Theologie nicht geborgen sein. Mir scheint freilich ebenso, daß, wenn in der Dichtung *die* autonome Religion und nicht *das* Religiöse, *die* Ethik und nicht *das* Ethische entworfen wird, diese Dichtung insofern in einen spannungsreichen Konflikt mit *der* Theologie tritt, auch wenn die permissive Öffentlichkeit, weil ihr alles recht ist, diesen Konflikt verhindert.

*Das* Religiöse erscheint hier als offener Entwurf der Sehnsucht und des Fragens. Es ist geprägt von Hoffnung *und* Zweifel, von Vertrauen *und* Skepsis und entwickelt dabei einen Erkenntnisstil, der die Sicherheit in der inhaltlichen Wahrheit vermissen läßt. Das Ethische ist mit dem Religiösen insofern vermittelt, als es den Erkenntnisstil, auch den Lebensstil von »Glauben« postuliert, ohne dabei seine Autonomie aufzugeben. Das Ethische ist autonom im Verhältnis zu sich selbst, nicht aber in seiner Sinngebung. Bei dieser Sinngebung ist es jedoch nicht auf »objektiven« Glauben festgelegt, sondern auf die Konsequenz des subjektiven »Credo«: *ich* glaube. In diesem Sinne, um es vorwegzunehmen, spricht Hermann Broch in seinen Briefen fast ständig von *seinem* »Credo«.

Damit haben wir die Voraussetzungen für unsere erste Frage an den Theoretiker Hermann Broch entworfen; es ist die Frage, wie er selbst das Verhältnis von Ethischem und Religiösem in *seinem* »Credo« entwirft.

Im Anschluß an Wittgenstein schreibt Broch 1933 nicht zum ersten Mal:

Mir wurde nämlich während dieser Arbeit [gemeint ist der Aufsatz: *Das Böse im Wertsystem der Kunst*] so absolut klar, daß die Philosophie nur im Rahmen einer Theologie möglich ist, und daß sie bloß innerhalb des theologischen Wertsystems wissenschaftliche Kraft und Exaktheit besitzt, daß aber heute mit »Worten« nichts mehr bewiesen werden kann. »Worte« sind in unserer Zeit nur mehr Träger der Meinungen, niemals aber von Wissenschaftlichkeit. Und wenn die mit Worten vorgetragene Meinung manchmal doch den Anspruch auf Wahrheit besitzt, so liegt das nicht an der Logizität des Gesprochenen, sondern lediglich an der Persönlichkeit des Sprechenden. Wissenschaftlichkeit ist heute bloß im mathematischen Gewande zulässig – geniale Ahnung Kants vor 150 Jahren –, und die außermathematische Wirkung des Wortes greift ins Überwissenschaftliche, das vielleicht das Dichterische ist. Wenn es nicht zu anmaßend ist, hier zum Biographischen abzuschwenken, so wäre zu sagen, daß es diese Erkenntnis war, die mich zur außerphilosophischen, also rein literarischen Arbeit gedrängt hat, d. h. ein Ausdrucksmittel zu finden, das dem außerwissenschaftlichen Weltwissen, das jedem von uns innewohnt und ans Tageslicht drängt, genügen könnte. Es ist dies eine Art Ungeduld, und selbstverständlich bemühe ich mich seit Jahren, die präzise logistische Fundierung für meine philosophische Arbeit nachzutragen, freilich wissend – obwohl ich in mancher Einzelheit ein gutes Stück damit vorwärts gekommen bin –, daß dies im ganzen, ein zum Scheitern verdammter Versuch bleiben muß. Denn das Ethische, um das es sich schließlich dreht, ist bei aller Logisierung des Ausdrucks ohne den »Glauben« niemals zu fassen. [Briefe, KW 13/1, 249 f. (Man beachte das Wortspiel: »Logizität«, »logistisch«, »Logisierung«.)[3]]

In diesem Text steht die philosophische Arbeit als »logistischer Nachtrag« in Spannung zum Anspruch, das Ethische in logischer Präzision zu erfassen, und es entsteht eine seltsame Parallelität zwischen dem – in Anführungszeichen gesetzten – »Glauben«, also dem Religiösen, dem Wittgensteinschen »Mystischen« und der »Ungeduld« des dichterischen Wortes, das sowohl die logische Logistik als auch das »Credo« antizipiert und präjudiziert.

Ein Jahr später (1934) heißt es, motiviert von der mythischen Parallelität zwischen Manns *Jaakob*, Joyce's *Ulysses* und Brochs geplanter *Verzauberung*, als Antwort auf die selbstgestellte Frage, ob Dichtung »heute überhaupt noch ein soziales Bedürfnis« befriedige:

Antwort: Ja. Und zwar ist es in einer Zeit, die nicht und schon längst nicht mehr zu »glauben« und zu philosophieren, d. h. religiös zu denken vermag, deren tiefstes Bedürfnis jedoch nach Glaubenkönnen geht und die jedes Surrogat dafür nimmt, ist es in und für eine solche Zeit von äußerster Notwendigkeit, daß man ihr die Möglichkeit des Glaubensaktes, die Entwicklung des Supranaturalen aus dem irrationalen Seelengrund beispielhaft an wirklichen Menschen vor Augen führe. Das ergibt natürlich weder »katholische«, noch »protestantische«, noch »jüdische« Dichtung, sondern ist im Gegenteil von jedweder, also auch von jeder Glaubensdogmatik frei: ein Autor, der für sich selbst mit diesen Fragen dogmatisch fertig wäre, könnte sie nicht schreiben (KW 13/1, 300).

Bekanntlich erscheint Broch der Faschismus als falsche, weil diffuse und zugleich machtorientierte Religiosität, die er auch als

»Durchmarsch durch das Nichts« (KW 13/1, 304) im gleichen Jahre 1934 prophezeit. Er sucht seinen Weg gewissermaßen zwischen der Macht des »Dogmatischen« der Religionen einerseits und der Macht des Diffusen, des Faschismus, andererseits. Dabei wird freilich immer wieder ein Ton der »Bescheidenheit« angeschlagen: es geht gegen einen möglichen »Größenwahn«, daß Dichtung etwa Religionsstiftung sein könne (ebd.). Das *Weltbild des Romans* (1933) schließt dies geradezu aus: die »einheitstiftende Syntax des Dichterischen [ist] keine reale, wohl aber eine symbolhafte Erfüllung [...]. Ich weiß auch, daß es absurd wäre, vom Dichter zu fordern, er möge mit jedem Werke eine Art Religionsstiftung vornehmen, man könnte wohl sagen, begehen« (KW 9/2, 116/117). Diese Vorstellung von einer Dichtung »ante portas« einer nur ersehnten neuen religiösen, d.h. sinnstiftenden Einheit des Ethischen, setzt sich fort in Brochs Beharren auf einer autonomen, rationalen Ethik der Humanität, die aufgrund ihrer Kommunikabilität sich gerade nicht im Religiösen begründe, wohl aber auf dieses verweise. In seiner Auseinandersetzung mit dem katholischen Neuthomisten Jacques Maritain aus Anlaß der *Völkerbund-Resolution* (1937) betont Broch seine Zurückhaltung gegenüber Glaubenspositionen zwischen einem »Nicht mehr« und einem »Noch nicht« (vgl. KW 13/1, 450ff., 478ff.).

Noch um das Jahr 1934 setzt sich Broch explizit mit Theologie im Verhältnis zu Wissenschaft (»Positivismus«) und Dichtung auseinander *(Theologie, Positivismus und Dichtung)*. Theologie ist demnach der Versuch der Vereinbarung des »Ich denke« (Kant) mit dem »Ich glaube«, der Rationalität mit der Mystik des Seins. Sie ist nicht »Feind des Glaubens«, sondern »rationale Zusammenfassung aller kognitiven Elemente des Glaubens« (KW 10/1, 193). Ihre Methoden sind Deduktion und Dialektik, wobei sich geschichtlich nicht die erstere, wohl aber die letztere, die Dialektik, erschöpfen kann. Dies geschieht durch den Paradigmawechsel in der Welterfahrung, die Auflösung der platonischen Einheit in die positiven Einzelgebiete, durch die auch die Theologie deduktiv-autonom und selbstreferentiell wird, also keine Erfahrung von Gott und Welt zugleich (vgl. ebd., S. 196f.). Der Protestantismus »realisiert« diese Entwicklung bis zur idealistischen Philosophie, ein Versuch, der nach Broch scheitert, weil »das theologische Gebäude zersprengt war und es nur mehr Einzelwissenschaften gab« (ebd., S. 201).

Von diesem Ausgangspunkt her geht Broch auf die Legitimation der Dichtung im Versagen einer »theologischen« Philosophie ein, eine »vorreligiöse Epoche« zu beginnen, »in welcher die Dichtkunst die Wegbereiterin, der Mutterboden, der Kochtopf für einen neuen Glauben werde« (ebd., S. 203). Er wendet zunächst gegen diese These (die sich im ältesten idealistischen Systemfragment findet: »was bleibt, stiften die Dichter!«) ein, daß die Geschichte nicht einfach ein »Entweder-Oder« zulasse, und beschreibt die Gleichzeitigkeit des Ungleichzeitigen (ebd., S. 203 f.). Ein zweiter Einwand ist für ihn die Tatsache, daß auch die Dichtkunst der positivistischen und autonomen selbstreferentiellen Bewegung unterliege. Wir können hier auf die historischen Einzelbeschreibungen Brochs nicht eingehen. Worauf es ihm ankommt, das ist die These von der Ausdifferenzierung einzelner Autonomien und dazugehöriger Werte, »die sich untereinander bloß durch Geschäftsbriefe verständigen können« (ebd., S. 232) oder in der Stummheit mythischer und musikalischer Gefühle gelegentlich kommunizieren. Jedenfalls gilt: »Die autonome Dichtung, autonomer Wert unter autonomen Werten, hat allerdings den ganzen philosophischen Bestand von der Philosophie und von der Theologie freibekommen« (ebd., S. 233). Sie erzeugt jedoch, ähnlich wie Theologie, Totalität nur für ihre eigene Welt »für sich«, nicht »an und für sich« (ebd.). Dichtung und Theologie sind beide unter der Voraussetzung der »Ausdifferenzierung« – wie wir das heute nennen – nur noch in »struktureller Entsprechung« (H. Rombach)[4] aufs wirkliche Ganze sich zubewegend. Nach Broch: »In diesem Blick, der von Schicht zu Schicht wandert, von Bereich zu Bereich, in diesem Abtasten der Bereiche und dem Suchen nach der Sprache der Dinge, die sich in jedem Bereich befinden [...], darin ist der Quell zu jener Totalität gelegen [...], gleichzeitig zu jener Polyhistorität« (ebd.).

Wenn also die Einheit der Wirklichkeit und der Werte weder von Theologie noch von der sie beerbenden Philosophie noch von der Dichtkunst her zu erreichen ist, dann bleibt sie nur noch als gemeinsames »Bedürfnis des Menschen, sein Leben aus dem Wirrsal des Irrationalen herauszuführen, sich kognitiv und ethisch zu ordnen, zu wissen, für welchen Lebenssinn sein einsames Ich sich zum Sterben bereithalten soll, und möge sich solches Sehnen auch nur in dem unausrottbaren Bedürfnis des Menschen [ausdrücken] lachen zu dürfen [...]« (ebd., S. 238). Die neue, »beinahe religiöse Totalität« (KW 13/1, 299) ist also eine Utopie, obwohl die richtige Ethik auf sie angewiesen bleibt, in Motivation, Sinnfrage und Realisierung. Broch scheint so unsere Ausgangshypothesen zu bestätigen, obwohl er bewußt aus ganz anderer Perspektive redet als der Theologe. Broch spricht von Theologie in rein formalen Begriffen, d.h. von der Theologie »eines jeden Glaubens«. Sobald es sich um die inhaltliche Theologie eines *gläubigen* Menschen handelt, bleibt der *religiöse* Künstler entschieden zurück, da »der wirklich gläubige Mensch weder Romane noch sonst was schreibt« (KW 13/1, 310). Für Broch gilt: »Die Dichtung steht stets am Anfang und am Ende des Glaubens, sie ist seine Morgen- und Abenddämmerung, aber immer mythische Dämmerung ... In der Mitte des Glaubens aber steht die Theologie« (ebd.).

In der »Bescheidenheit« des religiösen Umfeldes stehen zu bleiben aber heißt für Broch Engagement für die »ethische Forderung« (ebd., S. 320): »Das Ethische und das Religiöse in die Welt zu tragen, ist Aufgabe und bleibt Aufgabe« (ebd., S. 361). Deshalb bemüht sich Broch – die Arbeit an der »Verzauberung« steht ja im Hintergrund dieser seiner Reflexionen – um einen religiösen Roman, der »nicht im Gottesstreitertum, sondern im Nacherleben« faßbar wird (ebd., S. 385). Danach, d.h. nach 1935, geht er eher zur politischen Ethik über, die er konkret als autonome Ethik der Humanität betreibt und gegenüber Jacques Maritain und Ludwig von Ficker verteidigt; er betreibt »Aufklärung«, »Humanitätskampagnen« (KW 13/2, 40), ja sogar den Zwang zur Ethik, »weil man bloß mit Zwang (zu dem auch Propaganda gehört) etwas ausrichten kann« (KW 13/2, 126). Er beschreibt dies als »Weg ins Politische« (KW 13/2, 142) und sieht noch 1942 als konkrete Basis dafür »eine *spezifisch ethische* Haltung, die sich aus der jüdischen Religion, sofern sie atheistisch geworden ist, bis zu einem gewissen Grade deduzieren ließe« (KW 13/2, 300). Hier wird das Moment des konkreten konservativen Lebenszusammenhangs, der Traditionsbedingung für Werte zusammen mit der konkreten Religion angesprochen. Auch Brochs immer häufigere Auseinandersetzung mit dem Marxismus bezieht sich auf dessen Erbe aus Protestantismus und Aufklärung als »ethische Idee« nicht auf seine dogmatische Strategie (KW 13/2, 440f.).

Brochs Bestimmung des Verhältnisses von Ethischem und Religiösem geschieht also sozusagen außerhalb der bestimmten Religion und der bestimmten Theologie, so sehr er diese als »Mitte«

eines bestimmten Glaubens und eines bestimmten Ethos respektiert. Im Grunde ist dies die Position des Intellektuellen als »Ketzer an sich«, also des Philosophen (KW 13/2, 442), auch wenn er konkrete Religion als »aufgehobenes« Erbe in sich trägt.

Philosophisch ist daher auch Brochs ethische Theorie, der wir uns nun folgerichtig zuwenden.

Brochs philosophisch-ethische Theorie erscheint als »Werttheorie«. Ich habe den Eindruck, daß diese Bezeichnung für uns heute mißverständlich sein könnte, wenn wir sie mit der Wertphilosophie in Zusammenhang bringen und wenn wir dabei den Streit um »Wahrheit oder Wert« aus der Grundwertdebatte erinnern (vgl. C. Schmitt u. a., *Die Tyrannei der Werte*, Hamburg 1979). Sie ist keine *Werte*theorie! Die ausgezeichnete Studie von O. P. Obermeier zeigt nämlich deutlich, wie Broch seinen Ausgangspunkt bei den »Kokonstituenten« Denken und Sein nimmt[5], wobei Wahrheit und Wert eine fast an die Transzendentalienlehre erinnernde Einheit miteinander bilden. Brochs Entwicklung der ethischen Theorie interessiert mich hier als Übergang zu seiner narrativen Ethik oder ethischen Dichtungstheorie, von der er selber häufig spricht (vgl. *Die Verzauberung* KW 3, 287).

Dabei fällt mir die strukturlogische Dialektik auf, die über den Parallelismus von Denken und Sein, Deduktion und Induktion, Wahrheit und Wert, Autonomie und Empirie die erkenntnistheoretische Begründung einer Ethik der Selbstbegegnung, der iterativen Selbstfindung und schließlich der identifikatorischen Selbstbindung beschreibt, deren Faszination man sich kaum entziehen kann. Mit fortschreitendem Einbezug des Lebens der realen Welt wird das aus dem Selbstdenken, also der Subjektivität, abgeleitete Handeln allmählich gegenüber dem Denken primär.[6] An die Stelle der »Verantwortung für Gesinnung« (KW 13/2, 442), also des formal-ethischen Bewußtseins, also des »Wertes schlechthin«[7], tritt durch fortschreitende Wiederholung des Vollzugs allmählich die konkrete Identifikation. Dieser Prozeß verliert jedoch seine Allgemeingültigkeit durch den »Zerfall der Werte« in ihrer funktionellen Ausdifferenzierung, geschichtlich wie biographisch. Wir haben schon davon gesprochen, daß sich angesichts dieses Befundes Brochs Hoffnungen auf strukturelle Entsprechungen im Nebeneinander richten: Broch muß Dichter, Philosoph und »Politiker« zugleich sein, wobei freilich sogleich gesagt werden muß, daß auch die Gefährdungen der autonomen Regionen gleichsam

»schweigend«, »stumm« einander entsprechen können. Die Möglichkeit der Entsprechung der Wertsysteme, die zugleich ihre Verschiedenheit respektiert, gilt nun auch für das Verhältnis von Ethischem und Ästhetischem. Broch spricht vom »Doppelgesicht des Wertes« (KW 10/2, 160). Dabei ist zunächst einmal zu bedenken, daß der Wert nicht ohne Einbruch des Lebens (und des Todes, vgl. A. Silesius, ebd., S. 81) in das absolute »Ich denke« und »Ich bin« die Konturen erhält, welche über die bloße formale Kategorie des ethischen Wertes hinausführen. Broch geht davon aus, daß neben dem sich vollziehenden sittlichen Akt die vollzogene Tat, das »Werk«, steht, so daß sich das Ethische zum Ästhetischen verhält wie das *Tun* zum *Werk*. Der bereits gesetzte Wert ist »nichts anderes als das ›Ästhetische schlechthin‹« (KW 10/2, 161). Um zu entstehen, bedarf dies Ästhetische aber der Vermittlung des Ethischen, seiner Setzung im Tun. In diesem Sinne ist das Dichten ethisch, das Werk ästhetisch. Aber eines orientiert sich am anderen, weil das dichterische Tun ja zugleich im Stil, in der Form den Folgen seiner ethischen Setzung im Sinne ästhetischer Bewertung verpflichtet ist (vgl. KW 10/2, 163 ff.). So gibt es eine ästhetische Ethik und eine ethische Ästhetik (vgl. ebd., S. 93).

Wenn Ethik und Ästhetik philosophisch derart zugleich verschieden *und* doch jeweils bei sich selber als unvermeidlich Anderes vorkommend sind, dann erzeugen sie in konstruktiver Bewegung eine Kontinuität im Wandel (vgl. KW 9/2, 146), in destruktiver Bewegung erstarren sie zum Reaktionären (im Ethischen) oder zum Kitsch (im Ästhetischen). Destruktiv aber, so führt Broch in seinem Aufsatz über *Das Böse im Wertsystem der Kunst* (1933) aus, ist es, wenn das Ästhetische für das Ethische einzustehen hat und umgekehrt, wenn also der ethische oder der religiöse Mensch am *Werk* festhält statt am *Wirken* als Ausdruck des lebendigen Zieles, und wenn der Künstler das Werk nicht schafft um des Wirkens am Werke sondern um des Effektes willen (ebd.). Der Effekthascher ist somit schlimmer als ein nach Maßstäben des Ästhetischen Abzuwertender, vielmehr ein »ethisch Verworfener«: »er ist der Verbrecher, der das radikal Böse will« (ebd., S. 154). Die Sensibilität Brochs für die Bipolarität des Ethischen und Ästhetischen ist freilich eine Sensibilität ebenso für die geschichtliche Notwendigkeit der Autonomie wie für die Utopie einer von ihm nicht gesichteten neuen religiösen Einheit, die er als

Imitation und als Projektion nicht gestattet, aber als für ihn in der philosophisch-ethischen Theorie erkennbare *Möglichkeit* offen hält.

Um Ethisches und Religiöses narrativ miteinander zu verbinden, bedient sich Broch, nachdem er seine philosophische Diagnose in den *Schlafwandlern* rekonstruiert hatte (vgl. *Ethische Konstruktion in den Schlafwandlern*, 1930, KW 1, 726f.), des Mythos. In seinem Aufsatz *Die mythische Erbschaft der Dichtung* von 1945 hat er der Wendung zum Mythos eine »Theorie der Prophetie« »logistisch« nachgetragen. Dort heißt es:

> Prophetie stammt aus dem Wissen um das Menschliche schlechthin und darum auch aus einem, das allem Menschlichen eingesenkt ist und es zum Menschen macht, nämlich aus dem Wissen um das Unendliche. In Ahnung der Unendlichkeit sind Mythos und Logos prophetisch vereint und stoßen gemeinsam ins Unbekannte vor, doch sie separieren sich aufs Neue, da die Erkenntnis niemals das Unendliche wahrhaft zu bewältigen vermag, und sie separieren sich so gründlich, daß darob das Wissen um das Prophetische völlig aus dem Wissen des modernen Menschen getilgt zu sein scheint. [...] Die »mythische Prophetie« war ethisch, und infolge ihres Wissens um die Menschenseele und deren klein-furchtbare Taubheit, war sie ethischer Weckruf und Unheilsbotschaft. Die »logische Prophetie« in ihrer heutigen, wissenschaftlichen Gestalt hat mit solch ethischer Verantwortung freilich noch sehr wenig zu schaffen, obwohl sie wahrscheinlich einmal berufen sein wird, sie zu übernehmen: ein derartiger Auftrag kann jedoch nicht von »außen« und sozusagen künstlich an die Wissenschaft herangebracht werden, vielmehr müßte er sich aus ihrem »innern« Wachstum in aller Natürlichkeit von selbst ergeben, nicht zuletzt aber aus dem Wachstum und der Vertiefung der Grundlagenforschung, da nur von dieser eine zunehmende Aufdeckung des Zusammenhanges zwischen der logischen und allgemein geistigen und schließlich ethischen Struktur der Menschenseele erwartet werden kann – ein Sachverhalt, der vorderhand des Mißfallens der meisten Wissenschaftler ziemlich sicher sein dürfte. Hingegen häufen sich die Anzeichen für die Aufnahme solchen Sachverhaltes durch die Dichtung, denn sie, die gemäß ihrer Verwandtschaft mit allem Seherischen stets eine Ungeduld der Erkenntnis gewesen ist, weiß seherisch ahnend auch um die Prophetie selber, weiß um deren ethische Zukunftsaufgaben und ist daran, diese im eigenen, im dichterischen Bereich zu erfüllen (KW 9/2, 208f.).

Broch nennt die neue Mythologie der Dichtung am Beispiel von Dostojewski, Joyce, Thomas Mann zugleich polyhistorisch und übernational, also allgemein menschlich. Brochs eigener Beitrag zu einer mythischen Prophetie, welche die logische Prophetie angemessen in sich aufnimmt, kann wohl zunächst mit dem Roman *Die Verzauberung* benannt werden, der ihn ja auch später wohl deshalb nicht losließ, weil er in ihm mehr als antifaschistische Didaktik realisieren wollte. Es heißt in einem Brief von 1934 zur Form: »Worauf es ankommt, ist das *gefühlte Wissen anklingen zu lassen,* d.h. ein *Geschehen* zu konstituieren, das als solches zwar nicht rational, wohl aber rational ausdrückbar und damit auch Ausdruck jenes Gefühlswissens ist. Das ist freilich nur durch Konzentration auf die eigene innerste Erlebnissphäre zu erreichen« (KW 13/1, 301). Broch will beides: »mythische Dämmerung« (S. 310) und »das Rationale bis zur äußersten Grenze« (S. 319). *Die Verzauberung* ist für ihn freilich nur ein erster Band, in dem es scheinbar nur um »Erd- und Mutterkult« (S. 386) geht (natürlich nicht allein, aber in der Perspektive einer neuen Mythologie). Der Mythos als im Logos aufgeschlossene Erfahrung wird von Broch auch als Beteiligung der Dichtung »an der Religionssuche« (KW 3, 385) verstanden. Freilich würde man ihn gründlich mißverstehen, wenn man die Verkörperung der Muttergesellschaft in Mutter Gisson und die »Naturanbetung« ohne Berücksichtigung von Brochs Periodisierung der Geschichte als positives Gegenbild zur machtbesessenen Pseudomythik des Verführers Ratti lesen würde. Denn der Zerfall liegt sozusagen am System, wie ja nach Brochs Lehre die je eigene Verfallsmöglichkeit in der Positivität des Systems selber liegt. Daher auch die für den Leser befremdliche Nähe zwischen Mutter Gisson und Ratti, zwischen Original und Imitation, daher auch das Versagen des Intellektuellen, des Landarztes, in dessen Tagebuch Broch, wie er sagt, »unausgesetzt auf die Übereinstimmung der inneren und äußeren Landschaft achthatte, auf das Ineinanderspiel, welches die Landschaft der Seele mit dem des äußeren Schauplatzes fortwährend verbindet« (ebd.). Broch hält dies für eine gefährliche Voraussetzung der Massenpsychose; mir leuchtet deshalb auch nicht ein, wenn diesem Roman, freilich nicht ohne Belege bei Broch, irgendeine naturmystische religiöse Programmatik unterstellt wird.[8]

Für Broch ist *der* Mythos »noch nicht geboren« (KW 13/2, 322). Dies gilt auch für seinen »Bergroman«. Beim *Vergil* versucht er daher, die »größtmögliche Annäherung an die Todeserkenntnis« (ebd., S. 320) zu erreichen, denn für ihn gilt: »Mythos ist immer die Gewinnung einer neuen Einsicht in das Todesphänomen: der Sinn des Lebens wird vom Tod bestimmt [...]« (ebd., S. 380). Da der Tod der »absolute Unwert« ist, gilt es bei Broch, von dieser Negativität auszugehen.

Im Nachwort seines »Tagebuches« spricht der Landarzt von dem »Irrweg, um zur Natur zurückzukehren« (KW 3, 369). Dieser sei in der Versündigung gegen die *menschliche* Natur zu sehen. Der Selbstfindungsprozeß des Arztes, der sich als innerer Vorgang im Sinne von Brochs ethischer Theorie, d. h. als Selbstbegegnung in der Erfahrung des Versagens und dann als Selbsterkenntnis, vollzieht, bleibt freilich auf die Einsicht begrenzt, daß man die Natur nicht gegen den Menschen ausspielen darf. Auch in der Erinnerung an den Riß in der Biographie – die Flucht vor der politisch engagierten Geliebten in die Bergwelt – erfolgt gewissermaßen eine Bekehrung zur Anthropozentrik. (Dieses Buch sollte heute für die »grüne« Szene eine eher provozierende Lektüre sein.) Die *menschliche* Natur wird dabei freilich zugleich als das *natürlich* Menschliche erfaßt: von Geburt und Tod ist in diesem »Nachwort« die Rede. Die positiven Demeter-Elemente der natürlichen und menschlichen Religion, greifbar in Mutter Gisson, scheinen Broch jedoch so wenig in seinem Anspruch befriedigt zu haben, daß *Die Verzauberung* nicht publiziert wurde. Erst nach dem *Vergil* ließ sich Broch aus sehr äußerlichen pekuniären Gründen wieder allmählich dazu drängen. Aber das Buch ist als fragmentarischer Nachlaß zu sehen, als ein in Brochs Augen mißlungenes Experiment religiöser Tröstung. Gerade aber, wenn man dies mit berücksichtigt, ist in der *Verzauberung*, um Brochs *Weltbild des Romans* von 1933 heranzuziehen, eine Welt entstanden, nicht »wie sie gewünscht«, sondern »wie sie gefürchtet wird« – »was hier dasselbe bedeutet, denn beides ist schön« (KW 9/2, 97). Ich habe den Eindruck: Versagt bei den *Schlafwandlern* gleichsam das philosophische »Libretto« gegenüber der »Partitur«, der Dichtung, so versagt in der *Verzauberung* gleichsam die »Partitur« gegenüber dem Anspruch des in Selbstzeugnissen und theoretischen Schriften erkennbaren »Libretto«. Das Fazit von Brochs Arbeit an der narrativen Ethik in der *Verzauberung* könnte mit seinen eigenen Worten so umschrieben werden: »es ist innerhalb eines jeden Wertsystems ein völlig identisches festzustellen, das Zug um Zug mit dem originalen übereinstimmt und doch dessen Gegenteil ist, da ihm der Blick auf das unendliche Wertziel fehlt. Es ist die Maske des Antichrist, der die Züge des Christ trägt und dennoch das Böse ist (KW 9/2, 145).

Literarisch sehe ich in der *Verzauberung* ein Gegenstück zu Thomas Manns *Mario und der Zauberer* (1930).[9] Weil die Hinweise darauf in den Selbstzeugnissen fehlen, ist man hier auf den Vergleich angewiesen. Immerhin spricht Broch in diesen Jahren häufig von Thomas Manns »historischem« Mythos-Buch, gemeint sind die *Geschichten Jaakobs,* und meint zunächst, dieser historische Weg sei für ihn nicht gangbar (beschritt ihn dann aber mit dem *Vergil* auf seine Weise). Die bewundernd-distanzierende Orientierung an Thomas Mann liegt deutlich zutage. Mit Sicherheit hat er seine anti-faschistische Erzählung nicht ohne Blick auf Thomas Manns, am italienischen Faschismus orientierte, Novelle von 1930 verfaßt.

Zunächst ist da der sprachliche Anklang: »Der Zauberer« – »Die Verzauberung«. Bei Thomas Mann lehnt sich das Volk im Kellner »Mario« gegen den Zauberer auf; bei Broch heißt der Verführer »Marius«. Von solchen Beobachtungen auf den Inhalt gelenkt, läßt sich auch auf der Ebene der Figuren Polarität erkennen: der Widerstand kommt bei Broch aus der weiblichen Figur, das »Opfer« der Verführung ist weiblich (Irmgard). Auch in der Handlung liegen Elemente des Kontrapunktes: wenn der Kußszene zwischen Mario und dem Zauberer Cipolla die Opferszene entspricht, so tötet bei Thomas Mann Mario mit Schüssen den Zauberer, während hier das Opfer getötet wird, und zwar nicht vom »Zauberer«, sondern aus dem Massenwahn der Menge heraus. Damit kommt man leicht zu der Entdeckung, daß das, was bei Mann durch die Hypnose des Zauberers geleistet wird, bei Broch aus der Psychose kommt: statt *des* Zauberers eben *die* Verzauberung. Manns Novelle bleibt in der Einstellung des Erzählers relativ »olympisch«, während bei Broch der erzählende Landarzt selbst von der Psychose ergriffen wird, die Wahrnehmung also *innerhalb* des Geschehens und beteiligt ist (keine »Zuschauerrolle« wie in Manns Novelle). Der Erzähler Manns ist am Schluß nach dem Todschlag irgendwie »befreit«, bei Brochs Landarzt bleibt die Beklemmung. Freilich gibt es auch Verstärkungen: was Mann am Anfang seiner Novelle kunstvoll als faschistische Stimmung beschreibt, wird von Broch nicht »vorgefunden«, sondern im Bewußtsein der Menschen aus ihrer Alltäglichkeit heraus aufgebaut.

Diese Beobachtungen ließen sich gewiß vertiefen. Im Rahmen dieser Ausführungen haben sie nur den Sinn zu zeigen, wie sehr Broch in seiner narrativen Ethik an das allgemeine Bewußtsein zu rühren versucht. Gerade am narrativen Experiment, das er der Öffentlichkeit nicht preisgeben wollte – bei aller politischen Dringlichkeit! – wird dies besonders deutlich.

## *Anmerkungen*

1 Vgl. etwa *Ethik vor dem Anspruch auf Befreiung*, in: Concilium 20 (1984), H. 2.

2 Vgl. D. Mieth, Dichtung, *Glaube und Moral*, Mainz [2]1983, 16–115; ders., *Moral und Erfahrung*, Freiburg/Schweiz und Freiburg i. Br. [3]1982, S. 23–90.

3 Ich zitiere im Text die *Kommentierte Werkausgabe* von P. M. Lützeler (KW).

4 Vgl. H. Rombach, *Strukturontologie*, Freiburg i. Br. 1971, bes. S. 257.

5 Vgl. *Hermann Brochs Werttheorie*, in: *Hermann Broch*, hg. v. P. M. Lützeler, Frankfurt am Main 1986, S. 227–245, hier S. 229.

6 Vgl. ebd., S. 232.

7 Vgl. ebd., S. 231.

8 Vgl. zuletzt W. Schmidt-Dengler, *Hermann Brochs Roman »Die Verzauberung«*, in: *Hermann Broch* (Anm. 5), S. 148–165, hier: S. 162.

9 Vgl. den Hinweis von G. C. Schoolfield, *Notes on Broch's »Der Versucher«*, in: Monatshefte 48/1 (1956), S. 1–16.

*Michael Kessler*

# Religiöser Paradigmenwechsel

Die Geschichte der Literatur, so heißt es gelegentlich, sei eine Geschichte der Niederlagen. Das gilt für den Bereich der Politik; es gilt auch für den der Religion. Vermutlich gehört das zur ›Dialektik der Aufklärung‹. Hermann Broch, der ›Dichter wider Willen‹, wußte das genau. Und er hat sich davor gefürchtet. Nicht aus Eitelkeit und nicht aus Selbstüberschätzung, sondern aus Humilität.

Die vielfältigen Vorbehalte des großen Schriftstellers und wachsamen Zeitgenossen gegen das, wie er es nannte, »Geschichtel-Erzählen«, das eigene und das der anderen, sind bekannt (Brief an F. Torberg v. 10. April 1943, KW 13/2, 318ff.). Bekannt ist auch die mit krisenhafter Regelmäßigkeit und Bedrohlichkeit wiederkehrende Anwandlung, »das Dichten aufzugeben« (Brief an R. Neumann v. 22. Juli 1945, KW 13/2, 463ff.). Die Gründe für beides sind vielschichtig. Da gibt es den Zweifel an der eigenen dichterischen Kompetenz, trotz oder wegen der ›Lust zum Fabulieren‹. Da gibt es, weitreichender, den Zweifel an der, wie man heute zu sagen pflegt, Relevanz von Dichtung überhaupt. Schließlich sind da – und beides gehört zusammen – die Angst vor der Nachlässigkeit gegenüber einer aller Kunst inhärenten Inklination zum Effekt (vgl. *Das Weltbild der Romans,* KW 9/2, 108), also die Angst vor der Kitsch-Gefahr, und die Angst vor dem Kollaps, dem, wie Broch sagt, Sich-Umbringen durch »Über-Intensität« (Brief an R. Neumann v. 22. Oktober 1945, KW 13/3, 26ff.). Hinter allem aber steht die Sorge des Dichters, der Gefahr der Aleatorik zu erliegen und damit das einzige Interesse des geistigen Menschen preiszugeben: »Erkenntnis und Menschlichkeit« (KW 11, 453).

In dieser Sorge werden die Quellen sichtbar und der Grund jener Humilität Hermann Brochs, von der die Rede war. Es ist die Einsicht und das Eingeständnis, »daß Philosophie mit dem Ungenügen leidender Menschen beginnt: seit jeher und bei allen Völkern«.[1] Humilität im Kontext Hermann Brochs, das meint Demut angesichts der Wahrheit und angesichts des Leidens. Es bedeutet, man darf sich durch den stumpf gewordenen Klang des Wortes nicht beirren lassen, solche Demut kein Geschehenlassen und keinerlei Lethargie, sondern – das schiere Gegenteil von Quietismus – eine äußerste Angespanntheit, eine Angespanntheit der Fassungskraft, getrieben von der unstillbaren Neugier aufs Ganze.

Die Rede ist, wie es in der kleinen Würdigung Thomas Manns zu dessen 60. Geburtstag aus dem Jahre 1935 heißt, von einer »fast liebenden und jedenfalls ehrfürchtigen produktiven Skepsis«, eines Sich-Vorsehens und Achthabens also, das im An-die-Grenzen-Gelangen der Erkenntnis keine »Bestätigung« findet, sondern – im Gegenteil – den »Appell zur Auffindung der dahinter stehenden, fiktionsfreien und sinngebenden neuen Wirklichkeit«. Gemeint ist die »Sphäre jener einfachen Humanität, die vielleicht Liebe geheißen werden darf, vielleicht Güte, vielleicht Gottesschau, vielleicht, unaussprechlich schier, das zitternde Fließen zwischen Mutter und Kind, doch unter allen Umständen des Menschen eigenster und eigentlichster Wesenskern [...], Realität seines Herzens [...], große und zarte Kostbarkeit« (KW 9/1, 30f.). Eine Sphäre freilich – deswegen bedarf es der Skepsis, des Sich-Vorsehens und Achthabens –, eine Wirklichkeit, ein Ganzes, das sich gibt in der Weise des Entzugs: »unerreichbar ferne« sei es, und zugleich »unerreichbar nahe« (ebd., S. 30).

Damit angezeigt ist die Frage nach der Religion und ihrer Sache. Das, worauf alles ankomme, so heißt es in einem Radiovortrag aus dem Jahre 1933, sei die »Wiedergewinnung der religiösen Haltung in ihrer ganzen gemeinschaftsbildenden Strenge und in ihrer ideellen Einheitlichkeit« (KW 10/1, 57). Das klingt romantisch, restaurativ, rückwärtsgewandt. Doch ist, so heißt es noch in einem Essay aus dem Jahre 1950, die »Wiederbelebung von Religiosität« (KW 11, 395) nicht möglich durch »Umformung« schon vorhandener religiöser Elemente und Inhalte. Vielmehr bedürfe es dazu der »Aufdeckung einer neuen Realitätsschicht« (ebd., S. 394). Denn, so betont Broch in einer Rezension aus dem Jahre 1920, »die lebendige Befruchtung des Religiösen erfolgt schließlich immer wieder aus dem ethischen Element der schöpferischen Freiheit« (KW 10/1, 252). Dieses ethische Element der schöpferischen Freiheit tritt – »Freiheit ist ein dynamisches Phänomen« (KW 11, 468) – hervor in dem, was Broch »Geduld des langen Weges« (ebd., S. 467) nennt, also in einer Schritt für Schritt sich vorwärtstastenden, mit den »Fehlsituationen«, den »Situationen wachsenden Menschenleids« (ebd., S. 488) sich nicht abfindenden, das Ungeistige ablehnenden, das Dogmatische vernichtenden, nur durch »eigenes Nachdenken« (KW 10/1, 248) und durch »schlichte Anständigkeit« (KW 9/1, 273) sich erhaltenden »letzten Religiosität« (KW 10/1, 248). Die hier angesprochene »Verpflichtung zur Anständigkeit« (KW 9/1, 402) erscheint Broch, wie eine Rezension aus dem Jahre 1948 verdeutlicht, nicht nur als »Kernpunkt« einer Politik »wahrhaften Fortschritts«, sondern als Prinzip aller »Wiedergewinnung« (ebd.). Es ist die unter den Bedingungen des Zerfalls der Werte einzig noch verbleibende Weise eines in der »Einsamkeit des Geistes« sich bewahrenden »Menschentums«, einer »Menschlichkeit«, die darin besteht, die »nüchterne Wahrheitsaufgabe« (KW 11, 395) gegenüber dem »irdisch Absoluten« zu erfüllen, das die »Vorbedingung für jede künftige religiöse Erfahrung« (ebd., S. 394) bildet, und auch darin, »das irdische Haus mit Anstand« zu bestellen (ebd., S. 396). Es ist dies zugleich der Punkt, vielleicht der einzige, an dem sich zeigt, daß und inwiefern »das Kognitive heute noch eine soziale Bedeutung« (KW 10/1, 237) haben kann; denn »sich kognitiv und ethisch zu ordnen, zu wissen, für welchen Lebenssinn sein einsames Ich sich zum Sterben bereit halten soll« (ebd., S. 238), bleibt, im Durchgang durch das Nichts, die einzige Bedingung aller Humanität. In dem großen Gespräch mit Egon Vietta aus dem Jahre 1950 wird dieser Punkt markiert durch das, was Broch »den Mut zur Banalität« nennt: »Du magst glauben, was du willst, du magst unter gewissen Umständen sogar an Dogmen glauben, aber verrate darob nie und nimmer deinen Bruder. Und wenn du ihm gar hilfst in seiner Not, so hast du dein Menschsein erfüllt« (KW 9/2, 261). Diese »schlichte, menschliche Anständigkeit« ist unter den Bedingungen der Gegenwart »jene irdische Absolutheit, auf deren Definition und Begründung es heute ankommt, damit wir weiterleben können [...] als Menschen überhaupt« (ebd., S. 261 f.). (Soweit ich sehe ist die Bedeutung der Begriffe ›Anstand‹ und ›Anständigkeit‹ für Brochs Verständnis des Problemfelds Religion/Religiosität bisher unbeachtet geblieben; eine eigene Untersuchung dazu fehlt.[2])

Broch zielt auf die Fortschreibung des Kantischen Pflichtgebots unter veränderten Bedingungen. Gewährleistungsinstanz und Grund der Hoffnung gegenüber der sich verschließenden Totalität dessen, was der Fall ist, ist der Mensch selber. Noch »im letzten menschlichen Individuum«, so wird gesagt, schimmert ein »ferner Glanz« auf der »Idee des Ich« (KW 10/1, 43). Daher kann es als Ursprungsort, als Quell des Mystischen angesehen werden. In ihm, »in der Seele des menschlichen Individuums« ist »unauslöschlich und ewig verwurzelt« die, wie Broch sie nennt, »religiöse Sphäre«, ein »metaphysisches Bedürfnis«, das sich nicht zum Schweigen bringen läßt (KW 9/2, 247). Es handelt sich dabei nicht um eine Chimäre, sondern um jene »metaphysische Evidenz, die den Menschen erfüllt« und zu der Dichtung als legitime »Ungeduld der Erkenntnis« vorstößt, wenn »die rationalen Mittel des Denkens hierzu nicht ausreichen« (ebd., S. 247).

Die ›Kategorien‹ des Mystischen, des Metaphysischen, erscheinen, das ist Broch sehr wohl bewußt, als eine Grenze. Es ist die Grenze, an der gleichsam der Umschlag dessen, was der Fall ist, in die Totalität des Lebens erfolgt, über die, mit Ludwig Wittgenstein zu reden, die Philosophie qua Wissenschaft nicht sprechen kann, sondern schweigen muß.[3] Das Subjekt, das Ich, stößt nicht nur an diese Grenze der Welt, sondern es ist, indem es nicht zur Welt gehört, selbst »eine Grenze der Welt«[4]: es ist nicht reduzierbar auf Welthaftes, ja, es ist selbst nicht welthaft. Solchermaßen ist das Ich, das hat Broch scharf gesehen, die Einbruchsstelle des Unsagbaren. »Es gibt«, so sagt Wittgenstein, »allerdings Unaussprechliches. Dies *zeigt* sich, es ist das Mystische.«[5] In ihm kündigt sich ein eigener und selbständiger Bereich an, der das, was der Fall ist, relativiert, weil er dessen Grenze ist und dadurch kenntlich macht, daß das, was der Fall ist, die Welt, nicht das Absolute ist. »Der Sinn der Welt«, so unterstreicht Wittgenstein im Traktat, »muß außerhalb ihrer liegen. In der Welt ist alles wie es ist und geschieht alles wie es geschieht; es gibt *in* ihr keinen Wert – und wenn es ihn gäbe, so hätte er keinen Wert. Wenn es einen Wert gibt, der Wert hat, so muß er außerhalb alles Geschehens und So-Seins liegen. Denn alles Geschehen und So-Sein ist zufällig. Was es nicht-zufällig macht, kann nicht *in* der Welt liegen, denn sonst wäre dies wieder zufällig. Es muß außerhalb der Welt liegen.«[6]

Das Mystische bzw. Metaphysische als das Unsagbare ist das Nicht-Tatsächliche. Als solches ist es ein absoluter, für sich bestehender Sinn[7], angesichts dessen, wie Wittgenstein formuliert, »wir fühlen, daß selbst, wenn alle *möglichen* wissenschaftlichen Fragen beantwortet sind, unsere Lebensprobleme noch gar nicht berührt sind«.[8] Zwar ist auch die Ethik nach Wittgenstein nicht von dieser Welt, »nicht der Welt zugehörig«, und demgemäß verändert sie nicht die Tatsachen. Doch ist dies nur die eine Seite. Denn andererseits heißt es: »Wenn das gute oder böse Wollen die Welt ändert, so kann es nur die Grenzen der Welt ändern, nicht die Tatsachen. [...] Kurz, die Welt muß dann dadurch überhaupt eine andere werden. Sie muß sozusagen als Ganzes abnehmen oder zunehmen. Die Welt des Glücklichen ist eine andere, als die des Unglücklichen.«[9] Und, so wird hinzugefügt, nachdem beobachtet wurde, das »Gefühl der Welt« als ein begrenztes Ganzes sei das Mystische[10], die »Lösung des Rätsels des Lebens in Raum und Zeit liegt außerhalb von Raum und Zeit«.[11]

Es scheint mir legitim und sinnvoll, diese Stellen aus Wittgensteins Traktat anzuführen, weil sie, gegenüber den Konnotationen, die sich üblicherweise einstellen, wenn wir von Mystik, Metaphysik oder Religion sprechen, eine Distinktion und Differenzierung geben, die für das Verständnis der philosophischen und der dichterischen Bemühungen Hermann Brochs erheblich ist. Damit soll nicht behauptet werden, daß die Problemlösungen, die Hermann Broch anstrebte, und die Art und Weise, wie er zu ihnen gelangte und sie formulierte, unverlierbar denkwürdig wären. Nicht die Problemlösungen, wohl aber die Problemanzeige ist von Belang. Hermann Broch zeigt, sozusagen im Kräftefeld der von Wittgenstein markierten Positionslichter, die Einbruchsstelle der Frage nach dem Sinn des Lebens, die die Kernfrage der Religion und die Bedingung der Humanität ist.

Diese Stelle zeigt sich gleichsam im »Durchgang durch das Nichts« (vgl. Brief an Willa Muir vom 20. 10. 1934, KW 13/1, 304): sie zeigt sich da, wo sich zugleich das Scheitern ihrer bisherigen Bestimmungen – metaphysischer und antimetaphysischer, theistischer und atheistischer, idealistischer und positivistischer, bejahender und verneinender – zeigt; ihr Scheitern und ihr Fortbestehen. Interessant an der Sichtweise Brochs ist – und da ist der Schriftsteller dem Denker voraus und wird das Geschichtel-Erzählen bedeutsamer als die Geschichtsphilosophie –[12], daß er das konkrete empirische Ich, ungeachtet des Amalgams von Strebungen, Velleitäten und Determiniertheiten, das es de facto darstellt, als permanente mystische Potentialität entdeckt und bestätigt. Insofern gilt ihm der Mensch selbst als die größte Hoffnung des Menschen. Die hier stattfindende, gewiß radikale Anthropologisierung der Religion, das Durchstreichen und Für-abgelöst-Erklären ihrer ideologischen Realisate und der daraus sich folgerichtig ergebende religionen-kritische und a-theistische Zug im Denken Hermann Brochs erscheint zugleich als ein Versuch, die Sache der Religion gegen ihre Verwaltung durch die Religionen zu verteidigen und zu rechtfertigen. Die Sache der Religion, das ist der Sinn des Lebens. An ihm ist das Gottesproblem gehalten, nicht umgekehrt.

In Wittgensteins Tagebüchern, die Broch nicht kannte, finden sich diesbezüglich bemerkenswerte Eintragungen: »An einen Gott glauben heißt, die Frage nach dem Sinn des Lebens verstehen. An einen Gott glauben heißt sehen, daß es mit den Tatsachen der Welt noch nicht abgetan ist. An Gott glauben heißt sehen, daß das Leben einen Sinn hat.«[13] Das ist gewiß nicht theistisch zu verstehen und wohl auch nicht religiös im herkömmlichen Verstand. Wohl eher so, daß der Sinn des Lebens und der Welt sich nur von der Grenze her zeigt; von der Grenze der Welt her als etwas außer ihr, als etwas, das nicht der Fall ist; von der Grenze des Lebens her als das Woher seines Umgetriebenseins, das nicht erkannt, sondern vernommen wird: vernommen in jener, wie Broch formuliert, »metaphysischen Evidenz, die den Menschen erfüllt« (KW 9/2, 247), an einem Punkt, wo »der Mensch in schwerem Erschrecken seines eigenen Seins und Bewußtseins gewahr wird« und den »mystischen Zwang« in sich erlebt, »eine Unität anzustreben, in der die Erfüllung des Humanen liegt und die ebendeshalb auch die Geschichte erfüllt« (KW 9/2, 187).

Es ist dies der Punkt, an dem sichtbar wird – und dieses Sichtbarwerden ist allerdings, wie Broch betont, etwas für den Menschen zutiefst »Erschreckendes« (KW 10/1, 95) –, daß Verantwortung nicht delegierbar ist, nicht übertragbar, nicht verlagerbar, sondern in der Verpflichtung der Vernunft, vernünftig zu sein, in den unabdingbaren Selbstgestaltungsbereich des Menschen fällt. An diesem Punkt wird die Vernünftigkeit der Vernunft identisch mit ethischem Handeln, weil darin die »allgemeine Erkenntnis von der Einziggültigkeit des menschlichen Willens« aufgeht (ebd.) im, mit Paul Tillich zu sprechen, »Mut zum Sein«[14], also zum Umgreifenden; in der, wie Broch formuliert, Einsicht, »daß Mut nicht mehr im Erschlagen, sondern im Retten des Nebenmenschen seinen eigentlichen Sinn hat«. Dies allein, so sagt er, »ist die Humanität, die der Welt wieder gebracht zu werden hat« (ebd., S. 104).

Es ist dies, nach Th. W. Adorno, der Verzicht darauf, aus »Verzweiflung an der Vernunft« ihre Abdankung zu verlangen und aus »prekärer Autonomie das Heteronome« zu wählen.[15] Dazu bedarf es der Arbeit am individuellen und gesellschaftlichen Ganzen, der geschichtlichen Aktivität. »Die Herstellung«, so betont Max Horkheimer, »eines gesellschaftlichen Zustandes, in dem der eine dem anderen nicht zum Mittel wird, ist zugleich die Erfüllung des Begriffs der Vernunft, der in der Spaltung von objektiver Wahrheit und funktionellem Denken jetzt verloren zu gehen droht.«[16] Durch einfache Wiederherstellung der Religion, so wie sie war und bleiben zu können hofft, ist dies nicht zu gewährleisten. Zwar wird, wenn es unter den Bedingungen der Gegenwart noch so etwas wie ein Thema geben kann, die These Günther Rohrmosers sich bestätigen, zum Guten oder zum Schlechten übrigens, daß »nicht die Politik, nicht die Ökonomie, sondern die Religion [...] das große Thema am Ende unseres Jahrhunderts« sein werde[17], doch ob ein christliches Auffangen und Neuintegrieren der Wert-, Kultur- und Sinnkrise, wie Rohrmoser meint, noch möglich ist, steht jedenfalls dahin, solange nicht erkannt wird – wie Horkheimer zurecht betont und wie es wohl auch die Position Hermann Brochs beschreibt –, »daß die gesamten theologischen Systeme und Begriffe im rein positiven Sinn nicht mehr haltbar sind«.[18] Die in manchem sich abzeichnende »Wiederkehr der Religion«[19], von der allenthalben beschwichtigend die Rede ist, bedeutet für sich genommen und undifferenziert bejaht, noch keine Hoffnung. Zwar ist, wie Horkheimer betont, das für alle Humanität konstitutive »Wissen um die Verlassenheit des Menschen [...] nur möglich durch den Gedanken an Gott«. Aber eben über diesen läßt sich nichts aussagen. »Wir können das Absolute nicht darstellen, wir können, wenn wir vom Absoluten reden, eigentlich nicht viel mehr sagen als dies: Die Welt, in der wir leben, ist eine relative.«[20] Aus dem Bewußtsein der Verlassenheit und Endlichkeit des Menschen ist ein Gottesbeweis nicht zu führen, und würde er dennoch geführt, er würde nichts nützen, sondern lediglich dieses Wissen aufheben, um einem irrationalen Glauben Platz zu machen. Aber Ignoranz ist nicht gleich Religion. Auch hier führt Nachlässigkeit in der Theorie zum Totalitarismus in der Praxis. Der kritische Weg, so sagte einst Kant, steht allein noch offen: der Weg der dem falschen Glauben an den absoluten Anspruch von Programmen widerstehenden, »durch Kultur hindurchgegangenen und keiner ihrer verfestigten Gestalten sich verschreibenden Sehnsucht nach dem, was anders ist«.[21]

Diese Sehnsucht ist unter den Gegebenheiten unserer Existenz gehalten an die Bedingung der Humilität, einer ebenso skeptischen wie unnachgiebigen; einer Demut, die darauf insistiert, daß einem »das Leid der anderen so nahe ist, wie sein eigenes Leid, bis er Mitleid und Mitfreude empfinden kann«.[22] Insofern ist, wie Ernst Bloch im Prinzip Hoffnung formuliert, »am Deus absconditus [...] das Problem gehalten, was es mit dem legitimen Mysterium Homo absconditus auf sich habe«.[23] Nachdenken über Gott heißt demnach, den bisher noch nicht erschienenen Menscheninhalt des mit dieser Bezeichnung gemeinten zum Vorschein kommen zu lassen. Die Religion ist um des Menschen willen da; sie ist das Einstehen im Handeln für dessen »himmlische Andersheit«, um eine weitere Wendung Ernst Blochs aufzugreifen. Sie steht für einen Sinn, der anders als durch demütige Selbstverantwortung nicht zu haben ist. »Den Zweifel in die Religion einzubeziehen, ist ein Moment ihrer Rettung.«[24]

Hermann Broch war, wenn ich recht sehe, ein zutiefst religiöser Mensch. Dies ist der Grund seiner – bei aller Liebe und Sehnsucht – skeptischen und kritischen Betrachtung der Religion.

## *Anmerkungen*

1 Vgl. H. Mayer, *Ernst Bloch oder die Selbstbegegnung*, in: M. Kessler (Hg.), *Laboratorium salutis. Beiträge zu Weg, Werk und Wirkung des Philosophen Ernst Bloch (1885–1977)*, Stuttgart 1986, S. 13–26, zit. S. 26; vgl. jetzt auch: H. Mayer, *Augenblicke. Ein Lesebuch*, Frankfurt am Main 1987, S. 61–77.

2 Eine vorläufige und unvollständige Liste benennt neben den hier zitierten Stellen noch weitere Fundorte: KW 5, 47; 49; 243; 270. KW 9/1, 273; 401 f. KW 9/2, 39; 257; 261. KW 11, 112; 153; 171; 198; 218; 225; 389; 392; 396; 406; 443. KW 12, 355; 368; 375; 385; 531; 533. – Vgl. auch Ges. Werke Bd. 9, 235. KW 13/2, 81; 134. KW 13/3, 144; 169; 303; 310; 312. Die Zusammenstellung verdanke ich Henning Moritz, Meseberg/DDR.

3 L. Wittgenstein, *Tractatus logico-philosophicus* (1921), in: *Schriften 1*, Frankfurt am Main 1960, Nr. 7.

4 L. Wittgenstein, *Tractatus,* Nr. 5.632.
5 Ebd., Nr. 6.522.
6 Ebd., Nr. 6.41.
7 Vgl. W. Schulz, *Wittgenstein,* Pfullendorf 1967, S. 45.
8 L. Wittgenstein, *Tractatus,* Nr. 6.52.
9 Ebd., Nr. 6.43.
10 Ebd., Nr. 6.45.
11 Ebd., Nr. 6.4312.
12 Vgl. M. Durzak, *Der »Geschichtelerzähler« Hermann Broch,* in: E. Kiss (Hg.), *Hermann Broch. Werk und Wirkung,* Bonn 1985, S. 9–30; R. Thieberger, *Brochs vergeblicher Kampf gegen das »Geschichtel«-Schreiben,* ebd., S. 39–51; ferner die Beiträge von Durzak und Thieberger in: M. Kessler / P. M. Lützeler (Hg.), *Hermann Broch. Das dichterische Werk. Neue Interpretationen,* Tübingen 1987, S. 209–220 und S. 113–120.
13 L. Wittgenstein, *Tagebücher 1914–1916,* in: *Schriften 1,* S. 166f. (8. Juli 1916).
14 P. Tillich, *The Courage to Be* (1952; dt.: *Der Mut zum Sein,* 1953).
15 Th. W. Adorno, *Vernunft und Offenbarung,* in: ders., *Kulturkritik und Gesellschaft II,* Frankfurt am Main 1977 (*Gesammelte Schriften,* Bd. 10/2), S. 608–616; zit. S. 610f. – Vgl. M. Seckler/M. Kessler, *Die Kritik der Offenbarung,* in: W. Kern, H. J. Pottmeyer und M. Seckler (Hg.), *Handbuch der Fundamentaltheologie,* Bd. 2: Traktat »Offenbarung«, Freiburg 1985, S. 29–59; bes. S. 48–50.
16 M. Horkheimer, *Gesammelte Schriften,* Bd. 7, Frankfurt am Main 1985, S. 34 *(Zum Begriff der Vernunft).*
17 G. Rohrmoser, *Politik und Religion am Ende der Aufklärung,* in: T. Rendtorff (Hg.), *Religion als Problem der Aufklärung. Eine Bilanz aus der religionsgeschichtlichen Forschung,* Göttingen 1980, S. 202–217, zit. S. 209.
18 M. Horkheimer, a. a. O., S. 222 *(Über den Zweifel).*
19 Vgl. H. Lübbe, *Religion nach der Aufklärung,* in: T. Rendtorff, *Religion* (s. Anm. 17), S. 165–184; ferner T. Rendtorff, *Religion »nach« der Aufklärung. Argumentationen für eine Neubestimmung des Religionsbegriffs,* ebd., S. 185–201; W. Oelmüller (Hg.), *Wiederkehr der Religion,* Paderborn 1984.
20 M. Horkheimer, a. a. O., S. 387 *(Die Sehnsucht nach dem ganz Anderen).*
21 Ebd., S. 139 *(Die Aktualität Schopenhauers).*
22 Ebd., S. 392 *(Die Sehnsucht nach dem ganz Anderen).*
23 E. Bloch, *Das Prinzip Hoffnung,* Frankfurt am Main 1959, S. 1406.
24 M. Horkheimer, a. a. O., S. 223 *(Über den Zweifel).*

# *Thomas Koebner*
# Der unerreichbare Gott

»Religion als Problem ist nicht Angelegenheit des Gläubigen, sondern des Zweiflers.«[1] Der Satz entstammt einer Erläuterung zum *Tod des Vergil*, der *Erzählung vom Tode* und ist 1939 niedergeschrieben worden. Er umreißt die Haltung, die Hermann Broch in seinem Werk zum Problem der Religion eingenommen hat: die Haltung des Suchenden, des Zweifelnden, des inständig Fragenden. Zwischen Religionsverlust und Religionssuche spannt sich das Konfliktfeld, das er in Romanen und theoretischen Werken abschreitet. Vier seiner erzählerischen Projekte hat er in Selbstaussagen als religiöse Romane bezeichnet: *Esch oder die Anarchie*, den unvollendeten Filsmann-Roman, die *Verzauberung* und den *Tod des Vergil*. Es sind Zeugnisse einer Zwischenzeit, die schon vor Broch von Ernst Bloch im *Geist der Utopie* durch die Kategorien ›nicht mehr‹ und ›doch schon‹ gekennzeichnet worden ist. Das Religiöse? Damit ist also nicht eine Botschaft gemeint, sondern die Unruhe über das Fehlen einer Botschaft. Wohl trifft der Begriff eine Gruppe von Themen, die in Brochs Werk immer wiederkehren: die Erfahrung radikaler Einsamkeit und des Todes, das Motiv des Opfers und Selbstopfers, Erlösungshoffnungen und das Warten auf Heilsbringer, die ›in den Grundfesten erschütternde‹ Begegnung mit dem Unendlichen. Es sind »Ur-Ideen des Religiösen«[2], die Broch aufgreift und beharrlich umkreist. Da geschlossene Systeme, wie sie auch Theologien darstellen, durch ihren dogmatisch-starren Charakter Brochs Verdacht erwecken, ist es ihm unmöglich, eine der bestehenden Religionen als ausreichende Erklärung der ›Welträtsel‹ ernst zu nehmen. Der Zustand der »Weltzersplitterung«, den er für sein Zeitalter konstatierte, schien so ohne weiteres nicht aufzuheben – obwohl diese Verschiebung und Verwirrung der Koordinaten nach Brochs Ansicht gerade daher rührten, daß eine zentrale Wertnormung verlorengegangen sei (diese Auffassung vertritt er noch in der *Massenwahntheorie*).[3] Die Fiktion eines Mittelalters in der heilen Ordnung christlichen Glaubens begleitet Broch durch sein Werk bis in die vierziger Jahre, als er zögernd und meist indirekt einräumen muß, daß es sich bei diesem Lobpreis eines vergangenen Zeitalters eher um die Rückprojektion eines romantischen Phantoms als um einen historischen Befund handelt. Und doch läßt er nicht von der Vorstellung ab, daß die Gegenwart nur die auseinandergebrochenen Partikel einer ursprünglich intakten und allumfassenden Ordnung präsentiere. Die abfallende Kurve der Dekadenz bestimmt die Perspektive seiner Geschichtsinterpretation. Die Grundvorstellung des Ignorabismus, daß wir es nicht wissen können und werden, was im innersten die Welt zusammenhält und uns retten kann, bewahrt Broch vor jeder Verhärtung im Denken (bewirkt eher eine fließende, anspielende, über zahlreiche Begriffe hinweggleitende Argumentation), zugleich wird das Interesse des Erzählers und Zeitanalytikers aufs Höchste erregt durch Figuren, die sich in diesem Gestöber der Einzelwerte sozusagen ein Dach über ihrer »transzendentalen Obdachlosigkeit« (Georg Lukács) errichten wollen: deren Angst, in der Welt zu sein, so groß ist, daß sie nach Hilfskonstruktionen greifen, um sich vor der Kälte des auf sie eindringenden unendlichen Raums zu schützen. Schutz- und Ortsuchende sind sie doch alle, die in Brochs Werken als Helden auftreten, als Schlafwandler und Verwirrte, als Heimatsuchende oder Umgetriebene. Ihr Leben und Handeln – das oft fatale politische Konsequenzen hat – wirkt immer wieder als Übersprungreaktion oder Ausweichmanöver vor dem, was später – im existentialistischen Vokabular der Nachkriegszeit, zugleich in Erinnerung an eine Goethesche Formel – ›Unbehaustheit‹ heißt. Blaise Pascal fand – z. B. im Artikel 205 seiner *Gedanken* – für diese Pein, die auch Broch und die literarischen Abspaltungen seiner Persönlichkeit umtreibt, den prägnanten Ausdruck: »Wenn ich die kurze Dauer meines Lebens betrachte, das verschlungen ist in die Ewigkeit, die ihm voraufging und ihm folgt, den geringen Raum, den ich ausfülle, und selbst den, den ich sehe, der in der grenzenlosen Unendlichkeit der Räume versinkt, die ich nicht kenne und die mich nicht kennen, dann erschrecke ich und wundere mich, daß ich mich hier sehe und nicht dort; denn es gibt keinen Grund, warum ich hier bin und nicht dort, warum jetzt und nicht irgendwann. Wer hat mich dahingestellt? Durch wessen Befehl und Führung sind dieser Ort und diese Zeit für mich bestimmt worden? Memoria hospitis unius diei praetereuntis (die Erinnerung an einen, der nur einen Tag lang zu Gast war).«[4]

## 1. Der verlorene Kinderglaube

Joachim von Pasenow kommt auf dem Rückweg vom Vater an der Dorfkirche vorbei. Da die Kirchentür geöffnet ist, läßt er den Wagen halten. »Es galt, eine Schuld abzutragen [...] eine Schuld gegen Gott. Er trat ein und suchte nach der Stimmung seiner Kindheit und ihrer Kirchenbesuche [...] aber seine Gedanken wollten Gott nicht finden [...] Ja, Bertrand hatte recht, sie hatten die Christlichkeit verloren; und nun versuchte er das Vaterunser zu beten, mit geschlossenen Augen und achthabend, keine leeren Worte aufzusagen, sondern in jedem Wort den Sinn zu erfassen; und als er zu der Stelle kam, ›wie auch wir vergeben unseren Schuldigern‹, da stellte sich das weiche, ängstliche und doch vertrauende Gefühl der Kindheit wieder ein: er erinnerte sich, daß er diese Stelle stets auf den Vater bezogen und aus ihr die Zuversicht geschöpft hatte, dem Vater verzeihen zu können [...] Joachim verließ die Kirche und es fiel ihm das Wort ›erhoben und gestärkt‹ ein, aber das Wort war ihm nicht leer, sondern hatte einen guten jugendlichen Sinn.«[5]

Joachims Kinderglaube ist verlorengegangen und nicht auf Dauer wiederherzustellen, allenfalls endet die Regression bei dem Gefühl der Erbauung (erhoben und gestärkt verläßt der Held die Kirche). Keine eindeutig religiösen Empfindungen sind es, die ihn bewegen und überkommen, sie gleiten in andere Bereiche, etwa in die kindlicher Schuld-, Straf- und Stärkevorstellungen. Gott und der Vater verschmelzen aus solchem Blickwinkel beinahe zu einer Person. Die familiäre Autoritäts-Struktur wiederholt sich in der Struktur der Anbetung des Herrn. Joachims Kinderglaube: das ist die fromme Unterwürfigkeit gegenüber dem sanften Zwang, der Körperdisziplin und Triebverleugnung durchzusetzen versucht (was nicht nur bei Kindern gelingt); das ist die Religion der Reinheit, der säuberlichen Trennung der Sphären, der Abschiebung all dessen, was von unten kommt – sei es sozialer oder triebhafter Natur. Aber je ungewöhnlicher die Erfahrungen sind, die Joachim zu machen gezwungen ist: mit Bertrand, dem ›Versucher‹, oder seiner Geliebten Ruzena aus der dunklen Unterschicht der Städte, desto mehr rückt der Gott seiner Kindheit in eine fast nicht mehr einholbare Ferne. Joachim hat sich vor den irdischen Anfechtungen nicht bewahren können; nun will er dies bei seiner Braut Elisabeth erreichen, die er sich in konventioneller Imagination

»auf silbriger Wolke über allem Pfuhle schwebend« vorstellt.[5a] In dem Bild, das er sich von ihr macht, bündelt er seine kindlich-rührenden Gefühle. Er selbst geht seinen Weg als ein von den Vätern ›verlassener Sohn‹, denn der Weg zurück zeigt sich ihm bald versperrt. Die Episode in der Dorfkirche bleibt eine Ausnahme. »Gott thront in absoluter Kälte und seine Gebote sind erbarmungslos, sie greifen ineinander wie die Zahnräder an den Maschinen bei Borsig und all dies war so zwingend, daß Joachim beinahe befriedigt war, bloß einen einzigen Weg zur Erlösung zu sehen, den geraden Weg der Pflicht, mochte er auch selber daran verbrennen.«[6] Wie er sich seinen Gott denkt, so reagiert Joachim künftig: wie eine Maschine, dem Gesetz nach willfährig, nach dem er angetreten ist. Daß er sich ein Wahnsystem errichtet, wird endgültig im dritten Teil des Buches sichtbar, als die Handlung das Jahr 1918 erreicht. In den Wirren des Kriegsendes und der aufbrechenden Revolution verfällt der zum Major avancierte Joachim von Pasenow einer unheilbaren Verstörung: Die allzu starke Erschütterung der alten Ordnung war in seine einst mühsam stabilisierte Gefühls- und Gedankenwelt nicht mehr einzufügen, also beginnt er, seelisch zu taumeln.

## 2. Der abstrakte Gott

»Ist es diese stumme und radikale und ornamentlose Religiosität, ist es diese der Strenge und nur der Strenge unterworfene Unendlichkeit, die den Stil der neuen Epoche ausmacht? Liegt in dieser Rigorosität des Göttlichen die Manifestation des in die unendliche Ferne gerückten Plausibilitätspunktes?«[7] Dem Protestantismus weist Broch in seinem Traktat über den Zerfall der Werte eine erhebliche Schuld daran zu, daß das Gotteserlebnis einer solchen ›Entfremdung‹ und »Entzauberung« (Max Weber) verfallen ist, daß man die Präsenz der waltenden Macht nicht mehr zu spüren bekommt. Einen von allen Gefühlselementen entblößten Gott kann Broch aber auch in der religiösen Struktur des Judentums beobachten. Es präge, kraft der »abstrakten Strenge seiner Unendlichkeit«, den modernen, den fortgeschrittensten Menschen überhaupt aus.[8] Broch begreift diese Entwicklung zur Vorherrschaft protestantisch-jüdischer Leib-und-Seele-Askese als Verlust an Leben und findet dafür folgenden Vergleich: Es ist, »als ob der

Strom des absolut Abstrakten, der seit zweitausend Jahren wie ein kaum sichtbares Bächlein des Ghettos neben dem großen Strom des Lebens geflossen ist, nun zum Hauptstrom werden sollte«.[9] Der religiöse Typus, der sich in diesem Sog der Geschichte noch einen Glauben erhalten kann, löst bei den skeptischen Erzählern der *Schlafwandler* ambivalente Gefühle aus. Im letzten Teil der Trilogie gibt es zwei Personen, die sich noch ihrem Gott nahe wissen: Marie, das Heilsarmeemädchen, und Nuchem, der junge Jude. Beide erscheinen als weltabgekehrt und fast skurrile Sonderlinge, deren Gläubigkeit vom Erzähler Bertrand Müller mit einer gewissen Scheu gelten gelassen wird. In einem Gespräch verlockt Bertrand den Nuchem zu einer Konfession, als der junge Jude sagt, der Krieg höre nun auf und die Revolution werde beginnen. Der Frager und Ich-Erzähler vermutet laut, daß jetzt wohl auch die Religion abgeschafft werde. Nuchem kann nur lachen. Das Gesetz bleibt, so meint er – »seine Hartnäckigkeit war unerschütterlich« –, und, darauf angesprochen, daß er wohl der ewige Jude sei, sagt er leise: »Jetzt werden wir gehen nach Jerusalem.«[10] Dies ist die heilige jüdische Formel der Hoffnung auf Heimkehr. Nuchem zieht sich in die Gewißheit seines Glaubens zurück wie in den Innenbezirk eines Tempels, in den ihm sein Gegenüber nicht folgen kann.

Die ernüchternde Entleerung religiöser und kultureller Formen, die Rationalisierung der ›Lebenswunder‹, die Abkältung und Abstraktion des Glaubens drängen sich Broch als unaufhaltsamer Prozeß der Geschichte auf. Einerseits kann er sich der Logik nicht verschließen, die Gott in eine Ferne rückt, in der er unantastbar und am Ende unvorstellbar wird; andererseits häuft Broch Ausdrücke, die sein Erschrecken über diese Entfernung verdeutlichen: Da ist von Strenge und Stummheit die Rede, von der »ganzen Furchtbarkeit« der Abstraktion[11] und der »Grausamkeit« des Absoluten[12], vom »Grauen des Unendlichen«[13] oder von der »für den irdischen Menschen kaum mehr zu ertragenden Annäherung an die Kälte des Absoluten«.[14] Das Pathos erhabenen Schreckens, die Assoziationen von Grauen und Kälte umgeben den aller Ebenbildlichkeit beraubten Gott, der im Jenseits aller Einbildungskraft »trauernd thront« (Broch denkt hierbei auch an das Gotteserlebnis Kierkegaards).[15] Der Mensch sei hinausgestoßen in diese ungeheure und schweigende Leere, die sich zwischen ihm und seinem sich entziehenden Gott erstrecke. Die Metaphern erwecken den Eindruck, es handle sich um die unergründliche Tiefe des Alls. Diese einschüchternden und gleichsam unmenschlichen Vorstellungen eines dunklen und riesigen Welt-Raums übersetzen jene Angst ins Anschauliche, die der Empfindung der Ortlosigkeit und Verlorenheit entspricht. In seinem Vortrag über *Geist und Zeitgeist* (1934) bestimmt Broch das »Ur-Erlebnis des einsamen Ichs«[16] als Erkenntnis der unbedeutenden Kleinheit und Zufälligkeit unserer Existenz und unseres Wissens (über diesen Schock berichtet auch Pascal). Der Kreis des rational Erreichbaren, heißt es bei Broch, ist doch eine »kleine Enklave in der Unendlichkeit eigentlichen Lebens, nicht nur des physiologischen, sondern auch dem der Erkenntnis«.[17] Wieviel also bleibt unerforschbar und unerreichbar! Einsamkeit definiert sich als geringfügiges Dasein in einer endlos ausgedehnten unbekannten Sphäre, so daß das Ich die verständliche Furcht überkommt, hier spurlos zu verschwinden.[18] Der Schauder, der es durchläuft, ist religiös zu nennen.

Der deus absconditus weist zurück auf den homo absconditus, der unbekannte und verborgene Gott auf den unbekannten und verborgenen Menschen. Das Element der Grausamkeit, das für Broch zu dieser Gottesvorstellung gehört, bezieht sich auch auf die Handlungen der in ein »tonloses Vakuum«[19] entlassenen oder hineinstürzenden Menschen. Was in diesen Menschen ist, ihnen selbst unvertraut und unbekannt, bricht bei Gelegenheit aus und empor, hinterläßt schreckliche Spuren an der Oberfläche der Geschichte, ohne daß man weiß, von wo dieser plötzliche Impuls herrührt. Huguenau begeht jählings einen Mord an Esch (um nur die Schlimmste seiner Untaten aufzuzählen), vergißt dies aber auf die Dauer. Denn er selbst weiß nichts von dem »Einbruch von unten«[20], dem er ausgesetzt war. Wer sich in den kalten Welt-Raum, Raum dieser kalten Welt, verirrt, wem alle Wärme und Nähe einer väterlichen oder mütterlichen Liebe geraubt sind, der scheint unweigerlich in die Turbulenzen der aus dem Unbewußten aufsteigenden Triebe zu geraten: des Irrationalen, wie der Leitbegriff des Gefährlichen bei Broch heißt. Kaum eine der Figuren in den *Schlafwandlern,* der *Verzauberung* oder den *Schuldlosen* ist davor gefeit, denn fast alle sind dem Diktat des ›Zeitgeists‹, des Wertzerfalls unterworfen.

Am Schluß der *Schlafwandler* kann Broch den Aufruhr der ›Elemente‹ nicht nur als Verderben, sondern sogar als Vorzeichen einer

Rettung verstehen. Im »Aufstand des Irrationalen, auslöschend das Ich und seine Grenzen durchbrechend, Zeit und Entfernung aufhebend, im Orkan des Eisigen, im Sturme des Hineinstürzens springen alle Türen auf, es bewegen sich die Grundfesten des Gefängnisses und aus der schwersten Finsternis der Welt, aus unserer bittersten und schwersten Finsternis wird dem Hilflosen der Ruf, tönt die Stimme«.[21] Es ist die »Stimme der Furchtbarkeit und des Gerichts«, die zugleich das Schweigen bricht und zur »Stimme des Trostes und der Hoffnung und der unmittelbaren Güte«[22] werden kann. Wie dieser Umschlag vonstatten geht, bleibt ein Geheimnis, das allenfalls der ›irrationale‹ Glaube an die Notwendigkeit der Dialektik plausibel machen kann. Oder hilft auch hier Kierkegaard weiter, der dem weltlosen Einzelnen mit seinem weltlosen Gott den Sprung in den Glauben empfiehlt – wenn er anders nicht verzweifeln soll?

## 3. Erlösung – Tod

Das Trostwort, mit dem die *Schlafwandler* enden, wird ins Dunkel (in mancherlei Sinn des Worts) hineingesprochen. Paulus ruft einem Gefängniswärter, der sich gerade mit dem Schwert umbringen will, da er glaubt, er hätte pflichtvergessen gehandelt, und seine Gefangenen seien entflohen, als rettendes Wort zu: »Tu dir kein Leid! denn wir sind alle noch hier.« (Apg. 16,28). Diese Formel soll einen Menschen davon abhalten, freiwillig aus dem Leben zu scheiden. Sie ist für den bestimmt, der sich in die furchtbarste Einsamkeit zurückgestoßen und scheinbar von allen verlassen sieht: eine Grenzsituation, aus der nur ein Weg zurückzuführen verspricht – der Weg in eine heilere Welt, in eine neue Gemeinschaft. Als das Bibelzitat im Romantext zum ersten Mal von Esch vorgetragen wird, gebietet es ihm stilles Innehalten: »Er wartete, daß die Grundfesten des Gebäudes erzittern sollten, er wartete, daß eine große Erkenntnis sich jetzt auftun werde [...] und: ich muß Platz machen für den, nach dem die Zeit gezählt werden wird. Er dachte es und wartete.«[23] Eschs Warten auf Vorgänge von katastrophischer, apokalyptischer Dimension erinnert an die Erwartung als existentielle und religiöse Kategorie, wie sie in den zwanziger Jahren entwickelt worden ist (z. B. von Paul Tillich): ein Zustand, in dem man aus dem Alltagsleben hinaustritt und sich auf etwas einstellt, das kommen soll und irreversible Verwandlung verheißt. Warten auf Erlösung, den Tod und die Erfahrung Gottes rücken bei Broch eng zusammen: allemal Grenzübertritte von der zufälligen Existenz in die Absolutheit, in das endlich Gewisse. Die Ungeduld der Erkenntnis kennt auch die Versuchung, diesen Schritt in die Transzendenz nicht abzuwarten, sondern selbst zu leisten. Nicht von ungefähr wird der Freitod im Werk Hermann Brochs generell mit religiöser Hoffnung motiviert. Dies gilt für Bertrand, der den Weg durch die Selbstvernichtung wählt, um Platz zu schaffen für die Wahrheit (auf Erden, bei sich selbst?), für Andreas in den *Schuldlosen*, dessen Selbstmord als Höhepunkt eines Reinigungsrituals erscheint, das ihm Sühne, Heil und Heimkehr gleicherweise stiftet. Sich selbst aus dem Leben befreien, um des ›Ganz-Anderen‹ teilhaftig zu werden: diese Prozedur hat etwas Zwanghaftes, als gelte es, das Numinose mit Gewalt herbeizuführen.

Das Verständnis des Freitodes als eines legitimen Heilsweges wirft Licht auf das Verständnis des Lebens zuvor. Offenbar ist die ›metaphysische Heimatlosigkeit‹ so quälend, daß eine Veränderung nicht anders denkbar zu sein scheint. Zwanzig Jahre lang spricht Broch mit auffälliger Konsequenz, um die Einsamkeit des Menschen ins Bild zu setzen, von der Insel unseres Lebens (so in seinem Aufsatz *Logik einer zerfallenden Welt*, 1931).[24] Noch im Entstehungsbericht zu den *Schuldlosen* (1949) fällt der Ausdruck von der »Robinsoninsel des Ich«.[25] Nur der Tod scheint das Ende der radikalen Einsamkeit zu versprechen – oder eben das Wunder, vom Apostel Paulus und seinesgleichen angerufen zu werden. Doch wie Esch warten auch die anderen Personen in Brochs Romankosmos auf diese Zeichen vergeblich. Wenn das Wort hier erlaubt ist, könnte man bei einigen Figuren Brochs von einem ›Vorlaufen zum Tode‹ (Martin Heidegger) sprechen, einem Vorlaufen, das unternommen wird, um dort und dann endlich Erlösung zu erfahren.

Ich wähle ein Zitat aus dem Aufsatz *Leben ohne platonische Idee* (1932): »Doch alles Religiöse ist Auseinandersetzung mit dem Tode.« Das Religiöse nehme es auf sich, »die Welt aus der Umklammerung des Zufalls zu ›befreien‹, es will Erlösung vom Zwange des Empirischen sein, Erlösung eben von dem fürchterlichsten Zwange, dem die menschliche Seele unterworfen ist, vom Zwange des Sterbenmüssens. Der religiöse Zustand an sich ist der

Zustand des Un-Zwanges, also einer Gnade, die den erhabenen Namen der Freiheit führt«.[26] Die Anordnung der Begriffe in diesem Passus ist auffällig genug: Zufall, Zwang des Empirischen, Sterbenmüssen bezeichnen die negative Kategorie; ›aus der Umklammerung des Zufalls befreien‹, Erlösung vom Zwang, Freiheit die positive Kategorie. Soziale und metaphysische Ideen verschränken sich in der Überlegung Brochs: Sie sollen den religiösen Zustand ›an sich‹ als einen Zustand der Lösung und Erlösung charakterisieren, in dem der Zwang zugunsten der Freiheit aufgehoben ist. Doch ist dies theoretisches Gedankenspiel. Für Bertrand oder Andreas bietet sich eine Möglichkeit der Selbsterlösung ausschließlich in der Selbsttötung. Und ist die Ekstase des Sterbens von Vergil nicht auch, wenn schon nicht durch ein Vorlaufen zum Tode, so doch durch ein williges Hineingleiten in den Tod erreicht worden? Vielleicht hat Broch gemeint, daß nicht der Tod selbst aufgehoben werde, nur der Stachel des Todes seine Schärfe verliere. Broch wendet all dem seine besondere Aufmerksamkeit zu, was das Problem des Todes leichter macht, wenn es dieses Problem auch nicht löst. Bertrand zum Beispiel, im *Esch*-Teil der *Schlafwandler*, nähert sich in der Gewißheit dem eigenen Ende, dann in das ›Ganz-andere‹ überzuwechseln und durch dieses Opfer sogar den Gang der irdischen Dinge in eine andere Richtung zu lenken. Ihn treibt eine Erwartung, die auf etwas Noch-Abstraktes gerichtet ist – und darin ist sein mit religiösen Ideen besetztes Experiment des Abscheidens um eines größeren Auftrags, der Rettung seiner selbst und der Welt willen, der Abstraktion des Gottesbildes in der Epoche gemäß, wie Broch sie beschrieben hat. Das Sterben des Andreas wird durch die Einführung des helfenden Vaters, Zeremonienmeisters und Seelenführers, wenn man den Imker so sehen kann, wesentlich konkreter – und in dieser Konkretheit der demütig-erhebenden Entzückung vor dem Freitod wieder überraschend – als Versöhnung dargestellt. Das Vorlaufen zum Tode erfährt bei Broch eine Aufwertung, bis man in solchem Verhalten schließlich das Prinzip Hoffnung (Ernst Bloch) wirksam sieht. Auf die absolute Grenze der schmerzlich empfundenen Relativität fixiert sich die – im Leben der literarischen Figuren immer wieder aufgeschobene – Erlösungs-Sehnsucht, als werde man an dem Punkt der Nimmer-Wiederkehr zuverlässig dessen teilhaftig, was man zuvor vergeblich gesucht hat. Im Tod ereigne sich – so prognostiziert es Bertrand im Traumgespräch mit Esch oder Esch gar selbst – ein heiliges Geschehen, das die Kluft zwischen dem Ich und dem Nicht-Ich (der verborgenen und der sichtbaren Welt) für immer schließe. Wenn es schon keine Religion gibt, die noch über genügend Überzeugungskraft verfügt, um die Qual des Einsamen zu lindern, so verbindet sich das Eintauchen in den Tod mit dem »Morgenglanz der Ewigkeit«, präziser: mit der Aussicht, dort (wo?) Freiheit vom Zwang des Empirischen und Gemeinschaft zu erleben – wenn man dies noch ›erleben‹ nennen kann. Unbeantwortet bleibt nämlich die Frage, wie diese Hoffnungen denn jenseits der Grenze reale Gestalt annehmen sollen. So bleibt es eine Spekulation über die Erlösung, die vom Tod die Erfüllung all dessen verlangt, was das Leben versagt hat: eine Spekulation, deren Bewährung in der Wirklichkeit jedenfalls nicht den Personen gelingt, die bei Broch im Zeitalter des Wertzerfalls existieren müssen.

Der Trostspruch, den Paulus einem Gefängniswärter zuruft, um ihm zu versichern, die Gefangenen seien alle noch da, obwohl doch die Grundfesten gebebt und die Türen sich geöffnet haben, dieser Satz, der einen Menschen vom letzten Schritt abhält, dessen Schuldgefühl besänftigt und dessen Bekehrung einleitet (schließlich verlassen alle zusammen das Gefängnis), findet in den *Schlafwandlern* eine Fortsetzung in einem weiteren Bibelzitat, das gleichfalls Esch vorträgt: »Daß du sollst öffnen die Augen der Blinden und die Gefangenen aus dem Gefängnis führen, und die da sitzen in der Finsternis, aus dem Kerker« (Jes. 42,7).[27] Der Major von Pasenow empfindet dies als ein schönes Gleichnis; Esch ergänzt, daß es ein Gleichnis von der Erlösung sei. Es ist aber vor allem ein Gleichnis vom endgültigen Aufbruch in das ›neue Leben‹, von der Befreiung aus Kerker und Finsternis – oder von dem Befreitwerden, denn unklar bleibt (liest man die Stelle so aus dem Zusammenhang gerissen), wer hier den aktiven Part spielt. Die Rolle des Befreiers, Erlösers, bleibt ausgespart, wäre also auch von jedem einzelnen zu ergreifen. Rechtfertigt das Zitat-Fragment so den religiös überhöhten Freitod? Das Gleichnis ist kaum in die Lebenspraxis zurückzuübertragen, außer an der Grenze des Lebens. Bedeutsam scheinen folgende Elemente zu sein: das Harren auf die Umkehr der Verhältnisse; die Bewegung ins Freie, ins Licht; die Ansprache an mehrere, die sämtlich in der gleichen Lage sind. Die Parallelen zur existentiellen Krise der Figuren Brochs fallen ins Auge: Wer sich auf den Weg macht, das deutet sich im

Begriff des Schlafwandelns an, um ins Freie, ins Licht vorzudringen, entfernt sich selten in der Tat, wohl aber in der ›Einbildung‹, im Bewußtsein von seinem zufälligen und kränkelnden Dasein. Er tritt in typische oder mythische Muster ein – zumindest ist dies die Art und Weise, diese ›Lebensbahn‹ in ihrer besonderen Qualität darzustellen. Aber die Zuordnung zu typischen oder mythischen Prozessen nimmt dem Subjekt die traurige Aura der radikalen Vereinzelung, des Im-Stich-gelassen-worden-Seins. Beim Sterben des Vergil wie bei dem des Andreas finden sich Begleiter ein, ob sie nun Lysanias, Plotia, der Sklave oder der Imker heißen. Der Tod des Einsamen ist bereits der Tod des Nicht-mehr-Einsamen, dank der von Broch beförderten Sakramentalisierung des Sterbens. Der Autor gibt in dieser Form seine Erkenntnis wieder, daß in einem Menschen mehrere Personen vermengt sind, die man als Selbstbilder aus verschiedenen Lebensaltern, als vergegenständlichte soziale Rollen, als die voneinander abweichenden Charaktere von Ich und Über-Ich oder als Archetypen verstehen kann. Sie erscheinen beim Scheiden einer Figur in deren Vorstellung und gestalten den Wechsel über die Schwelle zu einem gemeinsamen Ritus. Broch erschließt mit der Psychologie und Mythologie des Sterbens eine im europäischen Denken nach der Aufklärung verschüttete Quelle religiöser Imagination. Dieser Wissenszuwachs wird übrigens erst im *Tod des Vergil* und im vorletzten Kapitel der *Schuldlosen* deutlich sichtbar.

## 4. Das apokalyptische Schema

Im schon erwähnten Traumgespräch mit Esch sagt Bertrand: »Viele müssen sterben, viele müssen geopfert werden, damit Platz für den erkennenden liebenden Erlöser geschaffen werde. Und erst sein Opfertod erlöst die Welt zum Stand der neuen Unschuld. Vorher aber muß der Antichrist kommen, – der Wahnsinnige, der Traumlose. Erst muß die Welt luftleer werden, ausgeleert wie unter einem Vakuumrezipienten, [...] das Nichts.«[28] Messiasideen und christliche Motive sind hier einem apokalyptischen Schema eingeordnet, das die Wiederkehr des vormals heilen Zustands zu verbürgen scheint – allerdings müsse zunächst die Position äußerster Negativität, das Nichts und die Vernichtung, durchlaufen werden. Fast ist man versucht, eine so an der Mechanik des Pendelausschlags orientierte Darlegung der Regeneration der an technische Vorgänge gewöhnten Denkart der Personen zuzuschreiben. Hat nicht auch Pasenow Gott mit den Maschinen bei Borsig verglichen, bekräftigt nicht auch Bertrand, daß die Ordnung der Maschine als Ordnung für Mord und Gegenmord das Leben der Menschen bestimme? Die eigentümliche Logik des apokalyptischen Schemas, die in Endzeit-Vorstellungen seit alters (und nicht nur in der Offenbarung des Johannes) überliefert wird, erhält sich bei Broch bis in die vierziger Jahre. Erst die verstärkte Reflexion über politische und historische Gegenstände läßt ihn (unausdrücklich) von diesem Topos Abschied nehmen. Daß es sich auch bei der Figur Bertrand nur vordergründig um ein christliches Verständnis des Weltlaufs handelt, wird aus dessen Konfession ersichtlich. Der Durchgang durch die Apokalypse gilt ihm beinahe als ein Programm der Erneuerung, das unabhängig von dem ›funktioniert‹, der sich in ihm bewegt. Das Problem der Erlösung wird gleichsam auf eine höhere Ebene gehoben, auf der die Bedeutung des Individuums als eingeschränkt erscheint: »Ja, Esch, – ans Kreuz geschlagen. Und in letzter Einsamkeit von der Lanze durchbohrt und mit Essig gelabt. Und dann erst mag jene Finsternis hereinbrechen, in welche die Welt zerfallen muß, damit es wieder Licht und unschuldig werde, jene Finsternis, in der keines Menschen Weg den Weg des anderen findet [...].«[29]

Daß zunächst das größte Übel kommen müsse, damit ein neues Leben und eine neue Welt entstehen, wird auch von Pasenow in seinen Betrachtungen »Des deutschen Volkes Schicksalswende« als Notwendigkeit (das, was die Not wendet) beschworen. Den Stadtkommandanten, der einer ruinierten Vorkriegs-Ordnung seine Identität verdankt, mutet es im letzten Kriegsjahr 1918 an, »als müßten sich erst die schwarzen Heerscharen über die ganze Welt ergießen, damit aus dem Feuer der Apokalypse die neue Brüderlichkeit und Gemeinschaft erstehen könne, damit wieder das Reich Christi errichtet und zu neuer und herrlicher...«[30] Diese Rechtfertigung des Bösen im Heilsplan von Zerstörung und Wiederaufstieg, von der Entschlossenheit geprägt, durch das unvermeidliche Feuer hindurchzugehen, macht sich später auch Broch zu eigen. Er entdeckt das apokalyptische Schema keineswegs nur im Lebensprogramm seiner Personen, sondern auch im Prozeß der Geschichte: das Weltgericht für jeden und alle als Vorbedingung der Errettung. In seiner *Massenwahntheorie* wertet Broch

1939/41 die Ereignisse in Mitteleuropa unter diesem Aspekt: Alle Hoffnung, die auf die Aufklärung gesetzt worden sei, habe sich als vergeblich und durch den Triumph der Diktaturen als disqualifiziert erwiesen. Damit spricht er eine Erfahrung aus, die andere Betrachter der dreißiger Jahre wie Ernst Bloch, später auch Max Horkheimer und Theodor W. Adorno geteilt haben. »Es ist, als ob die ›normale Vernunft‹ niemals imstande sein sollte, jene Werteinheit zu schaffen, ohne die keine Kultur aufzubauen ist, daß sie also eine Verfallserscheinung ist, ein Vorbote des Zerrissenheitswahnes, der alle Errungenschaften bis auf den letzten Rest austilgen muß, damit in Begleitung entsetzlicher Qualen sich der Wiederaufstieg vorbereiten könne: dieses düstere Bild wäre, sofern es stimmt, die stärkste Legitimation für Hitler, – das Menschengeschlecht kann der ihm eingeborenen Wahnhaftigkeit nicht entrinnen und muß sie erdulden.«[31] Man mag sich fragen, wie der Begriff »eingeborene Wahnhaftigkeit« hier zu verstehen sei, nachdem er auch dazu dient, jeden Zweifel an der Geltung des apokalyptischen Schemas niederzudrücken: ob im biologischen Sinne als arttypische oder als archetypische Schicksalsbestimmtheit oder im metaphysischen Sinne als Stigma, das bei allen individuellen wie gesellschaftlichen und geschichtlichen Handlungen als Ur-Makel der Unvollkommenheit durchscheine. Hitler – Broch ist sich dessen bewußt, welches Risiko er läuft – erringt, als Exponent der unumgänglichen Vernichtung betrachtet, eine gewisse Anerkennung seines geschichtlichen Auftritts. Denn anders als durch grauenhafte Annullierung der ›Prä-Existenz‹ des Menschengeschlechts scheint eine Verwandlung nicht denkbar zu sein. Das Böse bildet einen Pol im Schema, an dem die Geschichte sozusagen nicht vorbeikann. Broch willigt lange Zeit darin ein, auch die schlimmste Wendung als unvermeidlich anzunehmen und transzendiert auf diese Weise den eigenen Leidens- und Verständnisschock. Noch zwei Jahre später heißt es an anderer Stelle in der *Massenwahntheorie* zur Bestätigung dieses Prinzips: »Allzu leicht ist es, zu erkennen, daß apokalyptische Vernichtung das Los des Menschengeschlechts gewesen ist von Anbeginn an.«[32]

Im Epilog der *Schlafwandler*-Trilogie wird der »Punkt der absoluten Verworfenheit«[33] am »Einbruch« des Irrationalen (durch hinzuzudenkende Dämme der Rationalität und gewachsenen Sittlichkeit) ausfindig gemacht. Es wären zahlreiche Textstellen anzuführen, wo jener »Nullpunkt der Wertatomisierung«, der auf jeden Fall passiert werden müsse, mit grausamer Nichtachtung des Humanen »in Zeiten der Revolution«[34] gleichgesetzt wird. Inhumanität und Irrationalität rücken in dieser Argumentation eng zusammen. Wenn Broch lieber von einem »Punkt« als etwa von einer ›Passage‹ spricht, geschieht dies wohl mit Rücksicht auf die geometrische Vorstellung des apokalyptischen Schemas, die er dem Geschichtsablauf zugrunde legt. Auch wäre diese Redeweise dadurch zu begründen, daß die völlige Wertfreiheit im Vergleich zur Lebensstrecke nur punktuell erträglich scheint. Brochs alles andere als blind faszinierte Sicht auf die Revolution bezieht sich auch auf die an »Wahnsinn grenzende Gleichgültigkeit gegen fremdes Leid«[35] in diesem Moment (Moment?) tiefster Verstörung. Die beiden vorherrschenden Erscheinungsweisen des Bösen stellen offensichtlich extreme Varianten üblicher existentieller Befindlichkeit dar: (a) der Einbruch des Irrationalen verstärkt die Rebellion des Körpers gegen das Diktat einer sozial sanktionierten Vernünftigkeit, (b) die Gleichgültigkeit radikalisiert den Egoismus der vereinsamten Menschen. Broch übernimmt also einen relativ traditionellen Tugendkanon, wenn er auch die negative Begrenzung auf der Skala weiter hinausrückt und den Abstand zu den positiven Markierungen vergrößert. Daran ist sicherlich die Erfahrung der, zumal aus bürgerlicher Perspektive, ungeahnten Unordnung und des ihr entsprechenden Schreckens der Zeit schuld, die mit dem Ersten Weltkrieg anbrach. Dennoch, in der Präsentation dieser die Geschichte angeblich durchwaltenden Gesetzmäßigkeit enthüllt sich mehr Fassungslosigkeit als tiefenscharfe Analytik. Die Abweichung in Menschenverachtung und Menschenschändung als der Regel gemäße Katastrophe zu akzeptieren, ist – das will ich nicht bestreiten – eine Methode, das Unerhörte einzubinden und auszuhalten. Ich hege aber den Verdacht, daß ein so allzeit verfügbares Erklärungsmodell – in seinem Geltungsanspruch erstrebt es beinahe theologische Würde – zumal das Eingeständnis der Wehrlosigkeit und gelähmten Handlungsfähigkeit verdecken will.

Von der ›geschichtsdemütigen‹ Vorstellung des apokalyptischen Schemas hat sich Broch erst im Verlauf der Arbeit am Vergil-Projekt und an der *Massenwahntheorie* gelöst. Noch die *Heimkehr des Vergil,* die erste Fassung also, schreibt Verfalls- und Zukunftsvisionen des sterbenden Vergil dem Untergangs-Übergangs-Muster ein. Auch die späteren, wesentlich längeren Versionen scheinen sich dem geschichtsphilosophischen Modell einzupassen. Der sterbende Vergil wandelt sich bis zum Ursprung der Schöpfung zurück, an dem dann eine Umkehr erfolgt. Die Konsequenz in der Introversion, mit der der Autor seinen Helden ins Jenseits begleitet, hat ihn augenscheinlich dazu genötigt, der Außenwelt der vierziger Jahre, der Augustus-Sphäre, anders zu begegnen. Vergil betont, er habe seine Pflicht versäumt. Seine Zuhörer wissen nicht genau, wovon er spricht, auch wenn sie die Radikalität der Forderung wie des Verdikts beunruhigt –, haben sie dies doch vom sanften und reinen Vergil nicht erwartet. Ein analoger Wandel vollzieht sich für Broch und findet in der mehrjährigen Auseinandersetzung mit dem Phänomen des Massenwahns seinen Niederschlag. In den späteren Stadien dieser Untersuchung, 1941 und 1943, verliert er das einst vorwaltende geduldige Vertrauen auf den Mechanismus der Regeneration, das eine gleichsam abstrakte Hoffnung bewahrt, selbst wenn der Weg in die Vernichtung noch so viele entsetzliche Greuel birgt. In einem (ihn und den Leser gleichermaßen) aufregenden Prozeß des Umdenkens zwingt sich Broch dazu, vor den Leitfiguren Vergil wie Rousseau und Tolstoi als »konservativen Revolutionären« zu warnen, die den Fortgang der Geschichte ins Heil nur als Wiedererneuerung, als Rückkehr begreifen.[36] Mit spürbarem Widerwillen ringt sich Broch dazu durch, die Entwicklungslogik der Geschichte nicht mehr im Sinne einer Kreisbewegung oder eines Umkehrmodells zu deuten, in die das jeweils Neue kraft der Systematik einbezogen werde. Ist es der Anblick der unvorhergesehenen und mit historischen Reminiszenzen nur auf schiefe Weise zu relativierenden Gewaltherrschaft des Nationalsozialismus und anderer Spielarten des Faschismus – oder die Erkenntnis, daß die mit dem apokalyptischen Schema verbundene Moral des betroffenen Zuschauers (wie bei den Bertrand-Figuren in den *Schlafwandlern* oder beim Landarzt in der *Verzauberung* zu beobachten) zur Bewältigung des anbrandenden Verbrechens nicht ausreicht, die solchen Sinneswandel bewirkt haben?

Jedenfalls erweist Broch nunmehr der »edlen Unweisheit«[37], die den aufbegehrenden Prometheus beseelt habe, mehr Achtung als der weisen Duldsamkeit. Das »Anstürmen gegen das Unausweichliche« will ihm nun als wichtiger erscheinen als die (wie er es nennt) bäuerliche Ergebenheit in die Zirkelbewegung der Geschichte und Natur – zumal die Modernisierung offensichtlich auch eine nach-bäuerliche Welt geschaffen hat. Wer diesen Prozeß aufhalten oder gar umwenden wolle – vermutlich schwebt Broch bei dieser Mahnung auch die mit wenigen Ausnahmen konservative, ja ›reaktionäre‹ Agrarromantik der dreißiger Jahre vor Augen –, indem er ländliche Paradiese, die ehrwürdige Archaik des Patriarchenlebens oder die Intaktheit der Natur beschwöre, der strebe sein Ziel vergeblich an. Der konservative Revolutionär müsse im Grunde Pessimist sein, da die Vorstellung vom gesellschaftlichen oder natürlichen Paradies in heilloser Welt irreal sei und durch keine Revolution herbeigezwungen werde. Um den Menschen »stets aufs Neue Rettung und Hilfe« zu bringen, dazu braucht es »prometheisches Ungestüm« und »unbeugsamen Schicksalstrotz«.[38] Diese neue Ethik entschiedenen Widerstands ›gegen eine See von Plagen‹ gemahnt an den ohmächtigen und rebellischen »Helden des Absurden«, an Sisyphus, wie ihn Albert Camus ungefähr gleichzeitig, 1942, als Grundfigur der existentialistischen Revolte schildert.[39] Eine aus Resignation und Zerstörungsphantasie gemischte Abwehrreaktion gegen die Geschichte hat noch die frühe Fassung des Vergil-Konzepts geprägt – sie ist in der *Massenwahntheorie* von 1943 einer existentialistischen Moral gewichen. Die tiefgreifende Korrektur läßt selbst eine mit ehrwürdigen Endzeit- wie Verfalls-Topoi und Eklogen-Zitaten ausgeschmückte Variation des apokalyptischen Schemas wie den prophetischen Traum aus der *Heimkehr des Vergil* als Exempel des ›alten‹ Denkens erscheinen: »[...] da sah Vergil viele zerstörte Städte und Heiligtümer vor sich [...] sah Babylon und Niniveh, er sah ein verwüstetes Theben und das oftmals zerstörte Jerusalem, und er sah das verödete Rom [...], durch dessen Gassen die Wölfe streiften, ihre Stadt wieder in Besitz zu nehmen, und er sah die Ohnmacht der Götter. Und dann trat ein Engel an sein Lager [...] und der Engel sagte: ›Wachse nun kleiner Knabe‹, [...] als wäre es ein Trost, und es war einer, obgleich darin die Verkündigung des Todes enthalten war.«[39a] Die Stelle verschwindet in den folgenden Fassungen.

Wiederholungszwang kennzeichnet den Weltverlauf in Brochs Verständnis so oder so – fast scheint es gleich, ob nun das apokalyptische Schema die Destruktionsphase oder das Sisyphos-Schema die Phase der Revolte aus dem Prozeß der Geschichte herausschneidet und ›vergrößert‹. Was hilft da gegen die Verzweiflung angesichts stets wieder eintreffender Erfolglosigkeit? Es hilft die entscheidende Erkenntnis, daß auf Erden keine völlige Relativität herrscht. Broch begreift die Umkehrpunkte der geschichtlichen Bewegung, zumal den Nullpunkt des Wertzerfalls, als absolute Größen. Wie der Pendelschlag als Signatur des nötigen Durchgangs durch das Böse, bevor die Wendung eintritt, und zugleich als naturgesetzliches Prinzip die Wahrheit der Analyse historischer Abläufe zu verbürgen scheint, so dient gleicherweise ein physikalisches Modell bei der Qualifizierung der Grenz-Marken: Schon das Phänomen des Todes bezeugt eine ›Physik‹ und Metaphysik gemeinsame absolute Koordinate. Daß es einen ununterschreitbaren Kältepunkt gibt, daß gerade die Relativitätstheorie Albert Einsteins eine größte, sozusagen endliche Geschwindigkeit bestimmt, bestärkt Einwände gegen grundsätzliche Verachtung religiöser Ideen als Wahngebilde und gegen radikalen Skeptizismus. Das empirische Absolute bedingt die Annahme eines »Irdisch-Absoluten« (so der Leitbegriff in Brochs später, religiös fundierter Ethik) auch im moralischen Bereich: Der »negative Pol« ist erreicht bei der »im Konzentrationslager so gräßlich paradigmatisch verkörperten Vollversklavung«.[40] Im ausgereiftesten Stadium von Brochs Plädoyer für eine »totale«, also nicht in Relativierungen aufgeweichte Humanität, im Aufsatz *Trotzdem: Humane Politik* (1950), heißt es, daß Religion auf das Wissen um diese festen Größen als Vorbedingung nicht verzichten kann. Anders wird es ihr nicht gelingen, einen Platz im Leben des wissenschaftlichen Zeitalters einzunehmen: »Gnade wird nicht auf Bestellung geliefert. Der Mensch kann bloß auf sie hoffen [...] Ohne irdische Frömmigkeit gibt es keine himmlische, und ohne das Irdisch-Absolute gibt es nicht das metaphysische, nach dem der Mensch sich sehnt. Religion ist höchste Einsichtigkeit, und sie schwindet dahin – das ist das Wesen jeder Aufklärung –, sooft ihre Überzeugungskraft fadenscheinig wird; zu ihrer Wiederbelebung genügt nicht einfach [...] Sektenbildung, vielmehr bedarf es hiezu der Aufdeckung einer neuen Realitätsschicht.«[41]

Broch ist sich klar darüber, daß der Marxismus, der sich durch Wissenschaftlichkeit legitimiert, unter diesen Auspizien die Anziehungskraft eines »Religionsersatzes« ausübt.[42] Doch bestätigt dies seine Auffassung, daß gerade die Wissenschaft (er denkt in diesem Fall beinahe ausschließlich an die moderne Physik) den Weg zu einer neuen Ehrfurcht bahnt; die sich in einer praktizierten Humanität beweisen müsse, die nach Kräften vom absoluten

Nullpunkt der entwürdigenden Versklavung fortstrebe. Das Gesetz des Handelns liegt nicht mehr beim ›übergeordneten‹ apokalyptischen Schema, sondern wird den Menschen als moralischen und historisch belehrten Wesen abverlangt. Dieser ›Auftrag‹ hat seinen Ursprung auch nicht in einer ›abstrakten‹ Willensentscheidung, sondern resultiert aus einem Analogieschluß, gezogen aus der unabweislichen Erfahrung des Absoluten. Broch räumt ohne Zögern ein, daß sich der Glaube nicht herbeikommandieren oder schlicht herbeisehnen läßt – er bedenkt dies, den Mythos betreffend, schon im Vortrag *Geist und Zeitgeist*, 1934[43] –, doch immerhin erzwingt die Wahrnehmung von Realität die zumindest präreligiöse Einsicht, ohne die Menschlichkeit auch in Zukunft nicht denkbar scheint. So sollen sich in dieser Konzeption des Irdisch-Absoluten Naturwissenschaft, Religion und Moral verbünden: eine »Absage an alles Zungenreden« und an »mystische Aufpeitschung«[44], eine Zielprojektion Brochs von neu oder endlich gewonnener Kraft und Handlungsfähigkeit – die im Zeichen des apokalyptischen Schemas nur eingeschränkt bestand und eigentlich nur die gegen sich selber gerichtete Tat freistellte.

## 5. Heilsbringer und Demagoge

Die schon dem Volk Israel im Alten Testament nicht immer leicht fallende Unterscheidung zwischen den echten und falschen Propheten beschäftigt Broch bereits in seinem ersten Roman. Die Zwischenkriegszeit, besonders die dreißiger Jahre, schienen die Sorgen des Autors vor den Umtrieben der »Straße« zu rechtfertigen. Der Zustrom der Massen – bereit zu Selbstopfer und Selbstverleugnung – zu den faschistischen Volksverführern, die sich selbst als charismatische Führer darstellten, zeigte das Ausmaß auch religiösen Hungers, der Gewalt über die Menschen gewann. Bei den weniger davon angesteckten Zeugen rief dieser Trieb die Frage auf, wie und wo das heilsame und möglicherweise rettende Bekehrungswerk anzusetzen habe. Ernst Bloch quälte sich mit dieser Suche nach einem Mittel, das stärker als die Aufklärung sei, die offenkundig versagt hatte, in seinen politischen Essays für die ›Neue Weltbühne‹ und andere Exil-Organe. Broch hatte schon in den *Schlafwandlern*, ausdrücklich im Epilog-Teil, seine These vom apokalyptischen Schema an theologische Ideen vom Dritten

Reich angelehnt und mit der kommenden Herrschaft des Bösen, des ›Anti-Christen‹ gerechnet. Denn erst nach dem Hereinbrechen der Finsternis oder der schwarzen Heerscharen, wie Bertrand oder Pasenow es formulieren, werde es wieder licht und unschuldig, erstehe die neue Brüderlichkeit und Gemeinschaft.[45] In den folgenden Versuchen der Jahre bis zum Exil erhielt der Anti-Christ präzisere Kontur und zeitgeschichtliche Substanz.

Die *Verzauberung* verdeutlicht im Gegenspiel von Mutter Gisson und Marius Ratti die Alternativen und erschließt im Komplex Angst, Einsamkeit, Haß und Todesbegehren die tieferen Ursachen der politischen Verführbarkeit. So bekennt der Bauer Miland stellvertretend für viele in der Population dieses Romans: »[...] übergroß ist unsere Angst geworden, und die Welt ruft den Erlöser.«[46] Diese Disposition ermöglicht aber nicht die sichere Erkenntnis des Heilsbringers, wie aus der Handlung, der fortschreitenden Überwältigung der Dorfbewohner durch archaische Phantasmen, abzulesen ist. Der historischen Konjunktur des Faschismus in seinen Abwandlungen und dem apokalyptischen Schema entsprechend, setzt sich der »Teufelsgott«[47] zunächst durch. Für Mutter Gisson lautet dieses Verderbnis-Erlösungs-Programm, als zitiere sie in ihren Worten Bertrands Gespräch mit Esch: »Der richtige Erlöser schickt immer die falschen voraus, damit sie für ihn reinen Tisch machen ... erst muß der Haß kommen mit seiner Angst, dann die Liebe.« Denn es gehe um Erlösung, ums »Wissen« und – oder: also – »ums gute Sterben«.[48] Der Roman läßt es sich angelegen sein, den Gegensatz zwischen Mutter Gisson und Marius Ratti immer wieder zuzuschärfen: »Fürchte dich nicht«, ruft die weise Frau Gisson in der Opfermord-Szene am Kaltenstein dem je Einzelnen zu, der nach der Mutter schreit. »Fürchtet euch«, konterkariert der Verderber Ratti, an die Masse gewandt.[49] Die Gegenläufigkeit der Botschaften muß mit einiger Anstrengung herausgestrichen werden, da sonst ein Gleichklang der Worte droht: Beide Kontrahenten raunen mystisch von Verheißung und beben gleichsam von zivilisationskritischem Affekt.

Für die Zuhörer, unter ihnen der Erzähler, der Landarzt, die Weckrufen dieser Art willig lauschen, ist es viel schwerer, zwischen dem Heilsbringer und dem Demagogen trennscharf zu unterscheiden, als für den Autor des vergleichsweise gelassen argumentierenden Traktats. In seiner Studie *Zur Diktatur der Humanität innerhalb einer totalen Demokratie* (1939) wiederholt

Broch in theoretischen Begriffen, was die Dörfler aus Kuppron in der *Verzauberung* dem Wanderprediger Ratti zutreibt, und erweitert dieses Psychogramm auch auf die Städter. Das Gefühl und Wissen darum, daß die »ehemals bewältigbare Welt« unbewältigbar geworden sei und »unüberwindliche, stumm-dunkle Gewalten« in Gestalt der Maschine und des »blutig-gewaltsamen« Weltgeschehens ihn bedrohen und ängstigen, liefern den »Einzelbürger« »inmitten einer Welt pünktlichster Rationalisierung und Berechenbarkeit, inmitten einer Welt von Zentralheizung und Straßenbahn und Radio und Flugzeugen [...] den unerwartetsten Unberechenbarkeiten« aus. Apokalyptische Ahnungen steigen dem Menschen »aus dem Bilde der Großstadt«, aus der »Ingenieurwelt«[50] auf, doch die »eigentlichen Wünsche der Seele« rollen »in der düstern Sphäre des Ur-Gottes ab, in der Sphäre des Gestern und des Einst, in der Sphäre des Dämonischen [...] in der vor-heilsbringerischen Sphäre«.[51] Die Gleichzeitigkeit des Ungleichzeitigen, des technischen Fortschritts und der Ängste und Dämonen, erscheint Broch (wie Ernst Bloch in *Erbschaft dieser Zeit*, 1935) als kaum lösbares Dilemma. In der *Verzauberung* wird demonstriert, daß der Gang der Humanisierung keineswegs nur in aufsteigender Linie verläuft, sondern umkehrbar ist. Der Fortschritt in der ›Sublimierung‹ ist nicht gesichert: Das Beispiel des Abraham-Isaak-Opfers wird in der *Verzauberung* ähnlich berufen und gewürdigt wie im ersten Teil des Josephsromans von Thomas Mann – bei diesem Opfer wird nicht mehr der Mensch, sondern das Tier an seiner Stelle geschlachtet. Um der Eintrübung des Bewußtseins entgegenzuwirken, das Anfluten der »eigentlichen Wünsche« einzudämmen und zu kanalisieren, vielleicht sogar umzulenken, definiert Broch schließlich deutlich den Kontrast zwischen Heilsbringer und Demagoge in seiner *Massenwahntheorie*. Aber: er trennt theoretisch, was in der Praxis vermengt bleibt, um durch die Präzisierung, die manchmal nur in der Nomenklatur gelingt, die Chancen der Rettung, der Bekehrung aufzuweisen und zu wahren. »Der echte, religiöse Heilsbringer, letztlich also der große Religionsstifter«, strebt »Angstbesänftigung« im Individuum durch »Irrationalbereicherung« an.[52] »Der dämonische Demagoge hingegen führt die Massen [...] stets auf den Weg des Rationalverlustes, d. h. der Triebauslebung in archaisch-infantilen Ekstaseformen.«[53] Kulturzerstörend und humanitätsvernichtend, sucht er als »Ersatzheilsbringer«[54] den Sieg.

Doch wie lassen sich Irrationalbereicherung und Rationalverlust im Einzelfall genau differenzieren – handelt es sich am Ende nur um ein Spiel mit Worten und Assoziationen (reich – Verlust)? Das religiöse Bedürfnis wird jedenfalls – Broch gibt dies ohne weiteres zu – auch durch die Ersatz-Religion des »dämonischen Diktators« zunächst befriedigt, hat doch der totalitäre Staat »diese irrationalen Unterströmungen aufgegriffen« und sie in »magisch-archaischer Primitivform« zusammengefaßt.[54a] Darin war ihm offenbar mehr Erfolg beschieden als dem österreichischen Ständestaat, dessen Versuch scheiterte, den Katholizismus als Staatsreligion neu zu erwecken oder zu mißbrauchen. Die Rettung der Verführten – so schließt Broch 1939 an diese verschiedenen, aber einander respondierenden Überlegungen im Roman und im Traktat an – kann er sich nur als »wundersame (gnadenhafte) Erleuchtung«[55] vorstellen. Aber mit dem von Esch her bekannten Warten auf Erlösung will sich Broch angesichts der Zeitläufte – »wenn Troja brennt«, heißt es im Vergil-Projekt – nicht länger zufrieden geben. Das in den vierziger Jahren in seiner Lebens-Philosophie und -Praxis durchdringende Prinzip der vita activa leitet eine Ent-Sakralisierung, eine Säkularisierung des Streits wider das Dämonisch-Demagogische ein. Aus moralischen und pragmatischen Gründen verlagert sich seine Reizsamkeit. Das ist bald zu spüren: Fast unwillig reagiert Broch in einem 1940 verfaßten Kommentar zur *Verzauberung* auf »frenetisch werdende Naturanbetung«, auf die »ständige Natur- und Mythosbereitschaft« in dieser Epoche des Religionszweifels und der Religionssuche.[56] Die politischen Folgen der religiösen Ansprechbarkeit, zum Beispiel im Herrschaftsgebiet des Nationalsozialismus, setzen wohl nicht seiner Einfühlung (man denke an den Landarzt, der gar nicht neutral bleiben kann), wohl aber zunehmend Brochs Toleranz Schranken. Der teilnahmsvolle Beobachter der Beeinflußbarkeit einsamer und angstgeschüttelter Menschen durch falsche Propheten und Führer kehrt energischer als je zuvor den Gegner dieser »Dämmerzustände« hervor.

Ohne daß der wahre Heilsbringer schon in Sicht ist, plant Broch ein ziemlich systematisiertes Bekehrungswerk, das die katholische Mission und deren Prozeduren zum Vorbild nimmt und ohne die Erscheinung des Heiligen oder offenbarte Gnadenerweise auszukommen sucht. Gegen Massenwahn als Symptom der »Wieder-Verheidung« – schreibt Broch in der *Massenwahntheorie* 1941 nieder – helfe nur die »Entdämonisierung«.[57] Die aber birgt die Gefahr der Profanierung in sich, stellt – die Logik dieses Ansatzes führt am Ende tatsächlich darauf hinaus – Gott erneut als vorläufig unbekannte Größe in Rechnung und verzichtet auf das womöglich trügerische Erlebnis seiner Nähe. Der Begriff der Entdämonisierung erweckt auch die Vorstellung der Demontage, die Broch zunächst nicht gelten lassen will, folge ihr doch oft eine unerwünschte Gegenstrategie – etwas anderes ist es, daß er die Demontage bis zur Abstraktion für sich selbst in seinen letzten Jahren akzeptiert. Als sorgfältiger Analytiker des Massenwahns weiß Broch, daß es mit der bloßen Wegnahme der aus der Regression ins »Archaisch-Infantile« entspringenden Phantasien, mit dem Fortscheuchen der Gespenster, dem Akt des guten und aufklärenden Zuredens nicht getan ist. Als Zeuge der weit- und tiefgreifenden Wirksamkeit des Faschismus erliegt er nicht dem frommen Selbstbetrug, die Macht der Demagogen fortdisputieren zu können – da diese Macht doch nicht nur im Terror, sondern auch in Glücksversprechen religiöser Art begründet war. »Kein Glaube ist ›widerlegbar‹, am allerwenigsten ein Teufelsglaube, und das Bekehrungsmittel der ›Entwertung‹ arbeitet auch nicht mit Widerlegung, sondern weit eher mit Selbstanpreisung. Mit Vernunftgründen oder gar mit Gründen der Menschlichkeit ist gegen den Teufelsglauben des Rassenhasses und gegen seine Propagierung so gut wie nichts auszurichten [...]«.[57a] Es bedarf also einer Verdrängung des einen Systems durch das andere in den ›Seelen‹, wobei Broch anscheinend noch zu Beginn des Zweiten Weltkriegs eine Konkurrenz der Anziehungskräfte für ausreichend hält und nicht die Möglichkeit gewaltsamer Ausscheidung oder Umwertung ins Kalkül aufnimmt. Der Intellektuelle in Broch sträubt sich auch später dagegen, dem ›Argument‹ der Waffe, selbst der Vokabel Kampf an exponierter Stelle Einlaß in seine Rede zu gewähren. Welche gesellschaftliche Kraft aber soll die Verdrängung, die Entdämonisierung, die Bekehrung leisten, da die katholische Mission selbst dafür kaum in Frage kommt? – Antwort: die »von den Dämonen bedrohte Demokratie«.[58]

## 6. Bekehrung zur Demokratie

Erst im Exil in den USA setzt sich Broch gründlicher mit der Denkform der Demokratie auseinander, deren Zukunftsbedeutung ihm zuvor im Nebel der problematischen Appeasement-Politik Englands und Frankreichs, der Nachgiebigkeit um jeden Preis gegenüber Nazi-Deutschland und anderen Diktaturen, vielleicht nicht sichtbar geworden ist. Nun aber entdeckt er, daß allein sie, selbst unter religiösem Aspekt, zum Widerstand zu taugen scheint. Dies formuliert Broch vor dem erzwungenen Eintritt Rußlands in den Krieg. Aber auch nach 1945 schenkt er dem sowjetischen Marxismus, der durch den Sieg an internationalem Nimbus gewonnen hatte, weder Zuneigung noch Vertrauen. Allerdings spricht er ihm, wegen dessen straffer Disziplin, die »Würde eines Dogmas« zu, das als neuer Zentralwert alte, entschwindende Glaubenshaltungen ersetzen könne.[59] Im Gegensatz dazu vermag die Demokratie nicht sogleich mit einer Quasi-Theologie aufzuwarten. Wenn die westlichen Alliierten, vorweg die Amerikaner, ihre Abwehr des nazideutschen Angriffskrieges bald als Kreuzzug bezeichnen, um mit der Gedankenverknüpfung, man verteidige den rechten Glauben, zu emotionalisieren und einen sozusagen heiligen Zorn wachzurufen, so gilt dies Broch allenfalls als zweckdienliche Propaganda, die nach dem Krieg schnell aufzugeben sei. Sein Problem ist vielmehr, ob der demokratische Gedanke überhaupt in genügendem Maße religiös abgestützt werden könne, da davon seine Stärke abhinge. Darüber zu grübeln, verlangt die Situation, findet sich doch die Demokratie in einem langwährenden offenen Konflikt – zunächst mit den Faschismen, dann mit den totalitären Prinzipien Stalinscher Herkunft.

Anfangs (1939/41) ist Broch noch zuversichtlich: »Demokratie hat Platz für Gott, schafft Platz für Gott, aber als das offene System, das sie ist, verträgt sie keine Götzen.«[60] Demokratie behaupte »kraft mystisch-irrationaler Einsicht in den Willen Gottes« (so noch das Argument 1948) von diesem, er habe »die Menschen als gleich vor seinem Angesicht geschaffen«.[61] Sie enthüllt ihre Schwachstelle aber darin, daß sie »keinen irdischen Statthalter für Gott mehr braucht«.[62] Was geschieht also, wenn die religiöse Grundlage ihrer Verfassung im Schwinden ist? Sie muß, um ihre Tugenden zu erhalten, in die Abstraktheit ihres Gemeinwesens und in die Abstraktheit Gottes einwilligen. Gott fungiert dann bloß noch als »unendlich ferner und kaum mehr aktualer Bezugspunkt«.[63] Das aber habe es, »mehr oder weniger utopisch«, seit je gegeben; Broch erinnert an die Puritaner und Quäker, an deren verinnerlichtes Christentum, das sich in Sozialversuchen ausgewirkt habe, die »bei der Schaffung der Demokratie unmittelbar Pate« gewesen seien. Auch das jüdische Ghetto dient Broch als Parallelbeispiel. Diese Gruppen kennzeichne, daß sie die »Ekstase augenblicklicher Triebauslegung« meiden und dafür eine »neue sittliche Wert- und Weltgestaltung« erstreben: ein, entgegen der faschistischen Meinung (so Brochs Prophetie zu Kriegsbeginn), noch lange nicht abgeschlossener Prozeß.[64]

Das in den *Schlafwandlern* intensiv umkreiste Ärgernis des in der Abstraktion entrückten Gottes kehrt mit ganz verändertem Vorzeichen wieder. Der Ton der Verlust-Klage ist nicht mehr zu hören. Der verborgene Gott korrespondiert dem Grad der Sublimierung in der Kultur, nun verstanden ohne Unbehagen, als eine in der Humanität gewachsene Denk- und Handlungsweise, die sich nicht vernunftfeindlich der Triebdynamik unterwirft. Die den vierziger Jahren zunehmende Anerkennung Brochs, die er einem abstrakten Gott und einer demokratischen Gesellschaftsordnung zollt, die daraus ihre Vernünftigkeit ableitet, diese Anerkennung erfährt jedoch Irritationen, ungeachtet aller positiven Beispiele aus der Geschichte, beim Anblick der von Wahn-Ideen ausgelösten Verirrungen. Noch 1948, also nach der Niederringung des Dritten Reichs und des Faschismus in Italien, zweifelt Broch daran, daß die Rettung endgültig gelungen sei – sieht er doch allerorten neue Gegner aufstehen. Ihn treibt als größte Sorge um, daß die Stabilisierung der Demokratie durch eine »überzeugungsstarke« Religiosität ausfallen könnte. Wenn die »farblose Konstruktion« des »gottlosen Gottesglaubens« am Ende kein ausreichendes Gegengewicht zu den anti-demokratischen ›politischen Religionen‹ darstellt, ist wohl auch die »Niederlage der Demokratie«[65] als unvermeidlich zu befürchten? Hegt Broch noch knapp ein Jahrzehnt früher die aus der Not geborene Hoffnung des Unerfahrenen, daß es zu den Aufgaben der Demokratie gehöre, »Platz für jegliche echte Irrationalbereicherung zu schaffen«[66], so verpflichtet er am Ausgang der vierziger Jahre die Demokratie nur noch auf eine »säkularisierte religiöse Haltung«, eine »religiöse Haltung unter Weglassung der religiösen Ideologie«: auf die simpel zu begreifende und schwierig zu leistende Anständigkeit. Die

Anständigkeit sei dazu imstande, »den Weiterbestand der ethischen Tradition zu sichern«[67] – auch wenn der echte Prophet einer neuen Religion noch nicht aufgetreten sei. Der Aufruf, dieser säkularisierten Kardinal-Tugend nachzueifern, und die These vom Irdisch-Absoluten als Bedingung der möglichen religiösen Erfahrung, als Grenze unserer Erkenntnis und zugleich Übergang zu höherer – beides bildet für Broch am Lebensende die Grundsteine einer wehrhaften Demokratie. Diese Konzeption, rudimentär geworden im Lauf der Gedankenarbeit gegen Massenwahn und totalitäre Politik, auch als Konsequenz der Desillusionierungen und Korrekturen durch die Realität, ist nur möglich, weil Broch die Hoffnung auf Erweckung der Wahnbefangenen durch einen neuen Glauben unauffällig, aber entschieden als holden Irrtum kassiert.

Begeistert ihn anfänglich noch die Vorstellung, daß Bekehrung zur Demokratie denkbar sei und die Verstrickung der Massen im Banne des Nationalsozialismus und Faschismus löse, so gibt er später diesen an Walt Whitman erinnernden Glaubensstifter-Enthusiasmus auf. Übrig bleibt ein Appell an den einzelnen Demokraten, trotz aller Widerstände, aller Enttäuschungen durch das Scheitern hochfliegender Verbesserungsideen und ohne religiöse Garantie dennoch humane Politik zu betreiben. Immer weniger um Bekehrung kümmert sich Broch nach dem Krieg, immer mehr um das mutig-unverdrossene Überstehen: die Bestimmung des Guten als Abwendung vom irdisch Bösen, solange Gott unerreichbar bleibt. Auf diesen ›bescheidenen‹ Schluß läuft auch der Novellen-Roman *Die Schuldlosen* zu, wo die Beichte des Andreas die von Broch sonst selten erreichte Eindeutigkeit einer politischen Konfession erhält. Dort heißt es, daß die »Pflicht zur schlichten Anständigkeit« fern sei dem »dumm-verlogenen Gut-Sein des unbedingten Pazifismus wie der dumm-ehrlichen Kampflust, die zugunsten künftiger Generationen und ihrer Traumlandschaft das Blutvergießen bejaht [...] und eben hiedurch schon selber tierhaft handelt [...], fern von dieser wie von jener utopischen Großartigkeit«.[68] Diese Ethik schielt nicht einmal mehr nach dem prompten Erfolg in der Geschichte. Sie entspricht mündigen und innengeleiteten Menschen. Sie kann sich zu Recht der rebellischen »edlen Unweisheit« des Prometheus (in Brochs Verständnis) und der tapferen Beharrlichkeit des schwer arbeitenden Sisyphus (im Sinne von Camus) vergleichen lassen.

Hölle, Teufel, Dämon, Anti-Christ: die gesamte satanologische Metaphorik hilft der Literatur und Publizistik im Exil, nach 1945 auch in Deutschland selbst, das Dritte Reich und seine Vertreter zu klassifizieren, nachdem die Begriffe herkömmlicher bürgerlicher Moral den Untaten der Nazis nicht mehr beikommen.[69] Es sind im Christentum ausgebildete Kategorien des äußersten, irdische Vorstellung übertreffenden Schreckens, die etwa in Thomas Manns *Doktor Faustus* (1947) verweltlicht und ebenso mystifiziert werden. Broch verstärkt diese Bildlichkeit in den *Schuldlosen* im Vergleich zu den Tierkreis-Erzählungen und psychologisiert sie. Hölle und Teufel sind Synonyme für Triebverfallenheit bei striktem Verbot sexueller Impulse, Zwangsverhalten und Seelenkrampf, Triumph des Ekels über die Lust und pervertierte Gier im engsten Familienkreise. Die Metaphern verdeutlichen vor allem die Perspektiven der solcherart beschädigten Menschen, von Andreas, Hildegard, Zacharias. Ihre Reaktionen bezeugen die Befindlichkeit eines puritanisch geprägten Bürgertums, das sich zwar nach innen verkriecht, sich aber noch dagegen wehrt, seinen gesellschaftlichen Geltungsverlust einzugestehen. Da ist also die Rede vom Hölleneingang zur Stadt, an der Spitze des Platzes, wo die Schenkel des Dreiecks zusammenlaufen; da will Andreas friedliche Zwischenzonen inmitten des Höllischen schaffen; da entkommt er der Hölle auf dem Weg zum Bahnhof, kehrt aber wieder zurück; da eröffnet sich ihm die Hölle im scheinbar harmlosen Heim des Studienrats Zacharias; aber auch im Hause der Baronin lokalisiert Zerline die Hölle; da preßt Hildegard dem überwältigten Andreas die Fingernägel in die Stirn, als handle es sich um eine Dornenkrone (wie in einer schwarzen Parodie auf die Passion Christi); da fürchtet und wünscht das Fräulein in *Vorüberziehende Wolke,* in ihrer Vergewaltigungsphantasie das Opfer einer Teufelsvermählung geworden zu sein. Aus diesem Bannkreis, umwittert von Neurosen Strindbergscher und Freudscher Prägung, gibt es für Andreas ein Entrinnen: im Freitod, den der Imker im Traumgespräch nicht Strafe, sondern Läuterung und Sühne nennt. Als Schuld des Andreas gilt seine ›Weltabgeschiedenheit‹: seine Gleichgültigkeit, die er – paradox genug – in der Ablösung von der Welt, so scheint es, aufheben kann. Spätestens diese Wendung gibt zu erkennen, daß die gesamte Höllenmotivik, so breit sie auch entfaltet wird, mit der eigentlichen Problematik wenig zu tun hat und manchmal eher den Charakter umgangssprachlicher, klischeehafter Übertreibung aufweist.

Zwei Darstellungsabsichten kreuzen sich in der Handlungsführung zumal des vorletzten Kapitels *Steinerner Gast*, das im Entwurf in die Zeit der Arbeit am *Vergil* und an der *Massenwahntheorie* zurückreichen soll. Die hier als erste aufgeführte Darstellungsabsicht ist jedoch neueren Datums: Broch antwortet auf die in Deutschland von 1945 bis fast 1949 währende Entlastungsdebatte zur Schuldfrage: eine auf heftiger Verdrängung beruhende Selbst-Verteidigung, die der Welt schließlich ein beinahe ›schuldloses‹ Volk vorführte. Dagegen ruft Broch, mit Andreas zu einer gleichsam kollektiven Stimme, zum kritischen Chorus vereint, ins Gewissen, sich nicht der moralischen und metaphysischen Mithaftung zu entziehen, auch wenn man sich kein, durch Strafgesetze abgedecktes, kriminelles Vergehen zur Last legen muß. Er erweitert den rechtlichen Schuldbegriff um ethische und religiöse Dimensionen, ähnlich wie Carl Gustav Jung in *Die deutsche Katastrophe* (1945) oder Karl Jaspers in *Die Schuldfrage* (1946) vorgegangen sind.[70] »Erbsünde und Erbverantwortung sind verwandt, und die Frage nach dem erschlagenen Bruder ist an uns alle gerichtet, selbst wenn wir nichts von dem Verbrechen wissen.«[71] Gegen die – nicht nur vor den alliierten Militärgerichtshöfen vorgebrachte – Phrase vom Befehlsnotstand und der ausschließlichen Verantwortung des Führers oder der Führer, gegen die von vielen Deutschen okkupierte Opfer-Pose, in der sie vor lauter Ruhmredigkeit (in anderer Weise) nur dazu kommen, das eigene Leid zu beklagen, indes sie das fremde Leid ignorieren, richten sich die Frage, die einst Gott an den Brudermörder Kain gestellt hat, und das unerbittliche Urteil: »[...] nur unser Selbstopfer als Zeichen unserer ständigen Auflehnung [Prometheus, Sisyphos!, d. Verf.] könnte uns freisprechen. Ich bin verantwortlich für die Morde, die in diesem Haus einstmals vielleicht geschehen sind.«[72] Das Gleichnis vom Mord im Haus scheint auf ein Beispiel C. G. Jungs anzuspielen – und auf die Pflichten, die dem Hüter des Hauses in den Gleichnisreden Jesu aufgetragen sind (davon später). Die vertiefte Schuld-Sensibilität, die in dem Gericht sich ausdrückt, das Andreas über sich selbst hält, ist zweifellos nicht nur durch die eifrige Selbstfreisprechung im Nachkriegs-Deutschland provoziert worden, sondern auch dem Autor zu eigen – ist doch die

Rede der literarischen Figur, ungeachtet der wenigen Bezüge im Kontext des Romans, eine Bußpredigt, die aus Brochs politiktheoretischen und massenpsychologischen Schriften stammen könnte, bereichert um Elemente der Selbstanklage, wie sie in seinen Briefen zu finden sind.

Die zweite Darstellungsabsicht, die in der Tat an den *Vergil* anzuschließen scheint: Broch dient die Gerichts- und Todesszene des Andreas dazu, sein Nachdenken über den unerreichbaren Gott zu präzisieren und sich die Verwandlung an dieser Grenze als Sinneneindruck vorzustellen. Es fällt gleich auf, daß die Schuldthematik in enge Nachbarschaft zur religiösen rückt – und letzte Worte der Vergebung und des Trosts die Erwägungen der Gerechtigkeit hinwegschwemmen. Der religiöse Impuls setzt sich schließlich gegen den rechtlichen durch. »Sicher [...] ist, daß keinerlei Gottesnähe je erreicht werden wird, solange wir in unserer Gleichgültigkeit verharren [...].«[73] Systematisch bringt Broch numinose und moralische Kategorien zur Deckung, um so ein regulierbares Verhältnis beschreiben zu können: Wer die Schuld in der Gleichgültigkeit anwachsen läßt, entfernt sich von seinem Gott; wer sich dieser Schuld konfrontiert, kehrt die Entfremdung um. Die weitere Entwicklung der Erzählung durchbricht aber diesen Mechanismus. Denn das Schuldbekenntnis im Geistergespräch mit dem Imker zieht erstaunlicherweise keine Strafe nach sich. Das Leben freiwillig zu verlassen, gilt auch nicht als peinigender Tribut, der dem Prinzip ausgleichenden Rechts gezahlt wird. Der Tod wirkt vielmehr wie die undenkbar größte Entlastung, die gerade noch körperlich erfahrbare Metamorphose ins Leichte: Ist das Levitationserlebnis des Selbstmörders eine Ankündigung des Freispruchs, das Ende ein Gnadenerlaß? »War diese Gewichtlosigkeit [...] nicht die allem Leben zutiefst eingeborene Gewichtlosigkeit, entledigt der Gewichthaftigkeit des Todes? Wer noch ans Körperhafte gebannt ist, in dem wohnt noch die Todesschwere, [...] gelingt es den letzten Rest irdischer Schwere zu vernichten, so wird es zur Selbstaufhebung des in ihr wesenden Todes und zur Freigabe der menschlichen Erbschaft, die ihre Dauer erringt kraft Selbstvernichtung, eintretend und aufgenommen in das Reich der unhörbaren Stimmen [...].«[74]

Brochs über die Todeslinie hinausspielende Dialektik von Sein und Nicht-Sein löst wieder – ähnlich schon in *Der Tod des Vergil* – die Schuldproblematik in ›Schwerelosigkeit‹ auf und verspricht

»Dauer kraft Selbstvernichtung«: erzwingt Versöhnung im Jenseits, schon im Übergang zu ihm. Aber ist diese beruhigende Verkündigung dessen, was man nicht mehr sehen kann, nicht die Fiktion eines trotz allem Gläubigen? Broch muß es bei dieser ›Todesfeier‹ selbst unheimlich geworden sein, sonst hätte er nicht zusätzliche Bild- und Motiv-Ketten aus dem Alten und Neuen Testament um die Handlung geschlungen, um ihr durch überlieferte und erprobte Begriffe der Andacht und Weihe allgemeinere Verbindlichkeit zuzusprechen. Es ist auch nicht zu bestreiten, daß aus der Tiefe des Gedächtnisses heraufgedrungene Erinnerungen an die Frühzeit des eigenen Lebens oder innige kindhafte Wünsche in den biblischen Anspielungen ebenso ihren Ausdruck finden. Außen- und Innenzone religiöser Erziehung und existentieller Erfahrung fließen hier zusammen. Da liegt in der Vaterhand die Kinderhand des Sohnes »für immer geborgen«, und die Stimme (nur des Imkers?) versichert ihm (nur Andreas?): »Ich bleibe bei dir, bis deine Angst gewichen ist.«[75] Ist es so abwegig, darin eine Reminiszenz an ein Jesus-Wort des Johannes-Evangeliums zu lesen: »In der Welt habt ihr Angst; aber seid getrost, ich habe die Welt überwunden« (Joh. 16,33). Gemahnt der Ur-Ahne, der sich mit wehendem Bart über Andreas beugt, dessen Stirn küßt, ihn bei seinem Namen ruft und auffordert, das Haupt vor dem Ewigen zu bedecken, nicht sowohl an Motive der Bibel-Illustrationen, als auch in einigem an den jüdischen Ritus?[76] Nicht zuletzt: die gebieterisch ermahnende Ansprache des unerreichbaren Gottes in den *Stimmen 1933* (wohl im Munde eines Propheten zu denken) erinnert unzweideutig an den strengen Herrn, der Israel in der Wüste als Gesetzgeber erschienen ist: »Versuche nicht dich zu nähern [...]/ eifervoll bin ich gegen die Zutraulichen./Ich bin der Ich nicht bin [...]/ Lausche ins Unbekannte [...] mir jedoch gelte kein Gebet; Ich höre es nicht: sei fromm um Meinetwillen, selbst ohne Zugang zu Mir [...]/ Und siehe, das genügt.«[77]

Nie zuvor ist bei Broch die Kundgabe des in der Abstraktion entrückten Gottes mit solch heiliger Aura versehen gewesen. Die Bedenklichkeit, die dieses unbildliche ›Gottesbild‹ noch in den *Schlafwandlern* umwölkte, scheint wie weggeblasen und gibt der Ehrfurcht vor dem Glanz einer Theophanie statt. Nicht einmal Seitenblicke fallen mehr auf die verführbaren Massen in der Problemphase des Wertzerfalls. Nur noch das Volk Israel auf der Wanderung und Moses, der sterbend einen »Abschiedsblick« aufs gelobte Land werfen darf, zeigen sich im Gesichtskreis oder Vorstellungshorizont: als Sinnfiguren des Exils, mit denen sich der Autor halb pathetisch, halb ironisch, in lächelnder letzter Zuwendung (jedenfalls in den *Stimmen 1933*) identifiziert. Dem in Feuer und Wolken verhüllten Gott auf Sinai entsprechend, werden die »Heimgesuchten« und »Heimsuchenden« als »arg ermattete Wüstendurchquerer«, als »Umhergestoßene« und »dem Entsetzen Entkommene«[78] bezeichnet: Flüchtlinge aus Ägypten, Flüchtlinge aus Deutschland. Das Exil als Prüfungsweg und zugleich Modus der Auserwählung: Broch findet augenscheinlich dank dieses Lebensschicksals zu der religiösen Spur der Moses-Geschichte zurück, die an die Schwelle des Lebens führt – in der Art, daß dort in Demut, aber »glückhaft hoffnungsbefreit« der »Kuß der Unbekanntheit«[79] zu empfangen sei.

Vom unerreichbaren Gott ströme außerdem zuvor schon mehr innere und äußere Kraft zu als von allen vergänglichen und kompromißhaften Erscheinungsweisen des bekannten Gottes. Selbst, wenn sich Broch an ein christliches Publikum wendet (in seinem letzten Essay *Trotzdem: Humane Politik*), akzentuiert er im Schlußsatz, daß im »Nicht-Glauben« zu glauben[80] dem tätigen Warten auf das Kommen Christi gleichzusetzen sei: Man begnüge sich, wie die Wissenschaft, den Weg zu bereiten, die Aufgabe zu erfüllen und »in Erwartung des Kommenden« das »irdische Haus mit Anstand« zu bestellen.[81] Es springt ins Auge, daß es sich um eine Variation der Gleichnisse vom sorgenden Hausvater oder den klugen Jungfrauen und deren Regel handelt: »Darum wachet! Denn ihr wisset weder Tag noch Stunde (in welcher des Menschen Sohn kommen wird)« (Matth. 25,13). Die angstbesetzte Wahrnehmung des ›Wertzerfalls‹ gegen Ende der zwanziger Jahre verwandelt sich bei Broch durch die Grenzerfahrungen der Verfolgung, des Exils oder des antizipierten Todes, so daß sich zwei Jahrzehnte später in seinem Denken und Fühlen der Umriß einer negativen Theologie abzeichnet, belebt von beinahe existentialistischem Unerschütterlichkeits-Ethos in einer Zeit der scheiternden Hoffnungen. Versöhnung mit dem unbekannten Gott heißt: sein Fernsein zu akzeptieren und gerade dadurch, wenigstens im letzten Augenblick, Frieden zu finden. Dies, der Weisheit letzter Schluß, ist Brochs subtile Altersreligiosität, Ergebnis eines langen und verwickelten Denk- und Lebensweges – und daher auch nur auf seinesgleichen übertragbar, gleich fern von populistischen Dogmen wie von christlich-abendländischer Restaurationsgesinnung, die nach dem Kriege miteinander in Konkurrenz traten.

## *Anmerkungen*

1 *Materialien zu Hermann Broch, »Der Tod des Vergil«,* hg. v. P. M. Lützeler, Frankfurt am Main 1976, S. 459.
2 Brief an Daisy Brody v. 5. 3. 31.
3 *Massenwahntheorie. Beiträge zu einer Psychologie der Politik (Kommentierte Werkausgabe*, hg. v. Paul Michael Lützeler = KW, Bd. 12), Frankfurt am Main 1979, S. 288.
4 Pascal, *Gedanken,* übertragen v. W. Rüttenauer, Bremen o. J., S. 15. Dort in anderer Zählung als Artikel 14 verzeichnet. Das lateinische Zitat entstammt Weisheit Salomonis 5,15.
5 *Die Schlafwandler,* Zürich o. J. (*Gesammelte Werke* = GW, Bd. 2), S. 47.
5a Ebd., S. 135 u. a.
6 Ebd., S. 150.
7 Ebd., S. 557.
8 Ebd.
9 Ebd.
10 Ebd., S. 660.
11 Ebd., S. 557.
12 Ebd., S. 556.
13 Ebd., S. 477.
14 Ebd., S. 556.
15 Ebd.
16 *Geist und Zeitgeist,* in: *Die unbekannte Größe und frühe Schriften,* Zürich 1961 (GW 10), S. 295.
17 Ebd., S. 301.
18 Karl Löwith, *Wissen, Glaube und Skepsis,* Göttingen 1956, S. 67.
19 *Die Schlafwandler,* S. 677.
20 Ebd., S. 661.
21 Ebd., S. 686.
22 Ebd., S. 687.
23 Ebd., S. 561.
24 *Logik einer zerfallenden Welt* (1931), in: *Erkennen und Handeln. Essays*, Bd. 2, Zürich 1955 (GW 7), S. 48.
25 Die Schuldlosen, Zürich 1954 (GW 5), S. 365.
26 *Leben ohne platonische Idee,* in: *Die unbekannte Größe,* S. 276.

27 *Die Schlafwandler*, S. 567.
28 Ebd., S. 324.
29 Ebd., S. 325.
30 Ebd., S. 448.
31 *Massenwahntheorie*, S. 290.
32 Ebd., S. 163.
33 *Die Schlafwandler*, S. 683.
34 Ebd.
35 Ebd.
36 *Massenwahntheorie*, S. 137ff. Auf die Bedeutung dieser Wende im Denken Brochs habe ich schon einmal hingewiesen in meiner Studie: *Vergil als Leitfigur? Zu Hermann Broch »Der Tod des Vergil«*, in: Würzburger Jahrbücher für Altertumswissenschaft NF 8 (1982), S. 161–170.
37 Ebd., S. 166.
38 Ebd.
39 Albert Camus, *Der Mythos von Sisyphos. Ein Versuch über das Absurde* (1942), Reinbek 1959, S. 98ff.
39a *Materialien zu Hermann Broch, »Der Tod des Vergil«*, S. 16.
40 Massenwahntheorie, S. 468.
41 *Politische Schriften*, Frankfurt am Main 1978 (KW 11), S. 394.
42 Ebd., S. 395.
43 *Die unbekannte Größe*, S. 307.
44 *Politische Schriften*, S. 394f.
45 *Die Schlafwandler*, S. 325, 448.
46 *Die Verzauberung*, Frankfurt am Main 1976 (KW 3), S. 275.
47 *Politische Schriften*, S. 49.
48 *Die Verzauberung*, S. 175.
49 Ebd., S. 275.
50 *Politische Schriften*, S. 49.
51 Ebd., S. 53.
52 *Massenwahntheorie*, S. 300f.
53 Ebd., S. 301.
54 *Politische Schriften*, S. 61.
54a Ebd.
55 *Massenwahntheorie*, S. 315.
56 *Die Verzauberung*, S. 385.
57 *Massenwahntheorie*, S. 390.
57a Ebd.
58 Ebd., S. 320.
59 *Politische Schriften*, S. 369.
60 *Massenwahntheorie*, S. 367.
61 Ebd., S. 521.
62 Ebd., S. 368.

63 Ebd., S. 371.
64 Ebd.
65 Ebd., S. 530.
66 Ebd., S. 366.
67 Ebd., S. 532.
68 *Die Schuldlosen,* S. 333.
69 Ausführlicher dargestellt in meiner Untersuchung: *Das Dritte Reich – Reich der Dämonen? Vorläufige Überlegungen zur Funktion der Bilder und Vergleiche in den Charakteristiken des Dritten Reichs aus der Sicht der Exilliteratur,* in: *Deutschsprachige Exilliteratur. Studien zu ihrer Bestimmung im Kontext der Epoche 1930 bis 1960*, hg. v. W. Koepke u. M. Winkler, Bonn 1984, S. 56–74.
70 Ausführlicher dargestellt in meiner Untersuchung: *Die Schuldfrage. Vergangenheitsverweigerung und Lebenslügen in der Diskussion 1945 bis 1949,* in: *»Deutschland nach Hitler«. Zukunftspläne im Exil und aus der Besatzungszeit 1939–1949,* hg. v. Th. Koebner, G. Sautermeister und S. Schneider, Wiesbaden 1987.
71 *Die Schuldlosen,* S. 334.
72 Ebd.
73 Ebd.
74 Ebd., S. 338.
75 Ebd., S. 336.
76 Ebd., S. 337.
77 Ebd., S. 301 f.
78 Ebd., S. 303.
79 Ebd.
80 Ebd., S. 302.
81 *Politische Schriften,* S. 396.

# IV
# Politik

*Paul Michael Lützeler*

# Literatur und Politik

Dichter, Schriftsteller, Literat, Poet im engeren Sinne war Hermann Broch nur knappe fünf Jahre lang: von 1928 bis 1933.[1] Mit solcher Intensität, Leidenschaft, Produktivität und Lust an der Literatur ist Broch weder in den Jahren davor, noch in denen danach Autor gewesen. Bis 1928 – und damals war er bereits über vierzig Jahre alt – hatte Broch selbst nicht gewußt, daß er einmal Romane schreiben werde. Wert- und Geschichtstheorie, Mathematik und Epistemologie hatte er ein Jahrzehnt hindurch studiert, anfänglich als Autodidakt, dann als Schüler des Wiener Kreises an der Universität. Seine Fabrik hatte er 1927 verkauft, zum Promovieren fehlten ihm der Ehrgeiz und das große Latinum; Aussicht auf eine Wissenschaftlerlaufbahn innerhalb oder außerhalb der Universität bestand nicht, und so summierte sich seine Ratlosigkeit zu dem, was man heute gerne *midlife crisis* nennt. Die meisterte man im Wien der zwanziger Jahre dadurch, daß man sich bei Sigmund Freud oder einem seiner Jünger auf die Couch legte. So geschah es. Hedwig Schaxel, eine Schülerin Freuds, nahm sich der Psyche Hermann Brochs an, sezierte, analysierte seine zutage liegenden Pflichtkomplexe sowie die verdeckten Begehrensbereiche und ließ ihren Patienten im Lauf der Zeit selbst den geheimen Lebens- und Lustnerv, den der literarischen Produktion, freilegen. Einmal enthemmt, entlud sich die verdrängte und gestaute dichterische Energie geradezu explosionsartig. Innerhalb von drei Jahren erschienen zwischen 1930 und 1933 seine Romantrilogie *Die Schlafwandler* und der Roman *Die Unbekannte Größe;* er schrieb das Drama *Die Entsühnung,* verfaßte zahlreiche Gedichte, hielt Vorträge – etwa über James Joyce –, publizierte eine Reihe von Novellen und veröffentlichte einige Aufsätze zu dichtungstheoretischen Fragen. Was Broch schrieb, erschien im Deutschen Reich: *Die Schlafwandler* im Münchner Rhein-Verlag, *Die Unbekannte Größe* bei S. Fischer in Berlin, die Novellen in Zeitschriften wie ›Neue Rundschau‹, ›Berliner Börsen-Courier‹, ›Frankfurter Zeitung‹, Gedichte und Essays in der ›Literarischen Welt‹. 1933 fiel mit diesen Publikationsorten auch der größte Teil des gerade erst gewonnenen Leserkreises fort.

Wie wurde Broch mit den gesellschaftlich-politischen Umbrüchen in Deutschland fertig, die für ihn eine Gefährdung der schriftstellerischen Existenz bedeutete? In welcher Situation befanden sich die jüdischen und bürgerlich-liberalen antifaschistischen Schriftsteller in Österreich 1934? Sie mußten (noch) nicht emigrieren. Aber Österreich selbst war keine Demokratie mehr, und Autoren wie Musil und Broch wurden an die Peripherie des öffentlichen Lebens gedrängt. Die fünf Jahre zwischen 1933 und 1938 bedeuteten für Broch eine Art Vor-Exil. Er wurde zu einem Fremden, zu einer Randfigur im eigenen Land. Nicht daß er drangsaliert worden wäre, aber mit einem Male hörten nach 1934 die Einladungen zu Vorträgen in Wien auf. Die Publikationsmöglichkeiten in Österreich waren für ihn minimal. Nicht die kosmopolitische Moderne, sondern Patriotisch-Heimatliches, Heroisch-Historisches standen hoch im Kurs. Der unerfreulich beengenden Situation in Wien entzog der Autor sich durch Übersiedlung in Bergdörfer in Tirol und der Steiermark, und dieser Rückzug trug sowohl Merkmale eines Exils wie einer inneren Emigration. Broch stellte sich der historischen Situation, versuchte ihre Ursachen zu analysieren und ihre Folgen vorauszusehen. Aus der Parteipolitik im engeren Sinne hat der Schriftsteller Broch sich immer ferngehalten. Aber mit seiner Ästhetik, seinen Dichtungen und politischen Schriften hat er versucht, auf die historischen Vorgänge einzuwirken.

Ästhetik, Roman und politische Essayistik sind die drei Gebiete Brochs, deren Entwicklung wir für die Jahre 1935 bis 1941 skizzieren wollen. Im Gegensatz zu seinem Bekannten Georg Lukács war Broch in seiner Ästhetik kein Systematiker oder gar Dogmatiker. Als Poetologe war er mehr reaktiv als kreativ, d. h. er selbst initiierte keine Literaturdebatten, aber er ging auf sie ein und suchte auf die jeweils aufgeworfenen Fragen Antworten zu finden, wie sie sich von seiner philosophischen Grundposition aus anboten. Broch war ein Autor, der alles, was er schrieb und unternahm, philosophisch überprüfen und theoretisch absichern wollte. *Die Schlafwandler*, dieses Meisterwerk, sind sicherlich nicht bloß das Ergebnis philosophischer Überlegungen, aber er konnte gar nicht anders, als ihre Intention vom Standpunkt seiner philosophischen Position zu formulieren. Wie zahllose andere assimilierte, akkulturierte jüdische Intellektuelle[2] im späten 19. und frühen 20. Jahrhundert – Hermann Cohen war einer ihrer bekanntesten und prominentesten Vertreter – fand auch Broch in der formalen Kantschen Ethik einen kosmopolitisch-weltanschaulichen Ort. Kein Autor – sowohl als Ethiker wie als Erkenntnistheoretiker – hat Broch so stark geprägt wie Kant, und keine philosophische Richtung hat Broch so nachhaltig beeinflußt wie die des Neukantianismus. Das fünfjährige Studium bei den Neopositivisten des Wiener Kreises konnte ihn vom Kantianismus nicht abbringen, im Gegenteil, er opponierte gegen ihn in dessen Namen. Ethik und Erkenntnis bleiben die Pole, zwischen denen Brochs dichterisch-denkerisches Gesamtwerk gespannt bleibt. Seine ästhetischen Postulate hat Broch erstmals bei seinen Absichtserklärungen, seinen Selbstinterpretationen zu den *Schlafwandlern* zu Papier gebracht. »Dieser Roman«, so heißt es im *Methodologischen Prospekt* (KW 2, 719–721)[3] zum Buch, »hat zur Voraussetzung, daß die Literatur mit jenen menschlichen Problemen sich zu befassen hat, die einesteils von der Wissenschaft ausgeschieden werden, weil sie einer rationalen Behandlung überhaupt nicht zugänglich sind [...], andererseits mit jenen Problemen, deren Erfassung die Wissenschaft in ihrem langsameren, exakteren Fortschritt noch nicht erreicht hat«. Der Roman tritt also nach Broch das Erbe der Philosophie in Ethik und Erkenntnisleistung an: Einerseits übernimmt er – hinsichtlich der Ethik – Aufgaben, die vom Standpunkt des Neopositivismus aus betrachtet als ›unwissenschaftlich‹ gelten, nimmt sich also eines Bereiches an, der von der Philosophie preisgegeben wurde. Und andererseits sucht er neue Erkenntnisterrains zu gewinnen, die von der Philosophie – aufgrund ihres langsameren, rationalen Vorgehens – noch nicht ausgemacht worden sind. Hinsichtlich der Erkenntniskomponente, dem Erkunden der aktuellen und zukunftsbestimmenden Zeittendenzen, ist der Roman modernistisch; bezüglich seiner ethischen Tendenzen ist er traditionalistisch. Ethik und Erkenntnis sind insofern aneinander gekoppelt, als die ethische Aufgabe des Romans bei Broch im Aufdecken neuer Erkenntnis besteht und als andererseits nur neue Erkenntnisse die Grundlage einer neuen Ethik abgeben können. Romane bzw. Dichtungen, die den – formalen – Ethik- und Erkenntnispostulaten Brochs nicht entsprechen, fallen unter sein Kitsch-Verdikt. In zahlreichen Selbstinterpretationen, Vorträgen und Aufsätzen hat Broch diese ästhetische Position entwickelt und sie von anders orientierten Literaturtheorien von links und von rechts abgegrenzt[4]:

Angriffe unterschiedlichster Art mußte sich James Joyce als exponierter Vertreter des Romans der Moderne in den späten zwanziger und frühen dreißiger Jahren gefallen lassen. Gerade im *Ulysses* aber sah Broch damals das verwirklicht, was er unter neuer epischer Erkenntnisleistung verstand. Mit Joyce konnten weder die linken noch die rechten Traditionalisten etwas anfangen. Auch in Deutschland wurde damals eine erregte Kontroverse um den *Ulysses* von Joyce geführt. Curtius, Döblin, Broch, Seghers, Bloch, Lukács, Brecht, sie alle sahen sich zu Stellung- und Parteinahmen herausgefordert. *Ulysses* erwies sich als listenreicher Spaltpilz der ideologischen Fronten. Im marxistischen Lager bekannte Brecht, daß er das Joyce-Opus als realistisch einschätze.[5] Lukács dagegen stießen das »Allegorisieren«, der »Formalismus«, die »Dekadenz«, der »Naturalismus« und die »Unmittelbarkeit« am Werk des Iren ab. Bei seiner Kritik an Joyce holte er sich, was sonst nicht seine Art war, sogar Schützenhilfe bei Ernst Bloch.[6] Wie Lukács sah Bloch in Joyce lediglich eine »interessante Zerfallsfigur«, und er qualifizierte den *Ulysses* ab als »taube Nuß«, als »Beliebigkeit aus lauter zerknüllten Zetteln«, als »Affengeschwätz« und »Fragmente aus Nichts«.[7] In seinem Vortrag *James Joyce und die Gegenwart* (KW 9/1, 63–91) von 1932 brach Broch für *Ulysses* eine Lanze und stellte die ganz neuartige Erkenntnisleistung von Joyce heraus. »Neue Erkenntnis kann nur durch neue Form geschöpft werden« (KW 13/1, 223), stellte Broch fest, und er betonte, daß mit alten Mitteln neue Einsichten der Realität nicht abzugewinnen seien.

Erwies sich Broch in der *Ulysses*-Diskussion als dezidierter Gegner der Lukácschen Realismus-Position, so zeigte er eine Nähe zu dessen Einstellung innerhalb der Reportage-Debatte von 1932. Beide lehnten es ab, in der Reportage das neue Ideal des avantgardistischen Romans anzuerkennen. Broch argumentierte vom Standpunkt der Moderne, Lukács von der Position des traditionalistischen Realisten gegen diese Romanform.[8] Broch konnte – wie Lukács – das Postulat der Objektivität bei den Theoretikern des Reportageromans nicht akzeptieren. Beide vermißten im Reportageroman die Dimension der Totalität. Anders als Lukács ging es dem Modernisten Broch zudem um die Anerkennung des subjektiven Faktors bei der Auswahl des Geschilderten, um einen Faktor, der – erkenntnistheoretisch gesehen – niemals ausgeschaltet werden könne und auf den – ethisch gesprochen – der Autor auch nicht verzichten dürfe.

Neben der Modernismus- und der Reportage-Debatte war es in den frühen dreißiger Jahren vor allem die verbreitete Mythos-Diskussion, auf die Broch reagierte. Thomas Mann machte mit seinen *Joseph*-Romanen diese Diskussion im liberalen Lager hoffähig. Broch hatte der mythoshungrigen Zeit wenig zu bieten. Zwar ließ er sich immer erneut auf die Diskussion ein, aber das Resultat seiner Reaktionen auf diese Debatte war Skepsis. In seinem Vortrag *Geist und Zeigeist*, den er im Frühjahr 1934 in Wien hielt, heißt es: »Vorderhand gibt es ihn nicht. Trotz aller Sehnsucht der Zeit nach dem Mythos [...]. Er wird weder aus den Romanen von Blut und Boden, noch aus denen des französischen ›Populisme‹ auferstehen. [...] Die Erzeugung eines Mythos läßt sich nicht auf Kommando bewerkstelligen; nicht einmal aus Sehnsucht« (KW 9/2, 197).

Wenn ich Brochs Diskussion der Moderne, der Reportageliteratur und des Mythos hier auch nicht im einzelnen nachzeichnen kann, wollte ich sie doch kurz erwähnen, um zu verdeutlichen, daß der Autor zwischen 1930 und 1933 die zeitgenössischen literarischen Debatten ernst nahm und auf sie einging. Die modernistischen Romane von Joyce, Dos Passos, Gide, Döblin las er genauso wie die Reportagen von Reger, Kisch und Renn und wie die mythosorientierten Werke von Thomas Mann oder Jean Giono. Diese Bücher und die sie begleitenden literarischen Debatten wirkten auf Theorie und Praxis von Brochs dichterischem Werk ein. Bis 1933 war Broch ein uneingeschränkter Joyce-Verehrer, aber während der fundamentalen Krise, die er 1934 durchlebte, kamen ihm Zweifel auf am Sinn eines Modernismus, der zunehmend esoterisch, hermetisch, unverständlich und publikumsfremd wurde. Mit *Finnegans Wake* konnte sich Broch nicht mehr befreunden. 1934 war ihm klar, daß die Nationalsozialisten ihre innen- und außenpolitische Macht konsolidierten und somit eine Bedrohung für ganz Europa bedeuten würden. Von seinem ethischen Standpunkt aus verurteilte er nun die gesellschaftsferne Esoterik, in die Joyce sich immer mehr steigerte. Von Herbst 1934 an war vor allem der Brief das Medium von Brochs ästhetischen Reflexionen, denn Vorträge konnte er keine mehr halten, und für Essays fehlten ihm weitgehend die Publikationsorgane. Ein erstrangiges Dokument seiner Umorientierung – bei Beibehaltung seiner ethisch-erkenntnismäßigen Prinzipien – ist der Brief an seinen Verleger vom 19. Oktober 1934 (KW 13/1, 298–302). Da heißt es: »Joyces Lösungsversuch liegt im extrem Platonischen und Subjektiven; er ist darin so radikal, daß er asozial geworden ist.« Was Broch angesichts der politischen Situation anstrebte, war ein Roman, der sowohl »die politischen Bewegungen dieser Zeit« wie die »mythischen Vorgänge des Menschen« erfaßte, der das zeittypische Phänomen des politischen »Religions-Surrogates« zum Gegenstand hatte. Das Buch, das seinen neuen Intentionen entsprechen sollte, war der Roman *Die Verzauberung*, dessen erste uns bekannte Fassung er 1935 schrieb. In dem Jahr, als sich in ganz Europa die antifaschistischen Schriftsteller in Verbänden formierten, Zeitschriften gründeten, Kongresse einberiefen, Bündnisse verkündeten und Proklamationen veröffentlichten, zog Broch sich in ein winziges Bergdorf zurück, um – abseits von aller Publizität – seinen antifaschistischen Roman zu schreiben, dessen Handlung ebenfalls in einem Bergdorf spielt. So wenig man der Brochschen Ästhetik mit Schlagwortbegriffen wie Moderne, Realismus oder mythische Dichtung gerecht wird, so schwierig ist es, dieses Buch zu kategorisieren.

Was wollte Broch mit dem Roman erreichen? Sicherlich zu viel auf einmal, denn wie kriegt man das zustande: ein Buch zu schreiben, das gleichzeitig ein politischer, ein mythischer und ein Heimat- bzw. Berg-Roman ist, und nicht nur das – ein Buch, in dem sich Politisches und Antipolitisches, Religiöses und Antireligiöses, Mythisches und Geschichtliches, Provinzielles und Antiheimatliches so kompliziert miteinander vermischen?

Die politischen Aspekte des Buches sind wohl die zugänglichsten. Mit ihnen gehört *Die Verzauberung* zu den antifaschistischen Exil-Romanen der dreißiger und vierziger Jahre, in denen die Diktaturen mit symbolisch-parabelhaften Erzählmitteln analysiert werden, wie z. B. in Walter Mehrings *Die Nacht des Tyrannen*, Fritz von Unruhs *Der nie verlor*, Thomas Manns *Doktor Faustus* und Hermann Kestens *Die Zwillinge von Nürnberg*.

Der Roman weist auch deutliche Merkmale einer Dichtung auf, wie sie damals für die innere Emigration typisch wurden. Die eigentliche Hauptfigur des Buches ist der Erzähler, der mit seinen innerseelischen Konflikten und ethisch-metaphysischen Problemen ähnlich auch in Romanen von Bergengruen, Reinhold Schneider oder Wiechert vorkommen könnte.

Von der *Verzauberung* sprach Broch in seinen Briefen als dem ›Bergroman‹ bzw. dem ›Bauernroman‹. Er griff bewußt auf eine

Gattung zurück, die sich in den dreißiger Jahren einer etwas zweifelhaften Beliebtheit erfreute: auf die Gattung des Heimat-, Berg- und Bauernromans. Sie erreichte damals in Österreich einen Produktions- und Verbreitungshöhepunkt, was nicht zuletzt auf die forcierte Förderung des Genres durch die Kulturpolitiker des Ständestaates zurückzuführen war. Zu den vielgelesenen Autoren dieses Genres gehörten Karl Heinrich Waggerl, Richard Billinger und Guido Zernatto. Broch benutzte zwar die populäre Gattung, aber er schrieb an gegen die agrarromantische, rückwärtsgewandte und verklärend-harmonisierende Sicht des Land- und Berglebens jener Autoren. Das Schema des gängigen Heimatromans wird hier ad absurdum geführt.

Was schließlich die mythische Ebene betrifft, versucht Broch im Roman deutlich zu machen, daß das historische Phänomen Faschismus in den übergreifenden Dimensionen des Kampfes zwischen Patriarchat und Matriarchat zu sehen sei.

Der einzige kunsttheoretische Essay, den Broch im Österreich des Ständestaates veröffentlichte, war die kleine Studie *Erwägungen zum Problem des Kulturtodes* (KW 10/1, 59–66). Sie erschien in der literarischen Zeitschrift ›das silberboot‹, das gegen die Strömung der offiziellen Kulturpolitik bis zu seinem Schiffbruch einen modernistischen Kurs beibehielt. Aus der Stimmenvielfalt des jeweiligen historischen »Welt-Alltags der Epoche« bleibe, so meint Broch hier, »bloß eine, freilich sehr kräftige Stimme übrig«, nämlich »die Stimme der Kunst«. Nur der Künstler besitze die Fähigkeit, »die Realität der Epoche« festzuhalten. Es ist, als habe Broch sich in diesem Essay selbst wieder Mut gemacht, als beschwöre er seinen ins Wanken geratenen Glauben an die Bedeutung der Kunst gegen die Zweifel am Sinn der Dichtung in der Zeit des Faschismus, die er mit der Epoche des ›Kulturtodes‹ gleichsetzt.

Aber schon einige Wochen später – er schrieb gerade an den letzten Seiten der *Verzauberung* – brachen seine Zweifel erneut auf. Im Dezember 1935 heißt es in einem seiner Briefe: »Jeder Schritt in die Welt zeigt, wie überflüssig diese Art Tätigkeit« des Romanschreibens »ist, wie absolut weltfremd, wenn auch nicht lebensfremd« (KW 13/1, 373). Von jetzt ab reißen in seiner Korrespondenz die negativen Äußerungen über Dichtung und Literatur nicht mehr ab. Wie Broch erging es vielen Exilschriftstellern. Damals – 1935 – sagte Ernst Toller in seiner *Rede im Englischen jungen Pen-Club* in London: »Ich kenne nur zu gut die Verzweiflung des Dichters, der in solcher Zeit und in solcher Welt lebend fragt: Was hat meine Arbeit für einen Sinn? Wozu Gedichte schreiben, wozu Romane, wozu Dramen? Wer will von ihnen wissen?«[9] Ende 1935 plante Broch einen Aufsatz *Ist Dichtung noch möglich?*, aber seine Distanz zum Romanschreiben wurde so groß, daß er sich nicht einmal dazu mehr die Zeit nahm. Hatte Broch zwischen 1930 und 1933 teilgenommen an den aktuellen Literaturdebatten jener Jahre, hatte er damals versucht, Beiträge zu einer positiven Ästhetik zu liefern, machte er nun eine Kehrtwendung von 180 Grad und wurde zum streitbaren Vertreter einer negativen Ästhetik, d. h. zu einem Dichter, der sein Handwerk verachtet und aufgibt, zu einem Gegner schriftstellerischer Arbeit, zu einem Ankläger des Ästhetentums, zu einem Richter, der den Stab bricht über das Gewerbe der Poeten, zu einem Ikonoklasten im Bildersaal der Literatur. Die Grundlage seiner positiven Ästhetik – Ethik und Erkenntnis – bildeten allerdings auch die Basis seiner negativen Ästhetik. Er war überzeugt: Nicht die Dichtung ist das angemessene Mittel im antifaschistischen Kampf, sondern die politische Publizistik. 1936 gab Broch die Arbeit an der zweiten Fassung der *Verzauberung* auf und widmete sich ein Jahr lang seiner *Völkerbund-Resolution* (KW 11, 195–231), die gleichzeitig eine theoretische Arbeit wie eine praktische Aktion involvierte. Hier einige charakteristische Zitate aus seiner Korrespondenz zwischen 1936 und 1939, in denen er seinen Wechsel der Disziplinen mit Ethik- und Erkenntnisgründen motiviert: »Ich weiß nicht, ob ich Ihnen in meinem letzten Brief schon gemeldet habe, wie deprimiert ich aus Mü[nchen] zurückgekehrt bin. [...] Und es ist vor allem die Bestätigung, daß in einer Welt, in der solches möglich ist – und es ist die Welt, und nicht nur Deutschland! der afrikanische Krieg gehört ebenso dazu! – jegliche [...] dichterische [...] Arbeit überflüssig und Vormärz geworden ist. [...] Ritterrüstungen aus rostfreiem Aluminiumstahl wären im XIV. Jahrh. ein brillantes Geschäft gewesen, heute ist wenig damit anzufangen, auch wenn sie noch so kunstwerklich ausgearbeitet wären [...] was man da treibt [wird ein] unmoralisches Spiel« (KW 13/1, 392–393); »Die gegenwärtige Welt in ihrem Wertzerfall hat für [...] künstlerische Leistungen keinen Platz; [...] und es ist beinahe unethisch, ihr etwas aufzwingen zu wollen, was sie nicht braucht, anstatt ihr das zu geben [...], was sie benötigt, nämlich Linderung ihrer Krämpfe, was man im großen politisch, im kleinen dadurch zu betätigen hätte, daß man für einen gewissen Kreis Menschen sorgt und ihm nach Kräften hilft, wozu der egozentrische Dichter natürlich nicht imstande ist« (KW 13/1, 397); »›Künstlerische‹ Schreiber, sei es nun Joyce oder Th. M[ann] [sind] einfach Atavismen, [...] Plüschsofa« (KW 13/1, 433). »Das Heraberzählen einer erfundenen Fabel (verlohnt) sich schlechterdings nicht mehr; es ist eben angesichts der Zeit und ihres Grauens einfach unmoralisch geworden, und mag der Leser es auch verlangen, es ekelt einem zu sehr, sich zu solcher Unmoral herzugeben« (KW 13/1, 475); »Ich [habe] gar keine Beziehung mehr zu den unterbrochenen Büchern: das Grauen, in dessen sogenanntes Antlitz ich geblickt habe, war eine allzu starke Bestätigung meiner alten These von der Überflüssigkeit des Künstlerischen in dieser Zeit« (KW 13/2, 24); »Ich habe also weitgehend eine Umstellung vollzogen und gehe immer mehr auf politische Themen über, wobei mir als Basis die [...] Völkerbundarbeit dient« (KW 13/2, 97).

Broch war nicht der einzige antifaschistische Autor, der die Notwendigkeit einsah, angesichts der gesellschaftlichen Gegebenheiten die literarische Arbeit zugunsten der politischen Publizistik zurückzustellen. Aber kaum einer war so konsequent und in seiner Absage an die Dichtung so radikal wie er. In Österreich hatte als erster Karl Kraus sich zum Wortführer der negativen Ästhetik gemacht, hatte in der ›Fackel‹ vom Juli 1934 seiner Überzeugung Ausdruck verliehen, daß *literarische* Opposition gegenüber dem Nationalsozialismus sinnlos sei. »Dieser Bewegung«, so schrieb er, die »zum erstenmal der politischen Phrase die Tat, dem Schlagwort den Schlag entbunden« habe, sei es unmöglich, »im Schutz der Metapher [...] die Stirn zu bieten«.[10]

Was hat es mit Brochs *Völkerbund-Resolution* von 1936/37 auf sich? Daß er seine antifaschistische Resolution an den Völkerbund richtete, hatte auch damit zu tun, daß die nationalsozialistischen Mitglieder der Sektion Dichtung an der Preußischen Akademie der Künste schon bald nach der Machtübernahme Hitlers den Austritt Deutschlands aus dem Völkerbund gefordert hatten. Im Gegenzug dazu wollte Broch prominente europäische Intellektuelle und internationale humanitäre Organisationen dazu aufrufen, sich für eine Stärkung und Erneuerung des Völkerbundes als Friedensgaranten einzusetzen. Mit seiner Aktion reihte Broch sich ein in die vielfältigen Bemühungen, der Kriegstreiberei und dem Emigrationszwang in Deutschland zu wehren. Da Broch keine institutionelle Unterstützung für seine Resolution fand und sie deshalb auch nicht veröffentlicht wurde, war ihr politischer Effekt gleich Null. Im Alltag internationaler Politik kannte Broch sich nicht aus, und so kam er mit seiner Aktion nicht zum Zuge.

In dem Augenblick, als er die Vergeblichkeit seiner Bemühungen in Sachen *Völkerbund-Resolution* erkannte, kehrte Broch zu seinem Autorenschreibtisch zurück. Das bedeutete aber keineswegs die Rückkehr zur positiven Ästhetik. Was Broch nun unternahm, war etwas Paradoxes und in der Geschichte der Literatur wohl Einmaliges: daß nämlich ein modernistischer Roman vom Standpunkt der negativen Ästhetik aus geschrieben wurde, eine Dichtung gegen die Dichtung. Grundlage dieses neuen Buches wurde eine im Frühjahr 1937 für den Wiener Rundfunk geschriebene kurze Erzählung mit dem Titel *Die Heimkehr des Vergil*. Am neuen Vergil-Roman arbeitete Broch nun von Ende 1937 bis Anfang 1945, und in ihm brachte er seine massiven Vorbehalte gegen die dichterische Arbeit ein, wie wir sie aus seinen Briefen schon kennen. Broch glaubte 1936 begriffen zu haben, daß eine direkte künstlerische Einwirkung auf gesellschaftliche Praxis nicht möglich war, und er hatte seine radikalen Konsequenzen gezogen. Mit dem Vergil-Roman (KW 4) kehrte er zum – an sich ›untauglichen‹ – Medium Literatur zurück, aber er tat es vor allem, um dessen Ohnmacht, seine Grenzen und ethischen Schwächen zu benennen bzw. aufzudecken. Wo immer man den Roman aufschlägt, fallen einem Stellen ins Auge wie jene, an denen die Rede ist vom »Absturz in die Pöbelhaftigkeit und dorthin, wo sie am ärgsten ist, ins Literatentum!« (135). Vergil geißelt sich mit Selbstvorwürfen wie solchen: »Ja, das war das Ergebnis: der Erkenntnislose als Erkenntnisbringer für die Erkenntnisunwilligen, der Wortemacher als Spracherwecker für die Stummen, der Pflichtvergessene als Verpflichter der Pflichtunwissenden, der Lahme als Lehrer der Torkelnden« (137). Vergil bekennt: »Es ist nicht die Dichtung, die solch reinste Wirklichkeitswahrheit zu künden vermag... Dichtung besitzt nicht die Schiedkraft... [...] ich habe bloß getastet, bloß gestammelt...« (243). *Der Tod des Vergil* ist ein komplexes Buch, und es ist in der Sekundärliteratur unter allen möglichen Aspekten behandelt worden. Aber man versteht das Buch nicht, sieht man von dem zentralen Thema der negativen Ästhetik ab. Broch betrieb die Fortführung des Vergil-Romans während des Exils mit einer Art schlechten Gewissens. Die meiste Arbeit investierte er in seine politologischen, juristischen und massenpsychologischen Projekte.[11]

Negative Ästhetik als Folge von Isolation und Verbannung: bei kaum einem anderen Exilschriftsteller macht sie sich in Theorie und Praxis so bemerkbar wie bei Broch. (Andere, in etwa vergleichbare Fälle wären Carl Einstein und Elias Canetti.) Erst nach 1945 vollzog Broch – allerdings nur zögernd – wieder eine Wendung hin zur positiven Ästhetik und zur Dichtung. Wiederum veröffentlichte er mehrere literaturtheoretische Aufsätze, in denen es um Dichtung, Ethik und Erkenntnis geht.[12] Mit einem neuen Kitsch-Vortrag und Beiträgen zum Thema Literatur und Mythos bzw. Dichtung und Politik näherte er sich wieder jener positiv-ästhetischen Position, die er vor 1935 eingenommen hatte. In der Romanpraxis machte sich das dadurch bemerkbar, daß er Ende der vierziger Jahre *Die Schuldlosen* als eine Art Fortsetzung der *Schlafwandler* schrieb und 1951 mit der dritten Bearbeitung des Romans *Die Verzauberung* begann.

Bei dem Broch der Exiljahre bis 1945 aber wurde die Krise der literarischen Moderne und die Krise der dichterischen Avantgarde zur Zeit des Nationalsozialismus besonders deutlich. Mit Frederic Jameson läßt sich die literarische Modernität – für die der Name Joyce exemplarisch steht – kennzeichnen durch ihre »Strategies of Inwardness«. Formal entspricht ihr das Experimentelle mit den bekannten Kennzeichen neuartiger Erzählformen und -Perspektiven, der Gattungsmischung, der Kollage und Montage etc. Der Broch der *Schlafwandler-Trilogie* steht noch ganz im Bann dieser »Strategy of Inwardness« und des formalen Experiments. Der Weg von den *Schlafwandlern* zur *Verzauberung* kennzeichnet den krisenreichen Versuch der Überwindung dieser Position zugunsten einer auf politische Wirkung bedachten Dichtung, bedeutet in Brochs Worten einen Schritt von der Esoterik zur Exoterik.[13] Mit diesem Schritt war im Formalen verbunden ein Absehen von radikalen literarischen Experimenten, von der Hermetik, war verbunden die Hinwendung zu eingängigeren realistischeren Erzählmitteln und zu populäreren Stoffen. Mit der politischen, d.h. der antifaschistischen Wirkungsabsicht war die Krise des Modernismus aber nicht überwunden, im Gegenteil: jetzt begann sie erst. Das politische Engagement entwickelte seine Eigendynamik. War einmal das Primat politischer Ansprüche anerkannt, war einmal der Grundsatz der Moderne: nämlich die entschiedene Selbstbehauptung künstlerischer Subjektivität gegen alles Politisch-Gesellschaftliche, aufgekündigt, trat plötzlich die höchst relative Bedeutung der Dichtung in der Konkurrenz mit anderen, nichtkünstlerischen Mitteln im Kampf um politische Einflußnahme zutage. Was Broch mit seiner negativen Ästhetik formuliert, ist einerseits die Abkehr von den subjektivistischen Grundsätzen der Moderne, andererseits bringt er mit ihr den Selbstwiderspruch der historischen Avantgarde auf den Nenner. Die Avantgarde, deren Intention Peter Bürger[14] nachgezeichnet hat, war nämlich der erste Ausbruchsversuch der Moderne aus der bewußten Isolation von Subjektivität und Innenleben, war der Versuch einer Legierung von Moderne und Engagement, der Assimilierung der »Strategies of Inwardness« mit Strategien, die auf gesellschaftliche Veränderung abzielten. Die historische Avantgarde wollte Kunst (im Verständnis der Moderne) überführen in sogenannte ›Lebenspraxis‹. Genau das wollte Broch in der Phase seines (noch) literarischen antifaschistischen Engagements 1935 zur Zeit der Arbeit an der *Verzauberung*, und er durchlebte die Krise der historischen Avantgarde erneut. In einer Gesellschaft, die auf der Differenz von Kunst und Leben insistierte, einer Differenz, die ja die Moderne selbst in aller Entschiedenheit bejaht hatte, in einer solchen Gesellschaft war die Überführung von Kunst in Lebenspraxis zum Scheitern verurteilt.

Broch zog die Konsequenzen mit dem – vorläufigen – Abschied von der Literatur. Daß auch diese Trennung nicht ohne Probleme und Fragwürdigkeiten war, soll nicht verschwiegen werden. Mit seinen politischen, juristischen und massenpsychologischen Arbeiten erreichte Broch de facto nicht mehr – vielleicht weniger – als jene Exilschriftsteller, die ihr literarisches Handwerk nicht aufgegeben hatten. Wirkungslosigkeit und Ohnmacht war eine Erfahrung der meisten Schriftsteller in der Emigration, wie Frithjof Trapp in seinem Buch *Literatur im Exil*[15] ausführlich dokumentiert hat.

In einem radikal modernistischen Roman, im *Tod des Vergil*, wird die Krise der Avantgarde literarisch thematisiert. Hier wird ein Autor – im durchsichtigen historischen Modell – in der Zerreißprobe zwischen den Ansprüchen von Moderne und Engagement gezeigt.

Die Geburt der negativen Ästhetik aus dem Geist demokratischpolitischen Engagements war nicht nur ein Phänomen der Exilliteratur. Drei Jahrzehnte später erlebte die negative Ästhetik zur Zeit der Studentenbewegung eine erneute Aktualität, als Hans Magnus Enzensberger den Tod der Literatur wegen ihrer gesellschaftspolitischen Funktionslosigkeit, Irrelevanz und Folgenlosigkeit verkündete.[16] Man sollte die negativ-ästhetischen Phasen der Literaturgeschichte nicht einfach als abwegig betrachten und nach der Erholung der Krise nicht mit einem erleichterten »Nun dichten sie wieder!« die negative Ästhetik vergessen und ungeschehen machen. Die Geschichte der deutschsprachigen avantgardistischen Literatur in unserem Jahrhundert mit ihren Diskontinuitäten und Krisen an den Schnittpunkten von Literatur und Politik beim Dadaismus, der Exildichtung und der Literatur zur Zeit der Studentenbewegung legt eine Berücksichtigung negativ-ästhetischer Momente in einer – noch zu schreibenden – übergreifenden Ästhetik nahe. Eine Geschichte der negativen Ästhetik gibt es noch nicht. Theoretikern wie Hegel, Vischer oder Lukács war sie völlig fremd. Am Anfang seiner *Ästhetischen Theorie*[17] konstatiert Adorno zwar, daß das »Existenzrecht« der Kunst nicht mehr selbstverständlich gelte, aber dieser Feststellung wird nicht weiter nachgegangen, was bei Adorno, dem auf die Autonomie künstlerischer Subjektivität pochenden rückwärtsgewandten Propheten der Moderne ja auch nicht verwundert. Broch ging es – im Gegenzug zur herkömmlichen positiven Ästhetik, die die Leistung und das Vermögen von Kunst und Literatur beschreibt – um die Skizzierung dessen, was Dichtung nicht vermag, um das Aufweisen ihrer Grenzen und Schwächen. Diese in solchem Sinne ›negative‹ Ästhetik hat nichts zu tun mit Adornos Negation, wie er sie der Kunst in seiner *Ästhetischen Theorie* abverlangt. Denn diese Negation versteht Adorno letztlich als positive Leistung, eine Leistung, wie sie nur die Kunst hervorzubringen vermag. Adorno sucht nämlich – damit anknüpfend an Hegel – den Bezug von Geschichtsphilosophie und Gesellschaftstheorie am Beispiel der Ästhetik zu verdeutlichen. Zentral sind dabei für Adorno zwei Aspekte: die negative Macht der Tradition und die Übermacht der ›verwalteten Gesellschaft‹: beide Faktoren hindern die geschichtliche Entwicklung. In dieser Lage sei nur die Negation wesensgemäß für die Kunst und besonders der Entwurf einer Gegenwelt als (noch verzerrter) Gestalt des Wahren. Zugleich werde die Kunst damit ein Indikator der Negativität des Bestehenden und zum

›Medium einer bewußtlosen Geschichtsschreibung‹. Mit seiner Negation, die er der Kunst und Literatur zuweist, bleibt Adorno dem Kontext der positiven Ästhetik verhaftet, Broch dagegen begründet in seiner negativen Ästhetik die Überlegenheit anderer Disziplinen im Hinblick auf gesellschaftliche Wirkung.

Brochs negative Ästhetik findet allerdings im Gebiet der Philosophie eine Parallele in Horkheimer/Adornos *Dialektik der Aufklärung*. In beiden Fällen wird im amerikanischen Exil der aufklärerische Optimismus hinsichtlich der gesellschaftlichen Funktion einer von den großen Menschheitsideen der Wahrheit, Freiheit, Gerechtigkeit und Humanität getragenen Literatur und Philosophie radikal in Frage gestellt, und sowohl Broch wie Horkheimer und Adorno ziehen als engagierte Antifaschisten die Konsequenz mit ihrer Hinwendung zu konkreten sozial-psychologischen Untersuchungen des Massenwahns bzw. des Antisemitismus und des autoritären Charakters.

Eine umfassende Studie zum Thema ›negative Ästhetik‹ bleibt ein Desiderat. Ein Broch-Kapitel darin wäre so unumgänglich wie erhellend. Es würde auch zeigen, daß mit der Abkehr von modernistischer Esoterik und vom literarischen Experiment, mit der bloßen Hinwendung zu größerem Realismus in der Literatur der Anspruch auf politische Wirksamkeit in den Augen des Exilschriftstellers Broch nicht eingelöst werden konnte.

## *Anmerkungen*

1 Vgl. Paul Michael Lützeler, *Hermann Broch. Eine Biographie*, Frankfurt am Main 1985, S. 96ff.

2 Vgl. die Einleitung in: *Im Zeichen Hiobs. Jüdische Schriftsteller und deutsche Literatur im 20. Jahrhundert*, hg. v. Gunter E. Grimm und Hans-Peter Bayerdörfer, Königstein 1985, S. 7–65. Zum Einfluß der Neukantianer auf Broch vgl. vor allem: Friedrich Vollhardt, *Hermann Brochs geschichtliche Stellung. Studien zum philosophischen Frühwerk und zur Romantrilogie »Die Schlafwandler« (1914–1932)*, Tübingen 1986.

3 Die von mir zwischen 1974 und 1981 herausgegebene und im Suhrkamp Verlag erschienene *Kommentierte Werkausgabe* wird in der Folge mit KW abgekürzt. Zitiert wird aus folgenden Bänden:
KW 2: *Die Schlafwandler* (1978)

KW 9/1–2: *Schriften zur Literatur* (1975)
KW 13/1: *Briefe 1: 1913–1938* (1981)
KW 11: *Politische Schriften* (1978)
KW 13/2: *Briefe 2:* 1938–1945 (1981)
KW 4: *Der Tod des Vergil* (1976)
KW 12: *Massenwahntheorie* (1979)

4 KW 9/1–2
5 B. Brecht, *Praktisches zur Expressionismusdebatte,* in: *Die Expressionismusdebatte,* hg. v. Hans-Jürgen Schmitt, Frankfurt am Main 1976, S. 305.
6 G. Lukács, *Ästhetik I,* Darmstadt und Neuwied o.J., S. 769.
7 E. Bloch, *Erbschaft dieser Zeit,* Zürich 1935, S. 186.
8 G. Lukács, *Probleme des Realismus I,* Darmstadt und Neuwied o.J., S. 35 ff. Vgl. Brochs Vortrag *Das Weltbild des Romans,* KW 9/2, 89–117.
9 E. Toller, *Kritische Schriften,* München 1978, S. 192–193.
10 Die Fackel, Jg. 36, Nr. 890–905, S. 2 (»Warum die Fackel nicht erscheint«).
11 Vgl. vor allem ein Buch, an dem Broch als Ko-Autor mitwirkte: *The City of Man. A Declaration on World Democracy.* Issued by Herbert Agar et al., New York 1940. Vgl. auch KW 11, 81–108.
12 Vgl. KW 9/2.
13 Vgl. Hermann Broch, *Die Verzauberung,* KW 3, 387.
14 Peter Bürger, *Theorie der Avantgarde,* Frankfurt am Main 1974. Vgl. ferner Frederic Jameson, *The Political Unconscious. Narrative as a Socially Symbolic Act,* Ithaca 1981.
15 Frithjof Trapp, *Literatur im Exil,* Bern 1983.
16 Hans Magnus Enzensberger, *Palaver. Politische Überlegungen,* Frankfurt am Main 1974.
17 Theodor W. Adorno, *Ästhetische Theorie*, Frankfurt am Main 1970, (*Gesammelte Schriften,* Bd. 7), S. 9.

*Michael P. Steinberg*

# Totalität und Rationalität

Da die Brochleser und -forscher darin übereinstimmen, daß Dichtung und Philosophie in seinen Schriften nicht zu trennen sind, muß es unsere Aufgabe sein, das Verhältnis zwischen dichterischer Form und philosophischem Inhalt genauer zu bestimmen. Einigkeit besteht auch darin, daß Brochs ganzem Werk politische Aktualität zukommt, die besonders beim späten Broch hervortritt. Seine politischen und sozialtheoretischen Interessen überwiegen die dichterischen. Diese Zusammenhänge scheinen mir weit komplizierter zu sein, als es bisher gezeigt wurde.

Die berühmte Sprachkrise Hofmannsthals, über den Broch seit 1947 arbeitete, läßt sich hier als beispielhaft denken und in Parallele setzen. Im Falle Broch geht es nicht um eine Krise der Sprache, sondern um eine der Form. Jedoch kann die Überwindung oder bloße Ablehnung der Dichtung aufgrund einer extrem politischen Situation als Begründung allein nicht befriedigen bei einem Autor wie Broch, der die Gestaltungsproblematik des Politischen gemeistert hat. So hat etwa Thomas Mann, in dieser Beziehung ein vergleichbares Talent mit ähnlicher Interessen- und Problemlage, keine solche Formkrise durchgemacht. Im Unterschied zu Thomas Mann finde ich bei Broch einen Totalitätsbegriff, der nur im Zusammenhang idealistischer Philosophie verständlich ist. Sein Totalitätsbegriff erlaubt es ihm nicht mehr, politische Thematik dichterisch auszudrücken.

## I

Brochs Totalitätsprinzip muß in zwei Stufen definiert werden, entsprechend den zeitlichen Stufen seiner geistigen Entwicklung. Zum einen bezieht es sich auf eine verlorengegangene historische Totalität, zum anderen auf das ästhetische Modell einer wiedergewonnenen Totalität, die letzten Endes ein Modell abgeben würde für eine neue soziale Totalität. Das Prinzip muß außerdem verstanden werden als ein lebendiges, das dauernd in Brochs Gedanken arbeitete und sich beständig veränderte.

Diese Problematik weist unweigerlich zurück auf Nietzsche. Wie kein anderer Denker war Nietzsche für Broch von Bedeutung. Für Broch ist Nietzsche Anti-Nationalist, aber Anti-Nationalist im Interesse einer höheren, all-umfassenden Totalität. Nietzsche ist ebenso der Diagnostiker des Wertvakuums der Moderne wie der Sänger einer verlorenen Totalität. In dieser Hinsicht ist Brochs Deutung von Nietzsche wesentlich tiefgreifender als die seiner meisten Zeitgenossen, erscheint allerdings aus heutiger Sicht – ich denke besonders an die Debatten der letzten 20 Jahre – in ihrer Beharrung auf einem Nietzscheschen Totalitätsprinzip als eher konventionell.

Die Rezeption des Nietzscheschen Totalitätsprinzip wirkt sich – und das entbehrt nicht einer gewissen Ironie – bereits in Brochs früher Theorie über die Demokratie aus: in der Vorstellung der 30er Jahre von einer totalen Demokratie, die auf einer Weltgemeinschaft mit fundamentalen humanitären Prinzipien basieren müßte. Brochs Rezeption dieses Totalitätsprinzips begann sicherlich mit seiner Lektüre der *Geburt der Tragödie* und der dort entworfenen Vision, der Vision einer Kultur, die geeint ist und fähig, ihre geistige Totalität in Form eines einheitlichen mimetischen Produktes aufs neue darzubieten: in Gestalt der Tragödie. Soziale und kulturelle Totalität müssen in der Lage sein, sich selbst darzustellen; sie sind deshalb abhängig von Mimesis und Manifestation, oder, in anderen Worten, von ästhetischer Darstellbarkeit.

Nicht die griechische, sondern die mittelalterlich-christliche, oder, um genauer zu sein, die gotische bedeutet für Broch die verlorengegangene Totalität. Was ist der ideologische Kontext dieser Vorstellung? Nicht Nationalismus, vielmehr handelt es sich um die anti-moderne, anti-industrielle gotische Ideologie, wie man ihr bei John Ruskin begegnet, den Broch jedoch nirgends erwähnt.

Sowohl für Broch als auch für Ruskins kritischen Vorgänger A. W. Pugin war die Totalität der gotischen Christenheit ausschließlich religiös und daher kulturell bestimmt.[1] Während der Wunsch, eine verlorengegangene Totalität neu zu etablieren, in Brochs Schriften nicht existiert, ist es in seiner Biographie bezeugt. Brochs Übertritt zum katholischen Glauben im Jahre 1909 muß in *diesem* Zusammenhang gesehen werden.

Es gab unübersehbare persönliche Gründe für seine Konversion. Jedoch ist es höchst unwahrscheinlich, daß ein Denker wie Broch, der besessen war von Widerspruch zwischen verlorengegangener katholischer Totalität und einem existierenden Wertvakuum, bei seinem Übertritt zum Katholizismus diesen Kernfragen gegenüber gleichgültig gewesen wäre. (Der Ausdruck »Wertvakuum« existierte 1909 noch nicht, wohl aber die damit zusammenhängende Kulturdiagnose in den Aufsätzen *Kultur 1908/1909*.[2]) Die persönliche Wendung zum katholischen Glauben bedeutete für Broch zumindest die teilweise Wiedergewinnung der verlorengegangenen Totalität. In dieser Hinsicht fügt sich Brochs Übertritt ins Muster von Konversionen intellektueller österreichischer Juden, die im katholischen Glauben weniger eine religiöse Neuorientierung suchten als vielmehr einen Weg, sich selbst intellektuell in die Totalität der österreichischen Gesellschaft einzufügen. Katholizismus war die Sprache, durch welche sich Österreich als Totalität darstellte.

Und doch beschränkt sich im Fall Broch die Wende zur katholischen Totalität merkwürdigerweise auf den Bereich des Persönlichen. Keine Auferstehungssymphonie, keine Salzburger Festspiele; kaum Theatralik irgendeiner Art, obwohl Theatralik mit Katholizismus verbunden ist, genau in jener Form, in der die angebliche österreichische Totalität sich selbst vorführte.

Welch ein Unterschied zwischen Brochs Umgang mit diesem so österreichischen, barocken Ideal einer verlorengegangenen Totalität und dem seines Landmanns Hugo von Hofmannsthal mit derselben Vorstellung. Hofmannsthals Überzeugung, eine solche katholische Totalität könne in einem modernen sozialen Kontext in der Tat wiederhergestellt werden, führte zu ästhetischen Beschwörungen wie dem *Jedermann* und dem *Salzburger Großen Welttheater*, unbefriedigende Bemühungen, verglichen damit, wie Broch in den *Schlafwandlern* dasselbe Thema behandeln sollte.

Die Unterschiede zwischen den beiden Autoren werden noch deutlicher, wenn wir auf Brochs Historismus schauen, den zweiten Aspekt seiner Abhängigkeit von Nietzsche. Eine Totalität, die einmal an ein Ende gelangt ist, kann nicht wiederholt oder neu eingerichtet werden. Aus diesem Grund enthüllt Broch eine problematische intellektuelle Beziehung zur verlorengegangenen Totalität. Dieser Zusammenhang wird bekräftigt durch seine Wahl der ästhetischen Gattung: Broch wählt nicht das Theater, die österreichische Totalitätswaffe, sondern den Roman, ihr modernes deutsches Gegenstück. *Pasenow* spielt in Preußen, nicht in Österreich. Die Reise westwärts (von Pasenows Preußen nach Huguenaus Elsaß) beginnt im Norden. An ihrem Beginn steht der deutsche Verwandte der österreichischen Theatralik: das Gesamtkunstwerk. Der moderne deutsche Roman – die von Broch gewählte Gattung – beginnt nach Wagner; sie findet sich dem Gesamtkunstwerk gegenüber, von diesem zeitweise borgend, es aber nie kopierend oder negierend. Der große moderne deutsche Roman lebt in der nahezu verzweifelten Auseinandersetzung mit der Idee des Gesamtkunstwerkes. Thomas Mann und Broch führen diese Auseinandersetzung an; Manns frühe Romane dienen als Modelle für die *Schlafwandler.*

In diesem Zusammenhang einige vergleichende Hinweise. Die *Buddenbrooks* sind angesiedelt in der Totalität des Bildungsbürgertums des 19. Jahrhunderts, aber in dem dieser Roman dessen Niedergang schildert, artikuliert er auch das Ende seiner eigenen erzählerischen Totalität. Die erzählende Stimme in den *Buddenbrooks* kann die nach-buddenbrooksche Welt nicht verstehen. Diese aber ist der Ausgangspunkt für den *Zauberberg;* es ist die Welt der Buddenbrooks, die Hans Castorp hinter sich läßt, als er seine post-romantische Reise beginnt. Wenn Castorp am Ende des Romans zurückkehrt in Zeit und Geschichte, hat diese sich schon rapide weiterbewegt – sie überholt ihn. Dieses Fortschreiten der Geschichte ist die einzige Gewißheit des Romans. Ähnlich verhält es sich mit der alten Welt des »Pasenow«: sie ist vollkommen erloschen. Reste mögen verblieben sein in Form der Geisteshaltung des preußischen Junkertums, aber die Darstellung des Sozialen ist verzerrt bis hin zum Surrealismus. So wie sie der Erzähler beschreibt, ist Totalität verloren: deshalb ist Pasenow vielleicht das künstlichste Buch der Trilogie, nie erreicht es die Ebene der naturalistischen, plastischen Schilderung der *Buddenbrooks.* Brochs eigener Hinweis auf das Buch als eine altmodische naturalistische Familiennovelle ist nicht überzeugend.[3] Diese preußischen Junker sind fast bis hin zur Karikatur überzeichnet. Kein Zweifel, sie sind keine Vorbilder. Der fragmentarische Kontext von *Huguenau* ist ein guter Ausgangspunkt, um die Kernfrage nach der Totalität auf systematische Weise zu erörtern. Zugleich verkörpert die Abhandlung »Zerfall der Werte« die formalen und philosophischen Probleme und Fragen, von denen der Roman als ganzes durchdrungen ist: Wer ist der Autor? Was denkt er wirklich über die als verloren beschriebene Totalität?

Als ironischer Roman ist der *Zauberberg* kontrastierender Hintergrund für *Die Schlafwandler.* Ob man nun Castorps Geschichte im Sanatorium als einen Bildungsprozeß bezeichnen will oder nicht, fest steht, daß dieser Prozeß am Ende des Romans mit Castorps anonymem Untertauchen in den Armeen des Ersten Weltkrieges in Frage gestellt wird. Sollte Castorp wirklich eine erzählende Totalität bilden, dann wird diese Totalität am Ende der Geschichte verneint. Ein vergleichbares Phänomen kennzeichnet den *Doktor Faustus.* Wie verwickelt und perfekt die Geschichte des Adrian Leverkühn auch immer sein mag: vom Leser wird nicht erwartet, daß er der Wahrheit des eindeutig mittelmäßigen Erzählers Zeitblom Glauben schenkt.

Ob dieselbe ironische Verneinung von Totalität mittels einer reflexiven Verneinung ästhetischer Form den *Schlafwandlern* zugrunde liegt oder nicht – das ist nicht leicht und nicht sicher zu sagen. Der grundsätzliche Mangel an Ironie in Brochs Erzählstil deutet darauf, daß dies nicht der Fall ist.

Die erzählende Stimme im *Zauberberg* ist bereit, Castorp aufzugeben; die erzählende Stimme in den *Schlafwandlern* ist voller Verzweiflung über das soziale und geistige Chaos, an das sie zwecks Diagnose und Schilderung gefesselt ist; dies tritt ganz besonders im *Huguenau* in Erscheinung. Diese erzählende Stimme versucht Dinge zusammenzuschweißen und eine neue erzählende Totalität zu schaffen, um letztendlich eine neue soziale und geistige Totalität zu reflektieren. Hier dominiert das Prinzip des ›Nicht mehr‹ und ›Noch nicht‹. Die Schlafwandler sind auf unbestimmte Weise auf ihrem eigenen Weg hin zu einer neuen historischen Totalität – daran scheint Broch zu glauben. Der Auftrag des Romans ist es, die Richtung zu weisen zu einer neuen Totalität, die es nicht vermag, eine soziale Totalität stilistisch nachzubilden, eine soziale Totalität also, die noch nicht geschaffen wurde und daher unbekannt ist. Da, wo der Glaube an eine geordnete Geschichte andauert, ist Ironie unmöglich. Thomas Mann kann Hans Castorp verneinen im Namen einer richtungslosen, nach-totalistischen (und daher wahrhaft Nietzscheschen) freien Geschichte. Für Broch ist das Objekt per se Geschichte selbst, und zwar eine in ihren Grundzügen unleugbar zusammenhängende, daher sinnhafte Geschichte.

## 2

Die politischen Schriften der frühen dreißiger Jahre stehen unter der Drohung beunruhigender politischer Ereignisse, sowohl in Deutschland als auch in Österreich. Brochs Argumente für die Demokratie brechen zusammen angesichts seiner andauernden Loyalität dem Totalitätsprinzip gegenüber – einem Prinzip nicht allein der Ästhetik, sondern zugleich der politischen Theorie.

Brochs größter Fehler während dieser Periode war das Festhalten am Anti-Parlamentarismus von Carl Schmitt. Ich beziehe mich hier auf Schmitts analytische Schriften, die mehr ideologisch als logisch ausgerichtet sind. Für Schmitt, und auch für Broch, bedeutete parlamentarische Politik Fragmentarismus, eine ineffiziente Praxis, die eher Teilung und Zersplitterung förderte als Einheit und Zusammenhalt. Danach bringt der Parlamentarismus nicht etwa Demokratie mit sich, sondern Liberalismus, Individualismus und Nationalismus – in Schmitts Vokabular drei abschätzig gemeinte Begriffe. (So war das British Empire für Schmitt ein liberaler, parlamentarischer Staat, nicht aber, auf Grund seines begrenzten Wahlrechts, ein demokratischer.) Neben Schmitts Vorstellung vom Parlamentarismus postuliert Broch seinen eigenen Begriff einer »Totaldemokratie«: die alte gotische Totalität, formuliert in moderner, im Stile liberaler politischer Sprache. Totaldemokratie steht für eine geistige Einheit, nicht für ein stückhaftes soziales System wie das des Parlamentarismus. Brochs »Theorie der Demokratie« aus den Jahren 1938–39 ist ein Echo auf Schmitts Theoreme:

> Wenn Demokratie weiter oder wiederbestehen soll – und sie wird es tun –, so wird dies nicht kraft ihrer parlamentarischen Einrichtungen, sondern kraft ihrer regulativen Grundprinzipien geschehen.[4]

Als politische Theorie ist diese Position trügerisch; sie definiert Demokratie als ein Ideal sui generis, das all seiner unterstützenden politischen Institutionen nicht bedarf. In der politischen Praxis bleibt dieses Ideal bedeutungslos. Es ist die Wiedergeburt der alten und verhängnisvollen Dichotomie ›Kultur contra Zivilisation‹.

Broch hatte schon im Jahre 1918 in dem offenen Brief »Die Straße« an Franz Blei auf einen Ausdruck Kants bezüglich dieses Prinzips angespielt:

> Interessenpolitik ist nicht Politik, sondern einfach Geschäft. [...] Die

reine Politik ist aus der Autonomie des Geistigen geboren. [...] Daraus folgt, daß die reine Politik nicht nur Demokratie ist, sondern sich auch direkt an die Menschenmasse als solche als ihr einziges Formungsobjekt und zugleich als ihr einziges Movens wenden muß.[5]

Von dieser Position zu Beginn der 30er Jahre ließ Broch später ab. Dieser politologische Richtungswechsel hatte auch Konsequenzen für seine dichterische Produktion: in der Verlagerung vom Glauben an Totalität als »Grundprinzip« zum Glauben an Rationalität. Rationalität ist der Totalität direkt konfrontiert, da sie Richtlinien für soziale und politische Aktionen mit sich bringt, die mehr einer pluralistischen als einer homogenen Gesellschaft dienen. Sie steht auch stilistisch im Gegensatz zur Totalität, da sie mehr auf politische Praxis ausgerichtet ist als auf die Formulierung einer idealisierten sozialen Vorstellung. Konsens und Kompromiß sind die bestmöglichen realistischen Resultate; geistige Einheit (die Broch mit dem Begriff »Totalität« meint) kommt in diesem Bild nicht vor. Rationalität hängt folglich von starken politischen Institutionen und Praktiken ab, die Schmitt so sehr verachtete.

Meine Unsicherheit zu entscheiden, ob dieses Umdenken bei Broch absichtlich oder funktionell geschah, ist zugleich eine Unsicherheit gegenüber seinen intellektuellen Ursprüngen. Der Vater der hier relevanten Rationalitätstheorie ist Max Weber. Rationalität bezieht sich in Webers Denken auf eine Form historisch begründeter sozialer Organisation. Wo Totalität sich auf eine vorhandene Gesellschaft bezieht, die als geschlossenes System Art und Weise ihres individuellen wie sozialen Handelns selbst bestimmen muß, da bezieht sich Rationalität auf soziale, politische, administrative und legale Formen des Handelns, die ausgeführt werden in Übereinstimmung mit dem Bild der Gesellschaft als eines offenen Systems. Rationalität vermag Formen sozialen Handelns zu beschreiben, die in sich selbst auf absichtliche, formale oder funktionelle Weise rationell sind. Bewußtsein wirkt am stärksten in der Absicht, am schwächsten in der Funktion. Hinzu kommt, daß Rationalität als ein Prinzip der Analyse empirische Sozialanalysen mit ambivalenten Moralvorstellungen der Gesellschaft verbindet.[6] Rationalität in ihrer historischen Entwicklung ist zurückzuführen auf Rationalisierung, den Prozeß des – laut Rogers Brubaker – »Unpersönlichwerdens sozialer Beziehungen, die Verfeinerung von Berechnungstechniken, die gesteigerte soziale Bedeutung spezialisierten Wissens und die Ausweitung technisch rationeller Kontrollmöglichkeiten bei sowohl naturgegebenen als auch sozialen Prozessen«.[7]

Für Weber sind Rationalität und Rationalisierung bis zu einem gewissen Punkt normative soziale Prozesse: Ihre völlige Herrschaft über die moderne soziale Welt in Form von Bürokratisierung hat ihn genötigt, diese Moderne als »ein stahlhartes Gehäuse« zu beschreiben.[8] Aus diesem Grund schließlich vermag Rationalität zwar die Form moderner Totalität anzunehmen, doch strebte Weber als liberaler Denker und politischer Aktivist danach, eine angemessene praktische Rolle für Rationalität in einem parlamentarischen System zu finden, in funktioneller Opposition zu einem totalistischen System. Folglich definiert sich Rationalität normativ als nicht-totalistisch, nicht-ästhetisch und abhängig von den Grundstrukturen des von Schmitt und zeitweise auch von Broch so verachteten Einzelsystems.

Erst kürzlich wurde angedeutet, wie seltsam doch Brochs Mangel an Bearbeitung, Auseinandersetzung oder Erwähnung von Max Weber sei in Anbetracht der vielen Parallelen zwischen beiden Denkern, etwa in der Analyse der Moderne mit Wendungen wie Säkularisierung, Abstraktion, formaler Rationalität, oder auch in der Deutung der protestantischen Reformation als einer Wurzel der Moderne.[9] Ich weiß nur von einer Anspielung auf Weber: Am Anfang seiner *Völkerbundtheorie* (1936–37) bedauert Broch, daß sich die deutsche Demokratie in einer besseren Position befunden hätte, hätten sich ihr nur mehr Männer mit der politischen Leidenschaft Max Webers zur Verfügung gestellt.[10] Aber diese Notiz reicht nicht aus, um die systematische Übernahme des Weberschen Rationalitätsprinzips in Brochs späten Schriften zu behaupten. Und doch glaube ich, daß eine solche Haltung in seinen späten Schriften manifest wird; wollen wir sie untersuchen, müssen wir uns auf Brochs Sprachgebung konzentrieren.

In seinem politischen Essay *Die Demokratie im Zeitalter der Versklavung* denkt Broch weiterhin in der Terminologie des philosophischen Idealismus und sieht daher die gesamten sozialen Aktionen und Institutionen als Verwirklichung geistiger Entwürfe. Das Konzentrationslager wird beschrieben als Resultat eines ethischen Relativismus[11]; Faschismus als die reinste Form der Tyrannei (KW 11, 145). Das letzte Argument dieses Essays definiert den Konflikt zwischen Demokratie und Kommunismus unter den Aspekten Rationalität und Totalität, und diese Definition bezieht Brochs Verzicht auf das Totalitätsprinzip, das ihn in seiner politischen und schöpferischen Dichtung bis zu diesem Punkt geleitet hatte, mit ein. Der siebente Abschnitt des Essays, überschrieben mit »Demokratie«, beginnt wie folgt:

> Die Sehnsucht nach einem Zentralwert treibt den Menschen zur Flucht ins Totalitäre, doch darum ist sein individuelles Streben nach schlechterdings anarchischer Freiheit, seine Auflehnung gegen die Institutionen und ihre Autorität keineswegs erloschen [...]: er will beides haben, Freiheit und Geborgenheit zugleich [...] (KW 11, 159).

Hier zeigt sich ein unlöslicher Konflikt: Während in den früheren Werken die »Sehnsucht nach einem Zentralwert« eine Notwendigkeit war und Totalität ein normatives Prinzip, erscheint solche Sehnsucht nun als problematisch, ihr Resultat nicht als abstrakte Totalität, sondern als konkreter Totalitarismus. Die Entscheidung für Demokratie und die Rechte des Individuums als ultimative politische Prinzipien ist daher für Broch unvollkommen und emotional unbefriedigend, aber doch die einzig mögliche. Es scheint, als gebe er, sicherlich mit einigem Unbehagen, seine »Sehnsucht nach dem Zentralwert« auf, um auf diesem Weg die »›Totalisierung‹ der Demokratie« zu vermeiden. Die daraus folgende Erörterung, ein Führer zu den praktischen Prinzipien der Demokratie, war auf philosophischer und ästhetischer Ebene für Broch sicherlich unbefriedigend: Es ist eine Diskussion, die sich der Denkkategorie der negativen Freiheit bedient: eine nahezu utilitaristische Diskussion über die Freiheit in bezug auf Menschenrechte, mit anderen Worten über den Schutz vor Totalität. Totalität bedeutet Versklavung, und die »Nichtversklavung ist des Menschen oberstes Recht« (KW 11, 162). Broch führt fünf Prinzipien der Menschenrechte an, darunter vier negative:

1. Schutz der ›Bill of Rights‹,
2. Schutz gegen gesetzliche Diskriminierung,
3. Schutz gegen ökonomische Diskriminierung,
4. Schutz gegen Diskriminierung als Staatsbürger,
5. Schutz gegen Haßpropaganda (KW 11, 163 f.).

Es fällt auf, daß die in Frage gestellten Themen, Prinzipien und Dokumente zum Teil amerikanischer Herkunft sind. Anscheinend läßt sich Brochs Umdenken von Totalität zur Rationalität unter dem Aspekt der ›Amerikanisierung‹ beschreiben: im Exil wird aus Totalität Rationalität. Als Ergebnis von Brochs persönlichem Exilerlebnis war dieser Schritt zwar eine Notwendigkeit, psychologisch aber wohl wenig befriedigend.

Der letzte Abschnitt des Essays enthält eine ironische Auseinandersetzung mit Rationalität und rationalen Institutionen. Das Resultat rationaler Politik ist, so Broch in einem sehr Weberschen Gedankengang, »die Irrationalität des Rationalen«:

> [...] die »Irrationalität des Rationalen«, d. h. die Irrationalität der rational gedachten Institutionen bildet die hartnäckigste aller menschlichen Sinnlosigkeiten, denn sie setzt der Vernunft rationale Gründe entgegen, – das ist die Tragik des Völkerbundes, die Tragik der United Nations [...] (KW 11, 174).

Natürlich nahm Broch die Idee des Völkerbundes sehr ernst, seine Kennzeichnung der »United Nations« als vordergründig ›sinnlos‹ ist insofern ironisch – und es ist auch ironisch gemeint, wenn Broch metaphysische, ideale Kategorien (Irrationalität, Vernunft und Tragik) mit praktischen (Rationalität, rationale Institutionen) vergleicht. Die praktischen Kategorien sind jedoch in bezug auf politisches Handeln die einzig legitimen.

## 3

Der unbefriedigende Kompromiß-Standpunkt, zu dem Broch in den späten politischen Schriften gelangt, führt zur Aufgabe der Totalität sowohl als soziales Prinzip als auch als stilistisches beim Schreiben über Gesellschaft. Eine fragmentarische Gesellschaft muß auf fragmentarische Art und Weise analysiert werden; die einheitliche Darstellung einer fragmentarischen Gesellschaft wäre falsch. Folglich ist Brochs späte Sozialtheorie nicht nur auf Grund eines Zufalls oder schlechter Gewohnheit fragmentarisch (obwohl diese Faktoren auch eine Rolle spielen können), sondern auf Grund politischer Notwendigkeit. Die späten Schriften (diese beinhalten die *Massenwahntheorie* und sogar die Hofmannsthal-Studie) sind zwar Fragmente, aber dies ist ein ihrem Gegenstand angemessener Status. Der Leser dieser Werke sollte sich deshalb nicht der Unzufriedenheit oder Frustration hingeben, die er vielleicht legitimerweise verspürt, nachdem er einen frühen philosophischen Aufsatz gelesen hat, wie zum Beispiel die Arbeit *Zur*

*Erkenntnis dieser Zeit* aus den Jahren 1917–19, die, wenn auch erfolglos, versucht, von Totalität einen Begriff zu geben.

Schließlich wirken sich die stilistischen Verwicklungen von Rationalität und Fragment-Werk auch auf Brochs Dichtung selbst aus. Kaum war es ein Zufall, daß er sich 1950 damit einverstanden erklärte, *Die Schuldlosen* in Romanform zu veröffentlichen. Die Erzählstränge, die die verschiedenen Geschichten miteinander verbinden, sind mit großem Können verwoben, und das Buch kann durchaus als Roman betrachtet werden. Aber es besteht kaum ein Zweifel daran, daß diese Arbeit innerhalb von Brochs Gesamtwerk eher als eine Sammlung von Fragmenten erscheinen muß.

Die Veröffentlichung der *Schuldlosen* in Romanform mag der wichtigste Hinweis darauf sein, daß Broch die formale Legitimität fragmentarischen Schreibens erkannt hatte. Broch beendete seine Karriere als Rationalist – vielleicht sogar als Liberaler – wider Willen. Das intellektuelle Exil muß folgenschwer und schmerzlich gewesen sein für ihn, einen mit konservativer Seele ausgestatteten Geist, der es vorgezogen hätte, an der Etablierung einer neuen Totalität mitzuwirken.

## *Anmerkungen*

Ich danke Jürgen Meyer-Wendt und Jan-Erik Gürth für die Hilfe bei der Übersetzung dieses Aufsatzes ins Deutsche.

1 Siehe Raymond Williams, *Art and Society,* in: *Culture and Society 1750–1950,* New York 1958.

2 *Kultur 1908/1909,* in: Hermann Broch, *Philosophische Schriften 1,* hg. v. Paul Michael Lützeler, S. 11–31. Die *Kommentierte Werkausgabe* wird in der Folge mit KW abgekürzt zitiert.

3 Vgl. Brochs Selbstkommentare in KW 1, 719–738.

4 KW 11,77.

5 KW 13/1, 32–33.

6 Siehe Rogers Brubaker, *The Limits of Rationality,* London 1984.

7 Ebd., S. 2.

8 Max Weber, *Die protestantische Ethik und der Geist des Kapitalismus,* hg. v. J. Winckelmann, Gütersloh 1979, S. 188.

9 Siehe Dominick LaCapra, *Broch as Cultural Historian,* noch unveröffentlicht.

10 KW 11, 233.

11 Ebd., S. 112.

# *Harry Pross*
# Demokratie und ›Dritter Weg‹

Jeder Mensch muß ein Thema haben, durch das sich ihm die Welt erschließt in Mitteilung und Antwort. *Was* der einzelne zu seinem Thema macht und *wie* die anderen darauf reagieren, entscheidet über seine soziale Bedeutung wie über sein Subjekt. Das Thema allerdings ist nicht frei. Es wird von der Umwelt vorgegeben in vielerlei Gestalt. Es kann ›in der Luft liegen‹, vage oder dominant sein, ›mit den Händen zu greifen‹ oder nur zu erahnen. Es kann vergehen und sich wieder entziehen; aber auch wiedergefunden werden, ›wiederaufgegriffen‹ wie ein Verlorenes. Der Umgang mit seinem Thema entscheidet über die Identität eines menschlichen Wesens. *Sich* erinnern heißt, das Thema wiederfinden. Wenn wir einen anderen erkennen, so erkennen wir ein Thema in seiner Inkarnation, und wenn wir die hinterlassenen Werke eines Schriftstellers, Künstlers oder Wissenschaftlers zum Thema machen, spüren wir dem Leben nach, das diese Werke zum Thema gehabt hat. Daraus resultieren notwendigerweise unterschiedliche Beurteilungen in der Zeit. Vorbestimmt durch unsere Thematik, die wir aus der allgemeinen zu unserer eigenen gemacht haben, erkennen wir leichter, was in unser gegenwärtiges Thema ›hineinpaßt‹. Wir finden es ›aktuell‹, weil es nicht abgeschlossen ist, nicht der Vergangenheit angehört, sondern Fragen enthält, die wir auch nicht beantwortet haben aber vielleicht so stellen sollten, daß wir sie als Mitteilung thematisieren können, um eine Antwort zu provozieren. Die Antworten, die wir möglicherweise hervorrufen, entstammen wiederum unterschiedlichen Thematisierungen und wollen in dieser Eigenheit anerkannt sein, was nichts anderes heißt, als die Themen verschiedener Leben zueinander in Beziehung zu setzen. Am deutlichsten wird solche An-erkennung im Dia-log, denn er bricht ab, sobald das Thema des einen nicht mehr mit dem Thema des anderen zu vereinbaren ist. Die Mitteilung trifft ins Leere, ›man redet aneinander vorbei‹, die Abstände im Briefwechsel werden länger, man ›lebt sich auseinander‹, hat ›sich nichts mehr zu sagen‹: Die Antworten befriedigen nicht mehr das Mitteilungsbedürfnis, weil andere Umweltbedingungen die Thematik verändert haben und mit ihr das Subjekt.

Der Briefwechsel zwischen Hermann Broch in Princeton/N.J. und dem jüngeren Freund, Volkmar von Zühlsdorff[1], trägt alle Merkmale solcher Identitätsproblematik. Solange beide im amerikanischen Exil vereint waren, trennte die beiden Briefschreiber nur die Frage, was nach der Kapitulation der Deutschen zu geschehen habe: Zühlsdorff, als ehemaliger ›Reichsbanner‹-Mann, politisch engagiert, drängte auf Rückkehr wie sein Mentor, der Publizist Hubertus Prinz zu Löwenstein. Beider Thema war in der Emigration, in der Löwenstein 1935 die ›American Guild for Cultural Freedom‹ gegründet und mit Zühlsdorffs Hilfe geleitet hatte, zugleich *praktische* Politik gewesen. Nach dem Ende der Diktatur den verelendeten Deutschen geistig *und* materiell wieder aufzuhelfen: das war das Motiv zur Rückkehr.

Hermann Broch sah seinen Beitrag anders. *Sein* Thema war, seit den Jahren vor dem Ersten Weltkrieg durch die allgemeine Kulturkritik wie die akademische Diskussion vorgegeben, die Dekadenz Europas und der Verlust zentraler Wertinstanzen. Das war ein Generalthema, das in den Wiener Salons ebenso diskutiert wurde, wie in der Propaganda der politischen Parteien verschnitten und an den Lagerfeuern der Jugendbewegungen besungen.

Broch wies in Anlehnung an Kants *Kritik der praktischen Vernunft* die emotionale Auflösung des Problems, die in jedem Erlebnis schon einen Wert anerkennen wollte, zurück. Gegen die Erlebnisschwemme des Krieges fragte er bereits 1917 nach der »Wertwirklichkeit der Epoche« und formulierte im Stil des kategorischen Imperativs:

> [...] da dein Erleben nicht ohne weiteres Wert ist, sondern erst nach seiner Kausalierung Wert sein kann, nichtsdestoweniger aber immer Wert sein soll, so mußt du so handeln, daß es immer Wert werde; oder m. a. W. handle, daß du das Resultat deines Handelns, deine Wirklichkeit begreifest; was immer du schaffest, schaffe es bewußt und der Definition deines Wertzieles gemäß, denn erst in der Reinheit seiner Definition ist die Reinheit des Werkes, das um seiner selbst willen geschaffen wird, begründet und gegeben. Die Totalität solchen reinen Schaffens aber ist die reine und objektive Wertwirklichkeit des erlebenden Menschen. Der Mensch hat seine Wirklichkeit zu verantworten (KW 10/2, 25).

1932 beschrieb er die Logik einer zerfallenden Welt als den Übergang von einem »Gesamtstaat der geistigen Idee« zu einem »föderativen Verband autonomer Werte«, »und bald war es auch keine Föderation mehr!« (KW 10/2, 168). Die Autonomien der einzelnen Wertgebiete, ob Geschäft oder Kunst, Staat oder Wissenschaft machen die Verständigung unmöglich. Broch sah verbreitet, was Dilthey als die »Anarchie der Wertsysteme« verstanden hatte. In der Stummheit zwischen den Wertsystemen war die menschliche Würde

> zur Würde des Berufsmenschen erniedrigt, und das ethische Gebot, das auch für ihn noch immer ungebrochen gilt, das Gebot der Pflicht, hat die Formel der 100%igen Pflichterfüllung im Beruf erhalten. Die Sprache Gottes ist zerfallen in esoterische Sprachen, die kaum Sprachen mehr sind, bestenfalls Signale; es sind Dingsprachen: Geschäftsbriefe, mathematische Formeln, militärische Kommandos, Werkzeichnungen und Statistik. Vielleicht war die politische Rhetorik der demokratischen Tribüne die letzte Emanation des sprechenden Menschen (KW 10/2, 169).

Broch selbst bezeichnete seine Überlegungen als »paradox verzerrt«; aber sie seien doch nicht so verzerrt wie eine Wirklichkeit, in der ein verzerrtes Kreditsystem, ein ins Paradoxe verzerrtes Militärdenken und der Wettlauf ins Absolute zur Selbstzerstörung führten. Er wollte die Wertwirklichkeit zur Pflichtwirklichkeit machen, indem er den Menschen ihr Nebeneinander durch einen neu gesetzten Zentralwert wieder zur Erfahrung brachte.

Das war fundamental ein politisches Programm, ob mit literarischen oder wissenschaftlichen Ambitionen publiziert. Die Mittel des Romans, des Briefes, der Proklamation, der Rezension und des Essays dienen der »Übertragung des absoluten Logos vom wertsetzenden Ich zum gesetzten Ich«, als Bedingung menschlicher Erfahrung des Ich und seiner Erweiterung durch Aufnahme der äußeren »Wertinhalte« (KW 10/2, 191) – und somit der Antwort auf solche Mitteilungen. Es erscheint mir fraglich, ob ein Autor mit so eindeutig auf Kommunikation zielender Erkenntniskritik ein »Dichter wider willen« und ein »Wissenschaftler wider willen« genannt werden kann. Er war wohl »*zuinnerst* ein Ethiker« und hat sich als solcher im wahrsten Sinne des Wortes aus Pflichtgefühl zu Tode gearbeitet.

Die Wertsetzung war Brochs Lebensthema, und in seinem Lebensvollzug verifizierte sich der Satz der Werttheorie in der *Autobiographie als Arbeitsprogramm* von 1941, daß »jeder Wertzuwachs (auch der scheinbare) als Ich-Erweiterung, hingegen jeder Wertverlust als Ich-Verengung empfunden wird; die positive Richtung dieses Wertgeschehens wirkt aber ›ekstasierend‹, während die negative ›panikisierend‹ wirkt, so daß damit zwei recht eindeutige

Symptome gegeben sind, denn sowohl ›Ekstase‹ wie ›Panik‹ sind weitgehend wohldefinierte psychische Zustände« (KW 10/2, 201).

Brochs Psychologie wollte zwischen dem Verzückungszustand und seinem Bewegungsüberschuß der Ekstase einerseits und dem Kopfloswerden mit seinen Fluchtreaktionen in der Panik andererseits die Balance finden. Sowohl die verminderte Selbstkontrolle der Verzückung als auch der panische Steuerungsverlust mit seinen ideomotorischen Effekten schienen Broch vermeidbar, wenn der Mensch nur an einem ruhenden Pol orientiert wäre. Das ist ein Problem zugleich der *Schlafwandler* und der Kapitalismuskritik im ersten Theaterstück *Die Entsühnung*. Es setzt sich in der *Verzauberung*, überhaupt im Romanwerk fort und stößt mit der Indolenz der *Schuldlosen* an die absurde Mauer der Gleichgültigkeit. Diese muß als die politische wie die menschliche Schuld schlechthin gelten, weil Gleichgültigkeit Wertung dispensiert und damit den Mechanismus des Erkennens außer Kraft setzt: den Ausweis des Humanen in einer Gesellschaft.

Brochs Äußerungen zur Demokratie entsprangen also einer erkenntniskritisch begründeten Werttheorie. Demokratie war für ihn ein Verband von Werten; dieser aber benötige einen Zentralwert, der die Logik der zersplitterten, im Pluralismus begründeten Wertvorstellungen bändige. Dieses Thema hat Broch immer wieder variiert und dabei die aktuelle Diskussion reflektiert. Ich lese seine kultur- wie politikkritischen Arbeiten als Antworten: teils auf rein symbolische Auseinandersetzungen, teils auf die brachialen Konflikte, die sich aus der mangelnden Verständigungsmöglichkeit zwischen dem autonomen Wertgebiete ergeben. Dabei festigte Broch im Argumentieren seine eigene Position, er lernte nicht nur an Zustimmung und Widerspruch, den beiden Polen der Antwort, sondern vor allem an der Resonanzlosigkeit, die zeigte, wie weit die Welt von seinen sittlichen Forderungen entfernt war.

Die Völkerbund-Resolution von 1937 beginnt mit dem Eingeständnis der »Machtlosigkeit rein ethischer Gesichtspunkte in allen Fragen der Gewaltsentscheidung und Gewaltsanwendung« (KW 11, 31). Der Verfasser unterbreitet der durch die divergierenden staatlichen Souveränitäten schon fast ruinierten Organisation begründete Vorschläge zur Wahrung der Menschenwürde und damit zur Friedensorganisation. Die Argumentation Brochs gleicht darin dem, was vor ihm Leopold Schwarzschild in seinen Zeitschriften ›Das Tage-Buch‹ und ›Das Neue Tage-Buch‹, komprimiert in seinem Buch *Das Ende der Illusionen*[3], vorgebracht hatte. Wie Schwarzschild glaubte Broch, »daß das Utopische von gestern das Banale von heute ist« (KW 11, 31). Ich weiß nicht, ob Broch Schwarzschild gelesen hat, doch zeigen die Argumente auffallende Parallelen bis hin zu einem Vergleich von Schwarzschilds Nachkriegsbuch *Von Krieg zu Krieg*[4] mit Brochs Gedanken in seinem gleichzeitigen Briefwechsel mit Zühlsdorff.

Beide Publizisten erkannten die Schwäche des Völkerbundes in seiner mangelnden Exekutivgewalt und damit der Unfähigkeit, der »Wertzersplitterung« – wie Broch die vom Übergreifenden abgelösten Selbstinteressen verstand – entgegenzutreten. Während aber Schwarzschild Waffengewalt forderte, als die Achsenmächte durch ihre Aggressionen, der polnische Marshall Pilsudski durch seinen Vertrag mit Hitler und die alten Demokratien durch ihre Indolenz den Zusammenbruch Europas beschleunigten, wollte Broch in seiner Resolution an den Völkerbund dessen Ausstattung mit kriegerischen Mitteln nicht überschätzt sehen: »Angesichts der sich häufenden, allenthalben ausbrechenden Generalsrebellionen wird es nämlich betrüblich klar, was Wertautonomie auf militärischem Gebiet bedeutet, und daß zur Handhabung eines Machtapparates primär Paktfähigkeit und verläßliche Pakttreue gehören« (KW 11, 70). Broch führte also die Epidemie der militaristischen Diktaturen auf moralische Mängel zurück, ohne deren spezifische Kombination von symbolischer und brachialer Gewalt weiter zu sondieren, die erst ihre Häufigkeit verständlich macht.[5]

Der Völkerbundappell endet rein symbolisch: um der Menschheit wieder eine Leitvorstellung zu geben, »die ewigtröstliche Leitvorstellung kultureller Humanität«, *sollte* der Völkerbund seinerseits »von der Höhe seines Friedensforums aus [deklarieren], daß er die Würde des Menschen in seinen Schutz nehme« (KW 11, 73). Brochs Roman-Kapitel »Die Angst«, das Ferdinand Lion in der Zeitschrift ›Maß und Wert‹[6] statt der Völkerbundsresolution druckte, endete ähnlich tröstend und unbestimmt: das unerreichbar geheimnisvolle Wissen, nach dem wir suchen, sei nichts anderes

als ein schlichtes und nüchternes Wissen um das menschliche Herz, und daß in solchem Wissen unabänderlich alles Gewesene, alles Seiende, alles

Künftige beschlossen liegt: denn alles, was geschieht, geschah und geschehen wird, ist Spiegel des menschlichen Herzens, und wer um das Herz weiß, der weiß um das Ur-Alte und Ur-Neue, und er ist kein Zauberer, vielmehr ein Erkenner, ein Seher und einer, dessen Wort, ja, dessen schlichtes Alltagswort so stark ist, daß es jederzeit zur ganzen Natur und zur ganzen Welt sich zu entfalten vermag (S. 795).

Um 1939 die Politik mit der Moral in Übereinstimmung zu bringen, wie Kant es 1795 in seiner Friedensschrift gefordert hatte, hätte es anderer Publizität bedurft, »das Blendwerk aufzudecken, womit man sich und andere hintergeht«.[7]

Gleichwohl hat m. W. kein anderer deutschsprachiger Schriftsteller im Zweiten Weltkrieg so deutlich wie Broch die von Kant inaugurierte Verknüpfung überstaatlicher Weltorganisation mit dem Menschenrecht proklamiert. Seine gedankliche Vorwegnahme makrosoziologischer Aspekte der Weltpolitik mit den mikropsychologischen Verfassungen der einzelnen Menschen über Erkenntnistheorie und Wertkritik bleibt über die politischen Themenwechsel hinaus fruchtbar.[8] Sie erweist die Institutionen als unzuverlässig und die Menschen als verführbar, weil die höchsten Positionen in den jeweiligen Werthierarchien unterschiedlich besetzt sind und infolgedessen die davon abgeleiteten Verhaltensnormen auseinanderlaufen.[9] Die Idee jedenfalls, durch irdisch-absolut gesetzte Menschenrechte leibhaftige Menschen in Pflicht zu nehmen, egal, welchen Religionen oder »Wertgebieten« sie angehören, verweist auf einen ›dritten Weg‹ zwischen Kapitalismus und Kommunismus.

Die Demokratie muß, wenn sie sich nicht selbst zerstören will,

auf ökonomischem Gebiet den unheilvollen Zirkel Kapitalismus-Kommunismus durchbrechen; sie darf nie und nirgends den Weg der Versklavung gehen, und sie muß daher auch ökonomisch den ›dritten Weg‹ suchen. Freilich mit ethischen Prinzipien, Überzeugungen und Aufrufen allein wäre noch nichts getan, denn politische Eingriffe ins Wirtschaftsleben müssen, sofern sie nicht bloße Utopie sein wollen, selber ›wirtschaftsmöglich‹ sein, d. h. sie müssen mit den ökonomischen Interessen einer Gruppe zusammenfallen, welche ihrerseits genügend Macht besitzt, um diese Prinzipien durchzusetzen. [...] Am Anfang eines jeden ethischen Fortschritts steht eine neue Realitätswahrheit. Und eben deshalb muß die Demokratie nach einer neuen Realitätserkenntnis innerhalb der Wirtschaft verlangen, auf daß hier wieder der ›Anwendungsraum‹ für ethische Prinzipien geschaffen werde. [...] Die Aufgabe der Demokratie innerhalb der zu erstrebenden krisenbefreiten Wirtschaft lautet: Aufstellung und Durchführung einer ›Bill of Economic Rights‹ für den Menschen (KW 11, 76–77).

Diese Forderung des in der Weltwirtschaftskrise verarmten ehemaligen Fabrikdirektors Broch läßt sich zwar, wie seine Position gegen den Antisemitismus, auf spezifische Erfahrungen im Österreich der Vorkriegszeit zurückführen. (Bekanntlich hat ja die wirtschaftliche Anlehnung Österreichs an die Weimarer Republik die Weltwirtschaftskrise verschärft. Nicht nur das großdeutsche Trauma von 1848 und 1919, auch das Zollunions-Syndrom von 1931 ist zu bedenken, will man österreichische Positionen in den Jahren 1933–38 verstehen.)

Aus der ›Bill of Economic Rights‹ spricht aber vor allem, wie in der ebenfalls 1940 geleisteten Mitarbeit an dem *Manifest über Welt-Demokratie, The City of Man* jene Hoffnung, mit der F.D. Roosevelts ›New Deal‹ Amerikaner und Immigranten erfüllte. Freiheit mit sozialer Gerechtigkeit zu füllen, wurde angesichts der totalen Versklavung in Europa ein Ziel über den Krieg hinaus, und noch im Briefwechsel mit Zühlsdorff – der Roosevelt, Baruch und Morgenthau anklagt – fragt Broch, ob Roosevelt, lebte er noch, die deprimierende Nachkriegsentwicklung nicht verhindern würde.[10] Die Deutschen aber müssen »wieder gerechtigkeitsbewußt werden, sonst sind sie verloren«.[11]

Die Diskrepanz zwischen politischer Freiheit und gesellschaftlichem Zwang in den USA war das Generalthema der amerikanischen Intellektuellen zwischen 1930 und 1960. Hermann Broch konnte es bis 1946[12] positiv zu seinem eigenen Thema machen. Roosevelts »Vier Freiheiten« postulierten besonders in der »Freiheit von Angst« und der »Freiheit von Not« Prinzipien, die auch für Brochs »Recht auf Nichtversklavung« essentiell sind.

Mit Recht hat Anton Pelinka auf Brochs Sympathie für die anarchisch-puritanischen Grundlagen der amerikanischen Gesellschaft hingewiesen.[13] Der rationale Empirismus in der amerikanischen Politik kam dem Brochschen Denken entgegen, weil er das Streben nach Gerechtigkeit mit der Teilhabe an alltäglichem Gemeindeleben verbindet. Dabei wurde sich Broch der kapitalistischen Steuerung des Systems durch die »Spannungsindustrie« als Ausdruck der »ungeheuren Wettbewerbsspannungen« durchaus bewußt.[14]

Wenn der katholisch gewordene Jude Broch in den Nachkriegsjahren von der Demokratie sprach, war er vom Glauben *an* die Demokratie soweit entfernt wie der Puritaner vom Glauben *an* die Kirche. Der Glaube zielt auf eine hinter den Institutionen liegende Gerechtigkeit. Die alttestamentarische »Gerechtigkeit Gottes«, an der teil hat, wer im Bund mit ihm ist, indem er den normativen Konsequenzen folgt, gab das Modell für Brochs Forderung, das *Recht auf Nichtversklavung irdisch absolut* zu setzen. Er wollte mit seinem Bekehrungsversuch Bewußtsein bilden für neue Gesetzestafeln, die der Realität der expandierenden Staatenwelt gerecht würden, indem sie den ihnen unterworfenen Subjekten ihre Würde wiedergäben.

Kommunismus und Kapitalismus erscheinen ihm als »feindliche Brüder oder als verbündete Komplizen«, deren »verhängnisvoller Kreis durchbrochen werden muß, damit die beiden segensbringenden Komponenten der Demokratie – freie Wirtschaft und wirtschaftliche Gerechtigkeit – in eine einzige, einigende und sich gegenseitig ergänzende Wesenheit für ein Zeitalter schöpferischer Blüte zusammengefaßt werden mögen, ein Zeitalter, in welchem weder die Rechte des Individuums in Anarchie ausarten, noch seine Pflichten in Sklaventum ersticken werden« (KW 11, 84–85).

Die Suche nach den Gerechten bestimmte auch Brochs Einstellung zu den Deutschen. »Wo sind die Nazi?« fragte er am 15. 3. 47 den ins hungernde Deutschland heimgekehrten Zühlsdorff. Sie wüßten wohl »heute nicht mehr, daß sie es gewesen sind«:

Und das ist die Gefahr: ohne Bewußtsein gibt es auch kein Selbstbewußtsein (im wahrsten Doppelsinn des Wortes), und ohne Selbstbewußtsein vermag kein Volk sein politisches Geschick bewußt in die Hand zu nehmen. Bei der heutigen Verelendung, in der es ausschließlich um ein Stückchen Brot und ein Stück Kohle geht, läßt sich zudem von niemandem verlangen, daß er Einsicht in seine eigenen Haltungen und Handlungen gewinne, doch wenn einmal – hoffentlich! – dieser entsetzliche Zustand überwunden sein wird, dann muß der Deutsche endlich zu erfassen lernen, was eigentlich vorgegangen ist und wozu er seine Hand geboten hat. Und das ist auch meine Hoffnung: einem Volk wie etwa dem amerikanischen läßt sich eine solche Einsicht nicht beibringen, vor allem nicht, weil ihm Politik nicht Gewissensfrage sondern Sport ist, und auch mit den lateinischen Völkern ist da wenig anzufangen, weil da die clarté zu sehr nach außen gerichtet und nicht Selbsterkenntnis ist, wohl aber sind bei den Deutschen die Voraussetzungen hierfür gegeben, und deswegen glaube ich, daß jede künftige politische Bewegung, die wahrhaft deutsch sein will, von hier aus ihren Ausgang zu nehmen haben wird; gelingt dies, so kann Deutschland einstmals das wichtigste geistige Zentrum Europas werden. – Fürs erste aber muß der gegenwärtige Zustand überwunden werden. Daß es so weit hat kommen müssen, ist m. E. vor allem auf Unfähigkeit zurückzuführen. Unfähigkeit gepaart mit der Erzsünde der Gleichgültigkeit gegen fremdes Leid. Wäre es bloß böser Wille, so würden nicht allüberall in der Welt ähnliche Zustände herrschen, sogar in Rumänien, wo wahrlich nicht Hungersnotwendigkeit vorhanden wäre. Das Elend des dreißigjährigen Krieges war ein Kinderspiel dagegen. – Angesichts all dieser Vorgänge verzweifle ich mehr und mehr an meinem Demokratiebuch; trotzdem muß es fertig werden …

Das ist biblizistisch gedacht: Gott wird ein *gerechtes* Volk nicht erwürgen, sondern es erhöhen. Brochs Argumentation ist hier mit den Standpunkten der wichtigsten jüdischdeutschen Publizisten von Börne, Heine, Marx über Kraus, Harden, Gustav Landauer bis hin zu seinem Generationsgefährten Kurt Tucholsky identisch.[16] Sie alle zielten auf ein »Volk der Gerechten«. Broch wollte Gerechtigkeit in der Welt »wieder etablieren«.[17] Ich verstehe ihn als einen Axiomatiker, der annimmt, neue Gesetze müßten zu *mehr* Gerechtigkeit führen, – was doch der politischen Erfahrung widerspricht.

Brochs Demokratiekritik richtete sich *deshalb* auch gegen die Westmächte, die im Namen der Demokratie gesiegt hatten, aber nicht zu deren Prinzipien auflebten. Die *Bemerkungen zur Utopie einer ›International Bill of Rights and Responsibilities‹* von 1946 gehen über das politische Dilemma von Souveränitätsanerkennung und Humanitätspflicht, das wie den Völkerbund auch die UNO prägt, hinaus. Weder vom Mehrheitsentscheid noch von abstrakten Republikschutzgesetzen her sind Menschenrechts- und -pflichtserklärungen zu schützen. »[…] in Wahrheit kann immer nur Konkretes gegen Konkretes geschützt werden. […] Der ›Staat‹ ist nichts als eine abgekürzte Redeweise, und Abkürzungen führen leicht zu verhängnisvollen Denkfehlern.« (KW 11, 106) Es geht nicht nur darum, den konkreten Menschen vor der Staatsgewalt, sondern auch darum, ihn vor dem Nebenmenschen in seiner Würde zu schützen. Dazu gehört auch, daß die Dialektik von Elitebildung und Diffamierung der anderen unterbunden wird, zum Beispiel die parlamentarische Immunität der Abgeordneten aufgehoben werde. Technisierung und Kollektivierung geben der Normierung menschenrechtlicher Postulate allerdings wenig Aussicht, und nicht zuletzt deshalb wiederholte Broch 1949 in *Die Demokratie im Zeitalter der Versklavung* (KW 11) seine Forderung, Verstöße gegen die Menschenrechte in die Kategorie des gemeinen Verbrechens einzuschließen.

Broch sah nun, mitten im Kalten Krieg, den schon in den Verfassungen angelegten Schutz der Menschenrechte als Aufgabe einer permanenten Revolution ›von oben‹. Das durch die Atombomben auf Hiroshima und Nagasaki diskreditierte Amerika hatte auch die Demokratie in Verruf gebracht; es blieb angesichts der ideologischen Attraktion des sowjetischen Blocks keine Zeit mehr, eine »Humanitätspartei« von unten zu bilden. Ein eingestandenermaßen »dürftiges Programm« (KW 11, 227), die Todesstrafe abzuschaffen und die Menschenrechte zu schützen, wäre immerhin ein Anfang gewesen. Noch zweimal, in seinem Essay *Trotzdem humane Politik. Verwirklichung einer Utopie* und im Brief an die amerikanisch-deutschen Veranstalter des ›Kongresses für die Freiheit der Kultur‹ in Berlin, 1950 (KW 11), verfocht Broch sein Thema, über religiöse und naturrechtliche Postulate hinaus irdische Gesetze gegen die Versklavung des Menschen zu machen.

Er sah 1950 nicht den allseits propagierten und im Interesse beider Parteien propagandistisch hochgespielten Kampf zwischen Kommunismus und Kapitalismus, sondern einen politisch-imperialistischen Widerstreit, »der ungeachtet seiner Schärfe und der bereitgestellten militärischen Mittel fast ausschließlich als Ideenstreit geführt wird« (KW 11, 258). In diesem Kampf wollte Broch seine demokratische Idee einsetzen, auch um den Verlust des demokratischen Prestiges durch die »unwürdigen Bündnisse« der Westmächte »mit suspekten und vielfach sogar unfähigen Diktatoren« (KW 11, 260) zu konterkarieren; doch setzte der ideologische Kampf mit dem revolutionären Marxismus ein gewisses Maß von »Anständigkeit« voraus – so Broch, und er meinte damit *humanitäre* Prinzipientreue. Die Partei, die er vertrete, habe »evolutionär und pazifistisch zu sein, und sie kennt keine generellen ›Feinde‹, am allerwenigsten ›die Russen‹. Wie also soll eine Partei ohne ökonomische, ohne nationale, ohne rassische Aggression die Phantasie der Massen erregen?« (KW 11, 263).

Die Antwort sah Broch in der Verteidigung der Menschenrechte durch das Strafgesetz und einen Internationalen Gerichtshof, gab ihr aber selbst bei den Demokratien keine Chancen. Der Staat sei eben nicht nur eine Abkürzung, sondern ein Konglomerat von Bürokratien, Gewaltmonopol und unkontrollierten Selbstinteressen. Ähnlich hat Kant das in seiner Friedensschrift schon gesehen, hier muß neben der politologischen auch die kommunikationstheoretische Kritik einsetzen.[18]

Brochs Weltstaat bleibt eine Phantasie, realistischer schon erscheint das von Alfred Weber gleichzeitig (1946) prognostizierte »Weltsyndikat«, in dem die Supermächte die kleineren dominieren.[19] Broch sah den Versuch zur »Wiedergewinnung politischer Moral durch realpolitische Mittel« (KW 11, 268) nicht nur durch Widerstände der Realpolitiker gefährdet, sondern auch durch das Unverständnis, das Gläubige ihm entgegenbringen müssen, die das »irdisch Absolute« einfach für Religionsersatz halten. Ihnen gegenüber argumentierte er mit dem verdeckten Hinweis auf die Gnade der göttlichen Gerechtigkeit: »Gnade wird nicht auf Bestellung geliefert. Der Mensch kann bloß auf sie hoffen und bleibt ansonsten auf sich angewiesen« (KW 11, 269).

Als er dies 1950 schrieb, lebte Hermann Broch in der Furcht, mit seinem Werk vor dem nahenden Tode nicht fertig zu werden und so seinen Anteil an der Weltschuld nicht abtragen zu können. Er bedurfte der Gnade. Neben seinen Bedenken gegen die mögliche Verstärkung des latenten Antisemitismus infolge der Rückkehr von Juden und Emigranten als Siegern, war es der Schreibzwang, der ihn am amerikanischen Schreibtisch hielt in einem anhaltenden Sisyphus-Gefühl: »Unausdenkbar die psychischen Folgen der Atom-Bombe, ebenso unausdenkbar wie das Ausmaß an physischen Leiden, das sie verursacht hat. Ich bin aufs tiefste konsterniert, bin umso konsternierter, als ich die Hoffnungslosigkeit einsehe: wie soll man mit Bücherschreiberei gegen all das aufkommen!«, so am 5. 9. 45 an Zühlsdorff.[20] Im Brief an die Veranstalter des ›Kongresses für die Freiheit der Kultur‹ (26.–30. 6. 50) in Westberlin[21] drang er auf »sofortige Linderung des Menschenleidens« (KW 11, 277) und erklärte den Intellektuellen zum bewegenden Utopisten der Menschlichkeit, obgleich von jeder siegreichen Institution verraten: »So war es immer, und darum wird es wohl immer wieder sein, unweigerlich, und darum wird der Intellektuelle immer wieder zu einem endlosen Kampf aufgerufen werden, ewig besiegt, trotzdem der ewige Sieger« (KW 11, 274).

Brochs Botschaft wurde, ungleich anderen, 1950 nicht verlesen. Der Kongreß war einberufen, um das sowjetische »Propagandamonopol« zu brechen. Er endete nicht mit dem von Broch vorgeschlagenen Appell an die UNO, sondern mit einem Manifest und

Solidaritätskundgebungen an die Intellektuellen im Ostblock (lang) und in Spanien (kurz). Unter dem Eindruck der nordkoreanischen Invasion Südkoreas am Vortage und der Reden von Arthur Koestler, James Burnham und anderen Kreuzfahrern verengte sich der Diskurs auf die Alternative ›Totalitäre Welt‹ (Ost) und ›Verteidigung der Freiheit‹ (West) – eine Simplifizierung, die Broch abgelehnt hatte, weil sie die Suche nach einem ›Dritten Weg‹ ausschloß.

Gegen die schrecklichen Vereinfacher wäre der Dichter und Publizist wohl auf diesem Kongreß rhetorisch nicht aufgekommen, doch hätte er seine *Massenwahntheorie* bestätigt finden können. Die nicht in Panik getriebenen Kongreßteilnehmer, die mit Ignazio Silone, Peter de Mendelssohn, Golo Mann vor dem Verlust von Freiheit in ihrer Verteidigung warnten, hätten Broch wohl verstanden. »Auch du, Silone, denkst noch viel zu viel zu viel in Nuancen!« schrie Koestler in den Saal. Er hätte dies auch Broch entgegenschleudern können; aber der fehlte uns. (Was, nebenbei bemerkt, auch etwas für seine Rezeptionsgeschichte bedeutet haben mag.) Hermann Brochs Thema ist angesichts fortdauernder Diskreditierung der Demokratie so aktuell wie zu Brochs Lebzeiten, und es wird, wie mir scheint, immer wichtiger, es *kritisch* auszuführen.

## *Anmerkungen*

(Zitiert wird nach der von P. M. Lützeler editierten *Kommentierten Werkausgabe,* Frankfurt am Main: Suhrkamp 1974–1981.)

1 Hermann Broch, *Briefe über Deutschland 1945–1949. Die Korrespondenz mit Volkmar von Zühlsdorff,* hg. v. Paul Michael Lützeler, Frankfurt am Main 1986.

2 Wolfgang Rothe, *Hermann Broch als politischer Denker,* in: Zeitschrift für Politik 5/4 (1958), S. 331.

3 Leopold Schwarzschild, *Das Ende der Illusionen,* Amsterdam 1934.

4 Leopold Schwarzschild, *Von Krieg zu Krieg,* Amsterdam 1947.

5 Vgl. Harry Pross, *Politische Symbolik,* Stuttgart 1974.

6 Hermann Broch, *Die Angst,* in: Maß und Wert, Juli/August 1939, S. 748–795.

7 Immanuel Kant, *Werke,* hg. v. Wilhelm Weischedel, Darmstadt 1964, Bd. 6, S. 239.

8 Vgl. Harry Pross, *Hermann Broch oder das Irdisch-Absolute,* in: Deutsche Rundschau 86/3 (1960), S. 237f.

9 Vgl. Harry Pross, *Hierarchy of Political Values and Their Communication,* in: International Political Science Review 3/2 (1982), S. 205–211.

10 *Briefe über Deutschland* (s. Anm. 1), S. 70.

11 Ebd., S. 52.

12 Hermann Broch, *Bemerkungen zur Utopie einer ›International Bill of Rights and of Responsibilities‹,* KW 11, 87ff.

13 Anton Pelinka, *Hermann Brochs Bild von Amerika,* in: Endre Kiss (Hg.), *Hermann Broch, Werk und Wirkung,* Bonn 1985, S. 31ff.

14 Hermann Broch, *Massenpsychologie,* Zürich 1959, S. 383.

15 *Briefe über Deutschland,* S. 87–88.

16 Vgl. Harry Pross, *›Und wir, die nie Zufriedenen‹. Kurt Tucholsky und die Indolenz. Zu seinem 50. Todestag am 21. 12. 1985,* Rottenburg und Stuttgart 1986.

17 *Briefe über Deutschland,* S. 52.

18 Vgl. Harry Pross, *Zwänge. Essay über symbolische Gewalt,* Berlin 1981, S. 31ff.

19 Vgl. Harry Pross, *Charakterqualität und Friedenssicherung. Alfred Webers ›Freier Sozialismus – Ein Aktionsprogramm 1946‹,* in: Eberhard Demm (Hg.), *Alfred Weber als Politiker und Gelehrter,* Stuttgart 1986, S. 40ff.

20 *Briefe über Deutschland,* S. 40.

21 Der Monat 2 (1950), Nr. 22/23.

# Adressen der Beiträger

Bier, Jean-Paul, Dr. phil. Professor am Departement Germaanse Filologie, Universiteitsplein 1, B-2610 Antwerpen.

Brinkmann, Richard, Dr. phil. Professor emeritus am Deutschen Seminar der Universität Tübingen, Wilhelmstr. 50, D-7400 Tübingen.

Dubost, Jean-Pierre, Dr. phil. Wissenschaftlicher Mitarbeiter am Institut für Literaturwissenschaft, Abteilung Romanische Literaturen, Universität Stuttgart, Keplerstr. 17, D-7000 Stuttgart.

Hinderer, Walter, Dr. phil. Professor am Department of Germanic Languages and Literatures, 230 East Pyne Building, Princeton University, Princeton, N.J. 08544/USA.

Kessler, Michael, Dr. theol. Leiter der Fachstelle für Medienarbeit der Diözese Rottenburg-Stuttgart, Sonnenbergstr. 15, D-7000 Stuttgart.

Kiss, Endre, Dr. phil. Dozent an der Philosophischen Fakultät der Eötvös-Universität Budapest in Budapest/Ungarn.

Koebner, Thomas, Dr. phil. Professor am Institut für Neuere Deutsche Literaturwissenschaft, Universität Marburg, Wilhelm-Röpke-Str. 6a, D-3550 Marburg.

Lorenz, Kuno, Dr. phil. Professor am Fachbereich Philosophie der Universität des Saarlandes, D-6600 Saarbrücken.

Lützeler, Paul Michael, Dr. phil. Professor am Department of Germanic Languages and Literatures, Washington University, St. Louis, MO 63130/USA.

Mieth, Dietmar, Dr. phil. Professor am Katholisch-Theologischen Seminar der Universität Tübingen, Liebermeierstr. 12, D-7400 Tübingen.

Obermeier, Otto Peter, Dr. phil. Akademischer Rat an der Philosophischen Fakultät I, Universität Augsburg, Alter Postweg 120, D-8900 Augsburg.

Pross, Harry, Dr. phil. Professor emeritus am Seminar für Publizistik, Freie Universität Berlin, D-1000 Berlin 33.

Steinberg, Michael P., Dr. phil. Professor am Department of History, Colgate University, Hamilton, N. Y. 13346/USA.

Vollhardt, Friedrich, Dr. phil. Assistent am Literaturwissenschaftlichen Seminar der Universität Hamburg, Von-Melle-Park 6, D-2000 Hamburg 13.

Žmegač, Viktor, Dr. phil. Professor an der Abteilung für Germanistik, Universität Zagreb, Ulica Dure Salaja 3, YU-41000 Zagreb.

## suhrkamp taschenbücher materialien

*»Der Suhrkamp Verlag hat der älteren Idee, rund um einen gewichtigen Autor biographische und essayistische Texte zusammenzustellen, mit seiner Reihe ›suhrkamp taschenbücher materialien‹ neuen Schwung verliehen.«*

(Frankfurter Allgemeine Zeitung)

Herbert Achternbusch. Hg. J. Drews. st 2015
Samuel Beckett. Hg. H. Engelhardt. st 2044
Thomas Bernhard. Werkgeschichte. Hg. J. Dittmar. st 2002
Brasilianische Literatur. Hg. M. Strausfeld. st 2024
Brechts ›Aufhaltsamer Aufstieg des Arturo Ui‹. Hg. R. Gerz. st 2029
Brechts ›Dreigroschenoper‹. Hg. W. Hecht. st 2056
Brechts ›Gewehre der Frau Carrar‹. Hg. K. Bohnen. st 2017
Brechts ›Guter Mensch von Sezuan‹. Hg. J. Knopf. st 2021
Brechts ›Heilige Johanna der Schlachthöfe‹. Hg. J. Knopf. st 2049
Brechts ›Kaukasischer Kreidekreis‹. Hg. W. Hecht. st 2054
Brechts ›Leben des Galilei‹. Hg. W. Hecht. st 2001
Brechts ›Mann ist Mann‹. Hg. C. Wege. st 2023
Brechts ›Mutter Courage und ihre Kinder‹. Hg. D. Müller. st 2016
Brechts Romane. Hg. W. Jeske. st 2042
Brechts ›Tage der Commune‹. Hg. W. Siegert. st 2031
Brechts Theaterarbeit. Seine Inszenierung des ›Kaukasischen Kreidekreis‹ 1954. Hg. W. Hecht. st 2062
Brechts Theorie des Theaters. Hg. W. Hecht. st 2074
Hermann Broch. Hg. P. M. Lützeler. st 2065
Brochs ›Verzauberung‹. Hg. P. M. Lützeler. st 2039
Die deutsche Kalendergeschichte. Ein Arbeitsbuch von Jan Knopf. st 2030
Hans Magnus Enzensberger. Hg. R. Grimm. st 2040
Frischs ›Andorra‹. Hg. E. Wendt u. W. Schmitz. st 2053
Frischs ›Don Juan oder Die Liebe zur Geometrie‹. Hg. W. Schmitz. st 2046
Frischs ›Homo faber‹. Hg. W. Schmitz. st 2028
Geschichte als Schauspiel. Hg. W. Hinck. st 2006
Peter Handke. Hg. R. Fellinger. st 2004
Ludwig Hohl. Hg. J. Beringer. st 2007
Ödön von Horváth. Hg. T. Krischke. st 2005
Ödön von Horváth. Der Fall E. oder Die Lehrerin von Regensburg. Hg. J. Schröder. st 2014
Horváths ›Geschichten aus dem Wiener Wald‹. Hg. T. Krischke. st 2019
Horváths ›Jugend ohne Gott‹. Hg. T. Krischke. st 2027
Peter Huchel. Hg. A. Vieregg. st 2048

55/1/8.86

Uwe Johnson. Hg. R. Gerlach, M. Richter. st 2061
Johnsons ›Jahrestage‹. Hg. M. Bengel. st 2057
Joyces ›Dubliner‹. Hg. K. Reichert, F. Senn, D. E. Zimmer. st 2052
Juden in der deutschen Literatur. Hg. St. Moses, A. Schöne. st 2063
Kafka: Der Schaffensprozeß. Hg. H. Binder. st 2026
Der junge Kafka. Hg. G. Kurz. st 2035
Marie Luise Kaschnitz. Hg. U. Schweikert. st 2047
Alexander Kluge, Hg. T. Böhm-Christl. st 2033
Franz Xaver Kroetz. Hg. O. Riewoldt. st 2034
Lateinamerikanische Literatur. Hg. M. Strausfeld. st 2041
Literarische Utopie-Entwürfe. Hg. H. Gnüg. st 2012
Karl May. Hg. H. Schmiedt. st 2025
Friedericke Mayröcker. Hg. S. J. Schmidt. st 2043
E. Y. Meyer. Hg. B. von Matt. st 2022
Moderne chinesische Literatur. Hg. W. Kubin. st 2045
Paul Nizon. Hg. M. Kilchmann. st 2058
Die Parabel. Hg. T. Elm, H. H. Hiebel. st 2060
Plenzdorfs ›Die neuen Leiden des jungen W.‹ Hg. P. J. Brenner. st 2013
Rilkes ›Aufzeichnungen des Malte Laurids Brigge‹. Hg. H. Engelhardt. st 2051
Rilkes ›Duineser Elegien‹. Drei Bände. Hg. U. Fülleborn. st 2009/2010/2011
Schillers Briefe über die ästhetische Erziehung. Hg. J. Bolten. st 2037
Karin Struck. Hg. H. Adler, H. J. Schrimpf. st 2038
Martin Walser. Hg. K. Siblewski. st 2003
Weimars Ende. Im Urteil der zeitgenössischen Literatur und Publizistik. Hg. T. Koebner. st 2018
Ernst Weiß. Hg. P. Engel. st 2020
Peter Weiss. Hg. R. Gerlach. st 2036
Peter Weiss: ›Ästhetik des Widerstands‹. Hg. A. Stephan. st 2032

55/2/8.86